发展与动因
中国体育电视产业研究

沈华柱 ◎ 著

Research on Idustrialization
of Chinese Sports Television Media

上海三联书店

序 一

黄升民

中国广告博物馆馆长，中国传媒大学教授、博导

不觉间，从1978年算起，中国广告已经40年了。历史的进程既快又慢，慢的是它大的变化总是要经过一个长期酝酿、反复磨砺的过程，快的是它每年每月都在匆匆撕下一页页日历，逝者如斯夫！

正是这种既快又慢、欲快还慢的历史积累，让我们对许多事物的研究，有了历史的材料、历史的方法和历史的结论。在广告学和媒介研究这样历来重实践的学科，也终于可以去围绕当代事件和发展，做更细致的历史考察和动因考察了。我们有理由期待更多的研究1978年以来的当代媒介发展史和广告史的著作出现。

毋庸置疑，在1978年以来甚至追溯到1949年以来的中国媒介发展史上，电视是其中最为浓墨重彩的主体部分，而在电视诸多节目和产业领域，体育电视又更自始至终处于一个特别的位置。它的赛事现场直播一直是各时代中国观众最为欢迎的节目形态，它与爱国主义、民族情感甚至政治外交的关系也一直若即若离、难舍难分，它更是运动明星和球迷粉丝、品牌广告主与消费者之间沟

通互动的高效媒介。在媒介产业化研究领域,体育电视又因其与奥运会、世界杯、亚运会等全球大型赛事的关联,与 NBA、CBA、中超、F1、网球等各类职业联赛的相生互动关系,使得它当然成为最具媒介产业化运营前景的媒介类型,也从而成为颇具价值的媒介产业化的案例研究、比较研究、历史研究的重地。

现在大家看到的这本专著《发展与动因——中国体育电视产业研究》,就是这样一本关于中国体育电视产业发展的历史研究、案例研究的代表作。作者沈华柱 2008 年于中国传媒大学广告学院攻读博士学位,导师是丁俊杰教授。他当时在长期代理 CCTV-5 体育频道广告经营的北京未来广告公司担任副总,此前也于 2002—2004 年间在中央电视台广告部从事和负责品牌宣传工作,因此对体育赛事、体育电视、体育营销都有着长期、深入的了解,积累了不少独到的第一手资料,并对中国体育电视节目和产业运营有着自己较为透彻的理解和洞察。他的实践经验丰富,并在未来广告工作期间,就 CCTV-5 体育频道的广告经营进行了从市场研究、产品策划到推广、销售等方面的诸多专业化创新,实现了广告主、广告公司和媒介的多方共赢。正是有这一多年积累的优势,所以在他向我征询博士论文选题时,我建议他就以 CCTV-5 这一特别案例为核心,去梳理和研究中国体育电视的产业化发展过程。

难得的是,在实践经验之外,沈华柱同学有较为深厚的研究功底和扎实的资料发掘耐心、认真细致的研究精神,并没有将这一研究题材变成简单的实践材料的罗列。而是从材料解读、方法和视角选择到理论性的解释体系建构,都颇下了一番工夫。论题确定后的一年时间里,我记得他又找我深入讨论过不下三五次,一次关于研究方法和理论借鉴,一次关于历史和过程考察的视角,一次关于最终的动因解释体系建构问题。在讨论方法和理论时,他对于制度经济学的兴趣和视角让我印象深刻,他关于体育和受众趣味的文化人类学的理论解读新鲜可喜。在对于历史和过程考察的讨论中,他坚持认为对于CCTV-5发展史的案例研究一定要向前追溯到1958年中国电视初创时期的第一次赛事现场直播始,将中国体育电视的发展研究要放到50年的中长期过程中进行研究。同时,他也认为在历史研究、案例研究中要突出比较研究的方法,要将CCTV-5、中央电视台整体体育节目与以北、上、广为代表的地方台体育频道、体育节目的发展和产业化运营相比较。这些,也都是我深为赞同的方法。对于最终期待建构起来的产业发展动因解释体系,我们也专门讨论过,在引用和发展了我和丁俊杰教授提出的"政治-商业两极动力平衡理论"基础上,他又针对体育电视媒介产业的独特性特征,提出有必要在这一细分媒介产业领域,进行更为细致和全面的动力考察,由此将赛事方、广告主、广告公司、消费者等更多市场主体作为影响因子考虑进来。

很快,沈华柱同学就列出了论文的详细大纲和三级目录。第一部分是具体的历史梳理部分,将1958—2008年中国体育电视事业的发展和产业形成过程进行合理分期,融事件论述、总结归纳于一体。之后的深入分析研究从三个不同角度出发,一是专业分析,二是动因分析,三是产业分析。专业分析立足于节目专业化、频道专业化、管理专业化,从这三个专业发展视角对体育电视媒介产业化发展的内部具体基础进行深入剖析。动因分析部分则着眼于中国体育电视产业的发展推动力量,进行政治经济学、媒介生态学、产业经济学的考量,从中突出制度动因、竞技动因、市场动因、文化动因这四大影响因子。最后的产业分析部分,则从产业经济学的SCP(结构-行为-绩效)这一经典研究范式出发,重点考察中国体育电视产业的竞争主体、产业集中度、产业竞争行为和策略、绩效,并进而细致研究产业变迁的路径依赖、现实博弈、规模经济和范围经济问题,在归纳提出详细的体育电视产业发展动力体系的结论同时,还将针对"后奥运问题"的存在,指明中国体育电视产业的未来趋势与发展可能。这些研究构想都一一得到了具体落实,各部分内容在最后提交答辩的论文中,都有了科学、细致的阐述。

沈华柱同学2012年博士顺利毕业后,我曾建议他尽早将这一研究成果修改出版,今日终于看到这本著作的清样,已经时隔5年。其中许多重要且富有创见的部分,已经修改后发表于《现代传播》、《新闻大学》、《当代电视》等学术刊物,也算并未束之高阁。今秋专著于上海三联书店出版,此时,中国体育电视事业已经近60个年头了,距2008北京奥运时中国体育电视的辉煌巅峰也已过去近十年。历史研究需要一定的时间距离,所以,这本论著虽然立足于中国体育电视产业前沿,但也足以定义为一媒介发展史研究专著之列了,亦足以堪慰。

这本论著,我乐于为之作序。从最高学术标准看,它当然仍有一些可改善和深化之处,但从研究的现实条件看,它不但是一篇合格的博士论文,也是一部系统化研究中国体育电视产业发展的重要专著。它的优点在于:一是资料的丰富性、全面性、独家性价值,为这一领域的后续深入研究提供了借鉴和参考;二是作者长期亲身参与、置身现场进行观察和思考的经历,由此提供了不少独到的创见和准确的洞察;三是研究方法上的多元化、跨学科和融会贯通,在媒介产业化研究这一领域,较为难得地综合了历史研究、案例研究、比较研究的方法,而且将政治经济学、制度经济学、产业经济学和媒介研究、受众研究、广告研究、文化研究恰到好处地熔为一炉,从而拓展了这一领域新的研究视野。虽然5年过去了,它仍具有一定的前沿学术价值。

沈华柱既是我的学生，也是我的小友。我与他相识于2002年，当年韩日世界杯中国队在米卢带领下第一次杀入决赛圈，我为他负责联络的央视广告部世界杯推广特刊写了一篇短文：《点燃激情》。那时他在行业内叫沈华柱，将原名的最后一个字去掉，嫌其过大。他原来的专业是比较文学，也在地方和中央报纸当过记者，此后转行从事广告品牌营销实务，视野开阔，求知欲强，文字和理论功底扎实。后来他在我们广告学院攻读博士学位，相互交流甚多。为了安心博士论文写作，他辞去了业内的高薪工作，毕业后又去了天津师范大学广告学系任教。在他身上，还有着深厚的文人理想化色彩，不重名利，与社会一般对广告人的刻板印象相差甚远。

在此，我也衷心希望他在未来能取得更大的成就，期待他贡献更多的独到研究著作。

是为序。

2017年9月10日教师节于北京

序 二

江和平

原中央电视台体育中心主任、体育频道总监
现任中央电视台新闻中心副主任、外语频道总监

如果从1958年6月19日我国电视史上第一次赛事现场实况转播算起,中国体育电视事业很快就要进入第60个年头了;

如果从1995年1月1日CCTV-5体育频道开播算起,已经有整整22个年头了;

如果从2001年7月13日北京申奥成功之夜算起,也已经有16个年头了;

如果从2008年8月8日直播北京奥运会开幕式算起,不觉也已快满10个年头了。

中国体育电视媒介发展史,真是一个波澜壮阔、与时代和国运交相辉映的历程,这一发展历程在中国电视事业、中国体育事业乃至相关产业的发展中都是浓墨重彩的一段,值得大书特书。回顾这一发展历程,可以说,中国体育电视不但是中国电视总体事业中不可或缺的组成部分,更是其中一个极为重要、甚至颇为特殊的节目类型。它的重要性和特殊性不但与其作为强烈的爱国主义、民

族自豪感的情感载体相关，也与其突出的产业运营、品牌营销和广告赞助有关。

CCTV-5体育频道在中国体育电视产业中处于核心地位，它的媒介产业化发展在全球范围内都是一个特别有价值的案例研究选题。沈华柱博士这本专著，以CCTV-5体育频道作为研究主体，系统研究自中国体育电视第一次转播赛事节目以来，整个体育电视媒介在近60年中所经历的变迁，尤其是节目专业化和媒介产业化在各历史阶段的发展，以及这发展背后的专业化和市场竞争、制度约束和运营策略。此项研究非常有必要且十分难得。

所以，我很期待有学者做这样深入的细致研究，期待有这样的研究专著出版。它在体育电视节目研究之外，增添了一个极为重要的中国体育电视产业化发展研究方向，而就这一系统化的历史研究过去常为大家所忽略，基本还是一个空白领域。

我于2005年担任中央电视台体育节目中心主任、后改任体育频道总监职，直至2016年9月卸任。作为亲历者，我对这段以北京奥运为中心的中国体育电视节目与产业双辉煌的十年，也有着极为深厚的感情和许多感同身受甚至是永志难忘的珍贵记忆，这个记忆与中国国运的辉煌，与中国电视的辉煌，与中国体育电视人的辉煌同在。

2005年以来的CCTV-5体育频道，正面临着它十年初长成后的第二个十年，也是涵盖了北京奥运前——北京奥运期间——后奥运时期这三个总体阶段，在北京奥运的推动下，它进行了一系列专业变革和产业扩张，承担了节目体系和产业运营的双重压力，央视体育电视人为此付出了巨大的努力，也收获了巨大的成功。在这个黄金时代，中国体育电视产业发展也达到了它的巅峰。

从全球来看，体育电视产业可能是最具产业经营潜力的媒介产业化领域。它借助奥运会、世界杯成为全球最吸聚人气的现场化媒介。在我看来,它也是塑造国家和民族认同的最强大媒介,还是最具仪式感、情感化的媒介,更是运动精神、团队精神和男子气概、精英意识的养成媒介,它从某种意义上已经成为现代生活的强大精神和情感载体。当然,它既是最全球化的媒介,也是最日常化的媒介。有此基础,全球最大广告主和品牌,也最为偏爱通过赞助体育媒介与广大消费者沟通。尽管今天的数字化、移动化、网络化媒体形成了媒介碎片化的趋势,但我相信,体育电视仍将在相当长时期内是全球范围内最具影响力的媒介形态,它的产业化发展前景仍十分巨大。

未来的种子,都是昨天种下的。历史研究的魅力正在于此。沈华柱博士以他在中央电视台广告部、CCTV未来广告公司从事体育媒体产业经营的多年亲身经历,在中国传媒大学两位媒介产业化理论研究大家丁俊杰、黄升民教授的精心指导下,进行了这项研究,资料基础极为扎实,具有很多洞察和创见。回想当年我们的愉快共事,我乐见其成,也特别愿意向大家推荐这本中国体育电视产业发展研究的集成之作。

是为序。

2017年8月28日北京

序 三

何海明

原中央电视台广告经营管理中心主任、中国国际电视总公司副总裁
现中国传媒大学广告学院教授、中国广告协会学术委员会副主任

  纵观上一个世纪至本世纪初十年,广播电视节目出现并迅速发展,成为影响力最大的媒介,甚至改变一些产业的格局,如电视转播放大体育比赛的覆盖和影响力,使世界杯足球比赛和奥运会成为全球青年欢乐的节日,国际足联和国际奥委会成为当今世界影响力最大的社会组织之一。不管官方对电视机构如何界定,电视产业和媒介市场的确形成并按一定的规律运行。但各种力量的博弈中,这个行业的发展并非一帆风顺,仍有诸多问题和困惑。而对媒介产业的案例和理论研究却很少见到。

  中央电视台早在新世纪之初启动了"栏目精品化、节目品牌化、频道专业化"的"三化"战略,它的背后就是媒介产业的逻辑,自此进入了一个频道专业化、广告市场化的竞争阶段,取得了这15年来节目和产业相辅相成、收视和广告共同增长的阶段性辉煌。记得我2001年刚到央视广告部工作时,上年年全年广告收入53亿元,到2012年最高点时,全年广告收入达到269亿元,13年间,

增长了 5 倍。市场经济时代,电视媒介的发展离不开产业化经营这一重要动力和助力,媒介产业的繁荣依赖于各竞争主体围绕节目、受众、广告主以及相关产业经营的策略博弈,正是在这种充满活力的有序竞争之下,中国电视媒介产业才在短时间内赶上了西方,取得了今天这样巨大的成就。

在电视媒介的产业发展与竞争博弈中,有一个特别值得研究的实践领域和案例,那就是体育电视媒介和 CCTV-5 体育频道。在全球体育产业市场,体育电视居于核心的产业环节,奥运会、世界杯等各大影响力赛事都要凭借收取巨额的电视转播费而存活,并依托于庞大的体育电视收视人口而获得可观的赞助和广告收入。假如没有体育电视的现场转播,这一切都是不可想象的,不但这些世界性赛事的影响力将大打折扣,甚至全球化的进程和速度也会受滞,同时广大体育迷-电视观众的娱乐生活、日常休闲都将受到莫大影响。对于中国球迷来说,去到现场观赛的机会少之又少,体育电视就是观赛现场,收看体育电视节目成为无数观众最忠诚性的收视行为。总体来看,虽然有北、上、广等地方台体育频道,以及 ESPN 等境外媒介和 CSPN 这样的地方台体育联盟参与竞争,形成了多层级、多样态的产业竞争格局,但中央电视台的体育节目和 CCTV-5 这一全国性专业体育上星频道,始终居于产业核心和垄断地位。从央视体育频道第一任总监马国力先生到接任者江和平先生,一直延续了赛事资源的强势垄断和节目生产的专业化竞争策略。每当奥运会、世界杯、亚运会举办的赛事大年,央视广告中心也会推动全台各频道相关节目资源进行整合,达到收视和广告经营的最大化目标。并根据客户市场的需求,推动节目部门创新节目体系,实现多样化的广告产品回报,往往效益都特别显著。可以说,在广告经营和产业运营上,体育节目对央视全台的贡献份额都很大,它更是成为我们探索创新经营,探索与众多全球知名品牌、本土领军品牌进行战略合作的最佳载体。多年下来,我个人也因深度参与而培育了对体育电视、体育广告乃至体育赛事营销的浓厚兴趣,对中国体育电视媒介的产业化发展寄予了很高的期望。

正是出于这份经历与情感,当沈华柱博士的这部论著样稿放在我案头时,我饶有兴致地认真阅读,仿佛回到了那个激情燃烧的岁月。中国体育电视产业的发展与动因,在论著里都得到了系统化的梳理和研究。在发展的历史研究部分,作者对中国体育电视事业近60年的历史从产业过程视角进行了回顾,合理提出了独到的历史分期,对各阶段产业发展的具体条件、事件与特点进行分析,从而让产业化的历史逻辑得以浮现和清晰化。在历史的纵向分析之后,作者又从三个重要的横截面对之进行深入解剖,去追究产业发展背后的动力机制和发展规律。首先是专业分析,这也是CCTV-5体育频道的一个鲜明特质,论著深入到节目、人员、组织管理等具体体系,对其专业化发展的由来与进化论述精到;接下来的动因分析也较为全面地考察了从宏观制度到竞技体育、广告市场乃至文化趣味的多层次动因;论著最后的解释部分,则立足于产业经济学理论,在分析了产业结构、竞争行为与策略、绩效之后,归纳出了详细的产业动力体系模型,丰富了媒介产业化研究的以往理论,填补了相关研究空白。可以说,这部论著在某种程度上是中国电视产业发展史。

论著突出了CCTV-5体育频道在中国体育电视媒介产业中的重要位置,它的案例研究价值显著,既是国内体育电视产业绕不过去的重心所在,也是各种核心问题的集中之处。同时从全球来看它也是极为难得的研究样本,比如:在中国这一拥有十多亿受众人口国家,电视是如何迅速发展并变迁的?是如何与社会制度及语境、大众生活及趣味、商业经济及消费等各个层面产业复杂关联和紧密互动的?又如何在上世纪90年代以来的市场竞争中,取得了在节目专业化、组织现代化、经营产业化上不输于西方同行的成就?可以说,它既为世界媒介的发展研究提供了独特案例,同时又为对中国社会变迁与转型研究提供了一具体视角的历史性考察机会。

掩卷沉思,我深以为作者抓住了媒介研究的一个好题材,提出了"发展动力何在"这样的真问题。媒介研究不能脱离媒介实践,媒介产业化、媒介经营与管理研究更是如此,理论是对实践的提炼与升华,也是对实践的反思与解释,由此它才能最终反哺实践,指导和服务于实践。鲜明的实践基础是这本论著的特色,它拥有丰富的第一手资料,有作者近十年的参与式观察与实践介入,这是一般人很难做到的。作者不但很好利用了自己的实践优势和独特视角,敏锐地发现了许多外部研究者难以发现的规律,同时作者也进行了细致扎实的资料收集和梳理工作,研究方法多元而恰当,理论借鉴也颇具跨学科的开阔视野。案例研究的一个常见陷阱是流于现象之讲述,而难在对实践经验的概化和理论化;历史研究的一个常见陷阱是易于成为事件之叙述,以客观性标准掩盖了主观性思考判断的价值。沈华柱博士的这部论著综合了案例研究和历史研究之所长,却避免了两者易犯之病,同时还在总体目标之下,将媒介研究和产业研究、动因研究和影响研究、比较研究和文化研究等方法加以交叉融合,研究的"炼金术"可谓娴熟,这是颇值得指出和赞赏的地方。

我和沈华柱在十多年前就是央视广告部的同事,工作和经历上多有交集,现在我们又都从广告界转到高校任教。时代推动着我们这一代人，去实践，去思考，行力所能及之事。犹记得2001年年底，因为他采写的一篇优秀报道，我们将沈华柱从《中国改革报》社挖来，从事广告部市场化转型之初的品牌宣传工作，我们共同参与和见证了2001—2005年间央视广告部的激情岁月。2005—2010年间，他从央视广告部到北京未来广告公司任职，促进CCTV-5和CCTV-8这两大专业频道广告经营的专业化和品牌化，以策略和创新推动体育和电视剧成为频道专业化运营的前沿重地，使体育频道广告收入也在2008年前后达到阶段性的历史高点。给我的总体印象是，沈华柱不但文笔好，善于策略和创新，而且他为人谦逊有礼、真诚有信、好学有识，致力于真知实行，有文人君子之风。

我们这个时代一直在快速变化之中，它孕育着伟大，也难免一时受挫反复。在这样一个大的转型与变革时代，我们既需要倡导实践力行，也需要来源于实践的反思和对规律性真知的探索。自1978年始，中国媒介恢复广告并逐步面向市场、形成产业以来，40年间可以说是有了翻天覆地变化。系统回顾一个产业成长的历程，展望未来，有助于我们的客观认知和判断。运用案例研究和历史研究方法、田野考察与理论思辨结合，在这一研究旨趣上，我与沈华柱博士也有着相当的共识和共鸣。

是为序，并以此与作者共勉。

2017年9月19日于北京

中 文 摘 要

　　自1958年我国电视事业诞生以来,体育电视就走上了电视媒介报道的前台,以其特色鲜明的赛事现场直播赢得了受众欢迎,并形成了赛事直播、体育新闻报道、体育专题节目三大节目形态。伴随着我国政治、经济、社会的整体发展,以及体育竞技、体育产业的崛起和繁荣,中国体育电视在宣传报道上取得专业化成就、与国际水平接轨的同时,自身的产业化进程也得以不断推进,成为我国媒介产业化实践的一个突出领域。

　　这一产业化逐步成形的过程,分为四个历史时期。一、初创期的20年(1958—1978):这是一个完全政治化力量主导的时期,体育电视作为国家宣传工具,没有任何产业化的空间;二、改革开放之初的产业化萌芽期(1978—1994):这一时期体育新闻报道量迅速增长,体育电视得以振兴和腾飞。同时,在广告和市场的推动下,体育电视的产业化开始萌芽和成长;三、产业化主导期(1994—2001),在参与报道各项国际大赛的推动下,体育电视迅速繁荣,创办了众多体育频道。随着市场经济改革和体育产业化改革不断深入,体育电视也进入了产业化力量主导的创新、活跃期;四、走向巅峰的北京奥运周期(2001—2008),北京申奥成功促动了体育电视发展的新一轮高潮,体育电视的影响力和受众规模持续增长,也带来了体育电视广告的爆发性增长,产业竞争加剧,并受到日益多元化、复杂化的产业动力的作用。这种综合作用的结果,使得在2008北京奥运后,整个产业面临了节目收视和广告收入的严重下滑,进入了在困境中寻求突破的产业转型期。

CCTV-5体育频道在产业中处于寡头垄断地位,对其发展进行案例式深入研究发现,其创立初期在专业化追求的推动下,在节目、技术、组织、人才上都有着自己的优势,并利用制度优势迅速确立了强势地位,成为了名副其实的行业领导者。但随着产业的成形,这一独家垄断式的产业结构制约了产业有效竞争的开展,压制了其他产业行为主体的成长空间,同时其自身也面临了产业扩张无路的困境,规模经济和范围经济难以实现。由于我国现有电视制度、产权制度、产业门槛等因素,这一产业结构短期内尚难以突破。

分析体育电视产业的形成过程中不同时期的发展动因,可以发现,体育电视产业呈现出与体育产业的伴随性特征,在体育产业链上处于核心环节。同时,体育电视产业也还较为脆弱,受到宏观环境与外部动力的推动和制约。包括政治、经济与制度,竞技体育与体育产业,广告经营和媒介产业化,受众特征与趣味、认同变迁,这些和产业内部的结构-行为-绩效等因素一起,构成了产业发展的动力体系,并处于不断形成和变迁之中。

分析体育电视产业的发展,我们还可以发现明显的制度变迁和路径依赖特征。中国体育电视产业的未来,也将期待于制度的进一步变迁和突破。

关键词:体育电视、体育频道、体育产业、媒介产业化、制度变迁

Research on Industrialization of Chinese Sports Television Media

ABSTRACT

Since China's television industry came into being in 1958, sports television became the foreground of television media reports, with its distinctive live reports of competitions to win the audience welcome, and formed three program forms including event live, sports news together with sports special program. With China's development of politics, economy and society, as well as the rise and prosperity of sports competition and industry, Chinese sports television has obtained professional achievements in line with international standard of publicity, promoted the industrialization process and become a prominent field in China's practice of media industrialization.

The gradually forming process of industrialization can be divided into four historical periods. First, the initial period of 20 years (1958—1978): this was a period completely dominated by political power when sports television, as country's propaganda tool, had no space of industrialization; Second, the budding period of industrialization at the beginning of the reform and opening up (1978—1994): during this period the number of sports news grew rapidly and sports television was revitalized and took off. At the same time, the industrialization of sports television began to grow and develop by advertisement and market promotion. Three, the industrialization leading period (1994—2001): during this period, sports television flourished quickly promoted by reports of the international competitions and many sports channels were founded. Along with the deepening reform of market economy and sports industrialization, sports television also entered the period of innovation and activity dominated by industrialization power. Four, the peak period of the cycle of Beijing Olympic Games (2001—2008): Beijing's success in bidding for the Olympic Games promoted the sports television to the new climax. Sports television's influence and the audience scale grew steadily and sports television advertisement saw explosive growth. The industry faced severe competition and was influenced by increasingly diversified and complicated industrial motivation power. Those comprehensive factors resulted in the serious decline of audience population and advertising revenue after 2008 Beijing Olympic Games and the whole industry entered the transitional period seeking breakthrough in predicament.

CCTV-5 sports channel locates in the oligarchic monopoly status in the industry. Through the case analysis of its development it can be found that during the initial period CCTV-5 had its own advantages in program, technology, organization and talent driven by the pursuit of professional, quickly established a powerful position by using the system advantage and became a veritable industry leader. But as the industry has formed, the monopolized structure of the industry has restricted the launch of effective competition and the growth space of other behavior subjects of the industry. The channel itself has also faced the dilemma of industrial expansion and the difficulty of achieving scale and scope economy. It is difficult to break through this industry structure in the short term because of our country's existing television system, property rights system and industry threshold.

Through the analysis of impetus for sports television industry in different formation periods, it can be found that sports television industry is an accompaniment of sports industry and a key link in sports industry chain. At the same time, sports television industry is relatively weak as it can be pushed or restrained by macro environment and external power. The internal factors such as industry structure, behavior and performance, together with those external factors including politics, economy and system, competitive sports and sports industry, advertising business and media industrialization, audience characteristics and interest and identity changes form the motivation system of industrial development, being in a continuous process of formation and changes.

With analysis of sports television industry development, we can also find significant characteristics of system change and path dependence. The future of Chinese sports television industry will still depend on further changes and breakthrough in the system.

Keywords: *sports television, sports channel, sports industry, media industrialization, system changes*

目 录

导论 ·· 1
 一 研究对象与意义 ··· 1
 二 相关研究文献 ·· 6
 三 理论与方法 ··· 7
 四 历史分期 ··· 13

第一编 中国体育电视产业的形成过程

第一章 开创与挫折:中国体育电视的前20年(1958—1978)
·· 19
 第一节 1958—1966:开创期与群众体育 ················· 19
 第二节 1966—1978:挫折期与政治挂帅 ················· 27
 第三节 开创期与挫折期的发展特点 ······················ 32

第二章 振兴与腾飞:追赶世界的步伐(1978—1994) ······ 36
 第一节 1978—1986:在民族-国家旗帜下的激荡 ······ 37
 第二节 1986—1990:北京亚运前的迅速增长 ··········· 44

第三节　1990—1994：专业化的追赶 ………………… 56
第四节　振兴与腾飞期的阶段性发展规律 ……………… 63

第三章　产业与创新：中国体育电视的市场繁荣期(1994—2001) ……………………………………………………… 66

第一节　足球节目与产业化起步 ………………………… 66
第二节　创新平台：体育专业频道 ……………………… 72
第三节　大赛报道与专业实力进步 ……………………… 76
第四节　产业繁荣期发展规律与动力 …………………… 84

第四章　高潮与巅峰：走向北京奥运与国际化(2001—2008) ……………………………………………………… 88

第一节　2001—2005：世纪初的体育电视发展高潮 …… 89
第二节　2005—2008：跨越巅峰的北京奥运报道周期 … 108
第三节　北京奥运期间：无与伦比的奥运报道巅峰 …… 129
第四节　竞争与联合：地方台体育节目的多元化发展 … 139
第五节　北京奥运周期发展规律与动力 ………………… 160

第二编　专业分析：节目，频道，管理

第五章　体育电视节目生产的专业化发展策略 …………… 167
第一节　体育新闻：专业化打造观众忠诚度 …………… 168
第二节　专题栏目：从精品化到品牌化、产业化 ……… 170
第三节　赛事节目：从技术、包装到理念的突破 ……… 175

第六章　频道专业化：机构、品牌与技术 ……………………… 183
第一节　CCTV-5 体育频道的发展由来 …………………… 185
第二节　体育频道的机构和人才 …………………………… 188
第三节　品牌化目标下体育频道编排与包装的发展 ……… 194
第四节　专业技术应用与创新 ……………………………… 206

第七章　管理、激励与运营机制 ………………………………… 212
第一节　灵活有效的人才机制 ……………………………… 212
第二节　激励创造的团队文化 ……………………………… 216
第三节　专业化的市场与广告机制 ………………………… 221

第三编　动因分析：制度，市场，文化

第八章　政治、经济与制度性动力 ……………………………… 227
第一节　体育电视的政治性动力 …………………………… 227
第二节　体育电视的经济性动力 …………………………… 233
第三节　体育电视的制度性动力 …………………………… 238

第九章　基础性动力：竞技体育与体育产业发展 …………… 248
第一节　竞技体育发展的推动 ……………………………… 248
第二节　体育产业发展的推动 ……………………………… 255

第十章　广告经营与媒介产业化动力 …………………………… 263
第一节　媒体广告经营的推动 ……………………………… 264
第二节　广告主投放行为变化及对节目变迁的影响 ……… 274

第十一章　文化动力：受众特征与趣味、认同的变迁 …………289
　第一节　体育电视受众特征及收视趣味的变迁 ……………289
　第二节　体育电视节目中的受众认同 ………………………309

第四编　产业分析：竞争，路径，趋势

第十二章　SCP 视角下的产业竞争分析 ………………………325
　第一节　收视和广告份额决定了体育电视的产业结构 ……325
　第二节　广告经营目标与赛事版权竞争的依存关系 ………330
　第三节　广告竞争的差异策略引发不同后果 ………………334
　第四节　产业结构的突破在于规模经济与范围经济的实现
　　　　　…………………………………………………………337

第十三章　结论：我国体育电视产业发展的动力体系 ………340
　第一节　体育电视产业发展的动力体系概述 ………………340
　第二节　多重动力的历史交织 ………………………………344
　第三节　产业变迁的"路径依赖" ……………………………347
　第四节　后奥运问题与产业未来趋势 ………………………349

参考文献 …………………………………………………………355
后记 ………………………………………………………………359

导 论

一 研究对象与意义

本书稿的研究对象集中于中国体育电视产业,分析这一产业形成过程及其种种动因。

所谓产业,"是具有某种同类属性的企业经济活动的集合。它既不是某一企业的某些或所有经济活动,而是指具有某种同一属性的企业经济活动的总和。"[1]一个产业可以有多个企业,在单独垄断和双头垄断的市场条件下甚至可以只有一两个企业,但组成产业的企业必须从事同类经济活动,组成产业的生产和服务也必须具有共同的属性和特征。同时,产业也是一种中观经济,介于宏观经济与微观经济之间;且随着生产力的提升和第三产业的发展,产业分工越来越细,产业的含义也因此具有多层次性并不断扩展。到今天,几乎"凡是具有投入产出活动的产业和部门都可以列入产业的范畴。"[2]

---

[1] 苏东水主编:《产业经济学》,高等教育出版社,2000年,第4—5页。
[2] 同上书,第6页。

对体育产业的定义,国内外一向难有统一的说法。在李明、苏珊·霍华斯、丹·马宏尼的《体育经济学》一书中,介绍了三种定义方式:[①]

1. 米克(Meek)(1997)提出了以三部门的模式来描述北美的体育产业。他将体育产业分为:体育娱乐与休闲;体育产品与服务;体育的支持组织。体育媒体被包括在体育娱乐与休闲中。

2. 彼茨、菲欧汀和米勒(1994)将体育产业定义为"所有提供消费者运动及相关产品的企业",提出了另一个三部门的分类模式:体育表演;体育产品;体育促销。

3. 李明等人将体育产业定义为"以体育为中心的体育相关产品和服务的生产单位",提出了两部门分类模式:体育生产部门;体育支持部门。体育媒体被包括在体育的外围支持部门中。

2008年,中国体育科学学会体育产业分会在综合国内已有多种体育产业定义及各界意见基础上,将体育及相关产业的概念界定为:"为社会公众提供体育服务和产品的活动,以及与这些活动有关联的活动的集合。"[②]到目前为止,应该说这一定义最为规范和充分,并为国家统计局在2008年6月18日颁布的《体育及相关产业分类(试行)》中所采用。本文对体育产业的概念认同于这一定义。

在这一定义之下,体育产业又具体分为核心层、外围层和相关

[①] 李明、苏珊·霍华斯、丹·马宏尼:《体育经济学》,辽宁科学技术出版社,2005年,第4—7页。
[②] 中国体育科学学会体育产业分会编:《中国体育及相关产业统计》,人民体育出版社,2011年,第3页。

层,并各自划分出若干小类。在此,电视等体育传媒服务小类被包括在体育产业外围层的其他体育活动服务项下(如下表)。

体育及相关产业分类与层次对应表[①]

层　次	行　业　分　类	行业小类数(个)
体育产业核心层	体育组织管理活动	4
	体育场馆管理活动	1
	体育健身休闲活动	2
体育产业外围层	体育中介服务	3
	其他体育活动服务	10
相关体育产业层	体育用品、服装、鞋帽及相关体育产品的制造	13
	体育用品、服装、鞋帽及相关体育产品的销售	9
	体育场馆建筑	3

在此基础上,我们认为:中国体育电视产业,是指包括我国各层级电视台中围绕体育节目制作、播出、经营的所有活动的总和。它由一系列体育电视活动主体及主体的活动组成。这些构成体育电视产业的主体包括中央电视台的 CCTV-5 体育频道,以及北京、上海、广东等省台地面体育频道,还有全国各地市、县的体育电视节目。其中 CCTV-5 占据了产业垄断者的核心地位。

本书稿将对中国体育电视产业形成的历史和发展过程进行研究,同时以 CCTV-5 为例,考察其中的主要发展节点,并寻找产业形成和发展过程背后的历史性动力,试图对中国体育电视产业发展作出规律性的解释。同时,产业内企业间的相互竞争推动产业

[①] 中国体育科学学会体育产业分会编:《中国体育及相关产业统计》,人民体育出版社,2011年,第9页。

结构的合理化，从而实现产业内资源的合理配置，影响到产业技术、产业创新、产业发展和变迁的进程。这种产业竞争分析也将贯穿全文之中。

研究首先梳理了中国体育电视媒体自 1958 年以来的发展历程，并对这一发展历程进行合理分期。在各个时期，重点讲述了中央电视台体育报道的历时变化，同时兼顾地方台体育节目的发展，从中总结推动体育电视事业及产业发展的阶段性动力。此后，对 CCTV-5 及中国体育电视产业的考察研究，重点从"产业"、"企业"、"受众"、"内容生产"、"广告经营"等多个视角进行深入分析。

第一，产业及其制度变迁角度。产业角度特别是其中的制度因素是本研究的一个根本出发点，各部分内容都力求站在产业整体角度对产业结构-行为-绩效进行分析，作出解释，这保证了研究的宏观视野，从而得出产业发展的相关结论。

第二，企业成长角度。本研究同时从微观个案着手，着力于对产业内最重要主体 CCTV-5 的成长作出历史性考察。包括从组织机构、管理体系与人事、激励，节目的专业化发展，以及广告和产业经营等，从而在对 CCTV-5 的成长规律的考察中发现产业竞争规律。

第三，内容生产者角度。作为媒体，其发展一定是建立在内容生产的基础之上，生产者的一切都反映在内容产品上。在内容的专业化发展分析中，对 CCTV-5 作为生产者的所有研究才有了切实的分析对象。除对新闻、专题、大赛等频道节目内容进行分析外，还关注对内容源头的赛事资源转播权的竞争与利用，以及频道整体品牌形象的塑造。

第四，受众及其文化认同角度。受众是媒体产业最重要的主体和动力之一，受众规模与特征、受众的接受与文化、受众与节目的互动，都是分析的重中之重。而 CCTV-5 的体育受众更是具备独特特征,且处于变动之中,从中折射了社会与自我认同的变迁。

第五,广告经营角度。广告经营在体育电视传媒的生存与竞争中有着特别重要的地位,广告经营影响到行业内主要行为者的绩效,节目的竞争也最终体现在广告收益上。广告与节目之间有着丰富的互动,从中分析可以发现市场力量所在。

本文认为,对中国体育电视整体状况的考察,最后必然归结到产业分析上来。产业分析是理解行业历史、产业竞争、技术扩散和企业行为的最佳视角。在回顾媒介产业化理论提出的历史原因时,黄升民教授认为这是理论研究对现实的必然回应:

> 作为个体,由表及里——从小到大的变革和发展,首先需要的是自身个体行为的合理性解释,而个体的进一步发展,势必突破自身隶属的行业或者部门的旧有藩篱,从而引发整个行业的调整和变动,这时,同样需要一个更大规模的属于行业整体行为的合理解释。所以,要以在理论上诠释媒介的变化行为:在市场经济的引导下,媒介个体的变革——"媒介商业化"就是个体行为的合理解释;更大范围的行业性的变革行为的合理解释就是"媒介产业化"。①

黄升民、丁俊杰并在《媒介经营与产业化研究》专著中认为,"70年代末以来中国大众传播媒介的变革是大众传播媒介的产业化过程",是"'意识形态的媒介'向'产业经营的媒介'过渡的过程"。这一产业化趋势是推动改革开放后中国媒体向前发展的主要动力,是

---

① 黄升民、丁俊杰主编《国际化背景下的中国媒介产业化透视》,企业管理出版社,1999年,第5页。

媒介"利益属性"在市场经济体系下得以合理回归的历史必然。

二 相关研究文献

选择 CCTV-5 和中国体育电视产业这一独特而典型的样本,可以为我们提供丰富的研究视角,实现多要素的全面分析,在交叉与互动关系中,发现影响中国体育电视传媒产业的主要动因,从而得出结论、建议,寻找到我国体育电视传媒业的演化路径和规律、方向。

对于 CCTV-5 以及中国体育电视产业的系统性深入研究却很少,大多是一些局限于具体节目、单一问题的分析,从产业发展角度对其动因的相关研究也不多见。

从学术研究角度看,关于体育电视产业和 CCTV-5 频道研究主要集中在频道竞争、频道栏目、赛事报道、受众、广告等,代表性论文有洪建平《从电视转播权之争看中国体育电视市场格局与趋势》、骆正林《地方台体育频道如何应对版权竞争》、谭康《论足球之夜的报道特点》、朱雯《电视体育专题片配乐的运用形式和表现作用——以天下足球为例》、冯然《奥运赛事电视传播研究》、易剑东《电视体育专业化运作的范本——中央电视台 2008 年奥运会专题节目评析》、姚治兰《2008 北京奥运会电视传播受众研究》、杨铁黎《我国体育用品企业电视广告投放现状及其策略研究》,等等。

中国传媒大学柯惠新进行的"媒介与奥运"(一个传播效果的实证研究)系列研究:《北京奥申篇》、《雅典奥运篇》和《北京奥运篇》,以调查与统计方法分析了在大的体育事件中媒体传播的效果,对体育市场、体育电视竞争、体育受众、体育广告、国家形象传播等多个重要方面进行了追踪性研究。论文集《奥林匹克的传播学研究》展现了奥运传播研究的多元路径,涵盖了从全球化、国家形象、身份认同到媒介分层、信号制作技术、转播权竞争等多层次、多视角的研究进路。

相关研究还包括：关于我国电视产业化以及体育电视产业的相关研究。如黄升民、丁俊杰的《媒介产业化》、《媒体集团化》系列，李辉《中国体育的电视化生存》等，鲍明晓《体育产业——新的经济增长点》。关于体育媒体与文化认同领域的研究文献。如杰·科克利《体育社会学——议题与争议》等，汤筠冰《视觉建构——以申奥片为例的视觉文化传播研究》，易剑东的研究论文《2008年北京奥运会中国体育代表团的形象塑造与媒体应对》，罗青《全球化体育事件与国家营销传播》等。关于体育受众与体育消费者的研究文献。如《我国体育人口特征》，李培林、李强的《中国社会分层》，郑杭生《当代中国城市社会结构》等。关于体育广告与体育营销领域的研究文献。如蔡俊五《体育赞助——双赢之道》、卢泰宏《体育行销》等，以及肯·卡瑟等《体育与娱乐营销》，马修·D.尚克《体育营销学——战略性观点》等。

三 理论与方法

（一）本研究借鉴的主要理论方法

1. 政治经济学

加拿大知名传播学者文森特·莫斯可从传播与社会的相互建构性出发，认为传播是包括经济、政治、社会以及文化在内的社会基本过程的一部分。政治经济学是"进入社会分析的门槛"，也是"通往社会领域的重要入口处"，因此，对传播的政治经济学研究通常要考察"企业的发展与广阔的政治经济形势的关系"，以及"社会关系与消费组织"。这些界定，为我们研究媒介组织机构、生产、消费市场和发展提供了方法框架。

2. 媒介生态学

媒介生态学或曰媒介环境学为尼尔·波兹曼所大力倡导,他主张把媒介"作为环境"研究。"我们的研究不单单对媒介感兴趣,还要关注媒体与人类之间的共生互动关系。正是'媒介-人'之间的互动赋予了文化以基本的特征,帮助文化保持象征世界的平衡。"[①]

浙江大学教授邵培仁在介绍媒介生态学时认为,"媒介生态的中心关注点在于媒介系统与社会系统之间的互动。"邵培仁提出了媒介生态学视角的"媒介生产系统模型图"(如下图),将媒介生态系统的社会宏观环境分为政治环境、经济环境、文化环境和技术环境,而产业环境又包括传播者、媒介和营销组成的内部环境,以及受众消费者为主的外部环境。

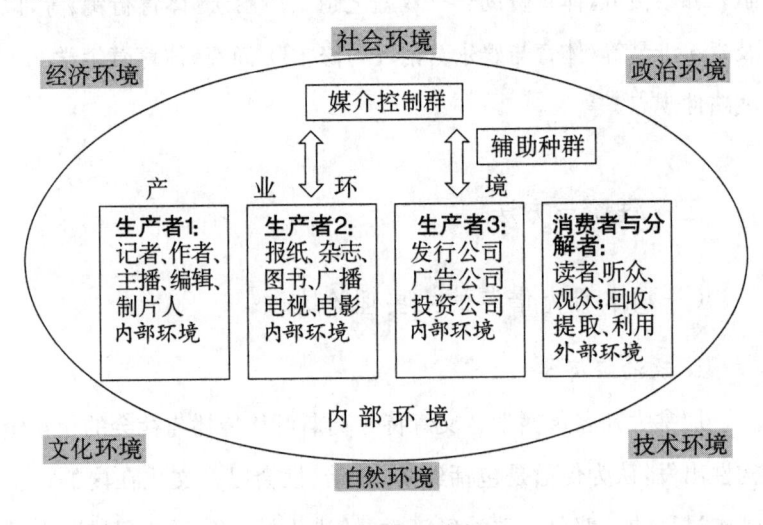

媒介生产系统模型图[②]

---

① 易前良:《美国"电视研究"的学术源流》,中国传媒大学出版社,2010年,第214页。
② 邵培仁等:《媒介生态学:媒介作为绿色生态的研究》,中国传媒大学出版社,2008年,第117页。

因此，从媒介生态学的研究方法中，我们可以借鉴其对媒介与宏观社会环境系统的互动理论，主要从经济、政治、文化、技术这几个角度研究社会宏观系统对媒介生产系统的影响。这对我们研究中国体育电视媒体产业的发展动因有着重要的参考价值。

3. 新制度经济学与企业成长理论

以科斯、诺斯为代表的新制度经济学，是近三十年来世界经济学界的主要发展，制度对经济发展的重要性已经得到广泛的认同。新制度经济学是"应用现代微观经济学分析去研究制度和制度变迁的产物。它源自这样一种命题，即理性选择（在具体的约束条件下）将创造和改变诸如产权结构、法律、契约、政府形式和管制这样一些制度。它们帮助创造的这些制度和组织将提供激励或建立成本与收益，这些激励或成本与收益关系在一定时间内将支配经济活动和经济增长。"[①]

新制度经济学通过对制度的历史变迁的研究，将制度作为一般经济模型中的一个内生变量，以解释各个产业和经济领域的发展与变化。T. W. 舒尔茨将"制度"定义为"管束人们的一系列规则"，经济行为作为一种在具体约束条件下的理性选择，它必将创造和改变产权、法律、合约、政府管制等制度性存在，而这些制度将影响甚至是决定成本、激励、收益关系，这些关系的变化将在一定程度上支配经济增长、产业发展与企业成长。

从新制度经济学发展出来的企业理论，是微观层面研究的进一步深入。彭罗斯《企业成长理论》对企业成长的方向选择进行了详细分析，特别是其提出"企业是建立在一管理性框架内的各类资源的集合体"，"企业成长主要取决于能否更为有效地利用现有的

[①] 卢现祥、朱巧玲:《新制度经济学》，北京大学出版社，2007年，第2页。

资源",等等。企业演进过程是企业从新企业到转型企业再到成熟企业的角色转化过程,伴随着企业边界的扩张和企业规模的扩大。

对中国体育电视产业和CCTV-5的历时性考察,新制度经济学中的制度变迁和企业成长理论提供了恰当的工具。正如诺思名言,"历史是最重要的"。在经济领域的实证和历时研究中,理解现在,展望未来,就要重新认识过去。解释大到一国小到一企业的长期经济发展,必须从制度和制度演进方面去刨根问底。

4. 传媒经济学与媒介产业化理论

传媒产业经营与经济学相结合的一个重要理论,就是传媒经济学与媒介产业化理论,以及在此基础上的具体领域的传媒经营和管理理论。皮卡德给传媒经济学的定义是:"关于传媒经营人如何利用现有资源满足观众、广告商及社会对信息和娱乐的欲望和需求。"

1925年,威斯康星大学社会学和经济学教授杰米出版了《广播产业经济学》,应该算是系统研究传媒产业的经济学类发轫之作。1927年,明尼苏达大学营销学教授维尔(Roland Snow Vaile)的《广告经济学》专著出版。40—60年代,传媒产业的主要类型在经济学中得到了研究,如1950年,科斯出版了《英国广播业:垄断状况的研究》,1959年发表了以无线电频率为例对产权与交易关系进行详细经济分析的《联邦通讯委员会》经典论文。1964年萨缪尔森研究了收费电视节目的公共产品属性问题。进入70—80年代,传媒经济学随着电视产业一起得到了长足发展,1988年皮卡德(Robert G. Picard)创办《媒介经济学杂志》,1989年他又出版了《媒介经济学》这本世界上首部教科书,标志传媒经济学作为一门学科正式形成。20世纪90年代后,传媒经济学研究方兴未艾,增添了许多具体的内容,在各传媒产业经济领域展开了深入的研究。

在国内,20世纪80年代中后期,产业概念被系统性应用到传媒领域,"传媒产业化"得以确认,人们普遍赞同传媒具有意识形态的事业属性和产业属性的双重性。90年代后期,对传媒经济的本质和特殊规律的理论研究得到深入,系统经济学研究方法得到广泛应用。而进入21世纪,传媒经济学作为一门学科得到确认,西方微观经济学原理和方法完整引入应用于传媒产业领域的理论与应用研究之中,传媒经济学研究得以突破。

产业经济学"正是从产业出发来提示产业的发展和变化、产业内部企业之间的相互作用和产业与产业之间的相互联系等诸如此类产业本身所特有的经济规律"[①],它的具体研究对象主要包括产业组织、产业结构、产业管理、产业发展等四个方面。特别是其中的产业组织理论,在美国指的几乎就等同于是产业经济学。特别是哈佛学派贝恩(Z. Bain)和梅森(E. Mason)提出的"结构—行为—绩效"(SCP)范式,成为产业研究的经典分析框架。从传媒产业经济学和传媒管理学的角度,我们可以重点关注的问题包括:传媒产业链问题、企业发展战略问题、电视产业资金结构和机制、市场失灵与政府管制政策、节目编排竞争策略、新媒体与新技术影响,等等。这些在对CCTV-5成长研究中都颇有指导意义。

5. 受众研究理论

电视受众研究已经是相对成熟的媒体研究领域。从总体来看,受众研究又可以分为不同的传统与角度。一是受众测量。如受众规模、受众人口学特征、受众结构等数量统计研究。二是受众影响与效果研究,或者也可以说是接受与消费研究,包括卡茨的"使用与满足"理论。三是受众的文化认同与文化研究角度。霍尔

---

① 苏东水主编:《产业经济学》,高等教育出版社,2000年,第19页。

开创了"编码/解码"的理论模式,莫利则进一步研究了受众消费与解读媒体文本与各种文化要素的关系。而受众与文化认同之间的关系也是一个非常有意义的角度,从中折射出社会语境与意识形态的变动。具体到本研究之中,研究受众与节目、广告经营之间的互动关联,有着极为重要的意义。受众是媒体产业运营的一个关键性环节,满足受众需要是传媒业发展的主要动力之一。

所以,对中国体育电视发展历程与动因的解释,我们将综合政治经济学、新制度经济学以及产业研究的多种方法,从政治、经济、制度、体育产业、市场、受众以及技术等角度,来分析中国体育电视媒介发展与外部、内部系统环境的互动关系,从而找到推动其朝专业化、市场化、产业化发展的核心动力。

(二) 主要研究方法

同时,本研究采用的主要方法有:

文献检索。大量检索国内外有着电视、体育、广告这三大领域的理论文献,从中把握其历史性发展及最新研究。同时大量阅读经济学、传播学等相关领域代表性文献。

数据分析。考察媒体产业竞争及代表性媒体发展历程,需要分析大量的、延续性的收视数据、广告监测数据和行业数据。

内容与文本分析。对CCTV-5体育频道等代表性体育电视节目进行内容分析,也是本研究的重要方法。一方面,媒体节目的内容分析是理解媒体变迁的重要方面;同时,对相互竞争的媒体内容进行对比分析,也是理解媒体特点与个性的必要方法。

现场观察。媒体运作的现场观察也是一重要研究方法。特别是本研究作为对CCTV-5的重要个案性研究,现场观察更是理解其全面运作的重要方法。

调查与访谈。由于本研究的历时性特点，一些重要参与人物的观点具有特别价值，因此，对相关人物的访谈将构成本研究的一个组成部分。

四　历史分期

如果从中国电视创办的 1958 年算起，到 2010 年，中国体育电视的历史也进入第 5 个十年；倘若追溯到与体育电视一体化的体育广播源头，则已经是走过了 60 年了。

回顾和研究中国体育电视的历史，首先面临的就是历史的分期问题。因为研究视角的不同，常常在历史的分期上形成较大的差异。

国家体育总局主编的《拼搏历程　辉煌成就——新中国体育 60 年》丛书在回顾新中国成立 60 年的体育宣传时，划分为两个时期。第一阶段：1949—1978，新中国前三十年的体育宣传；第二阶段：1978—2008，改革开放新时期以来，体育宣传事业的发展与繁荣。

这种视角基本是和体育事业本身的历史分期相一致。《改革开放 30 年的中国体育》总结体育宣传与体育新闻出版事业，也基本分为八十年代，九十年代和 2000 年后这三个阶段，这也沿袭了作为体育部门的体育与社会的分期视角。

从实践角度，长期担任中央电视台体育节目主管的马国力提出三阶段分期说。第一阶段：从 1959—1986 年汉城亚运会之前的 27 年创立期；第二阶段：从 1986—1994 年广岛亚运会的 8 年体育报道快速增长期；第三阶段：1994 年之后同步世界的发展机遇期。[①]

[①] 马国力：《我国体育电视的现状与前景展望》，中央电视台《电视研究》，1996 年第 12 期。

体育新闻研究学者也在分期上存在观点分歧。

张德胜在《体育媒体通论》中虽没有就整体体育电视历史做出划分,但对体育电视现场直播的发展进行了分期。他认为,可以分为四个阶段,第一阶段:1951—1966,新中国成立初期;第二阶段:1966—1976,动荡时期;第三阶段:1976—1994,改革开放初期;第四阶段:1994年后,体育与媒体互动时期。

瞿巍等主编的《电视体育采编与制作》中,采取了四分法:起步阶段(1958—1965),曲折发展阶段(1956—1977),恢复发展阶段(1978—1991),推进与全面发展阶段(1992年后)。这里的1992年成为重要分界,它的背景是与邓小平南巡讲话启动了中国市场经济发展新阶段相一致。这一分界点是很多人的一种共识,应该借鉴了杨伟光主编的《中央电视台发展史》的分期方法。央视将自身的40年发展史,分为:艰苦创业的历程(1958.5—1966.4);遭受挫折和复苏时期(1966.5—1978.4);在改革开放中迅速发展(1978.5—1992.9);向世界大台迈进(1992.10—1997.12)。这一分期同样被用来回顾中国体育电视的发展史。

郝勤在《体育新闻学》一书中基本采取了:1958—1978;1978—1990北京亚运会;1990—2000;2000年以来,这样的十年年代与事件相结合的分期法。刘斌主编的《体育新闻学》则以1993年中国第一个专业体育频道上海有线体育频道的开播为分界,1993年前为体育新闻的拓展时期,1993年后到2005年,为体育新闻的繁盛时期。

从以上观点可以看出,对中国体育电视乃至中国体育新闻事业的发展史分期,实践和学界并未达成共识。1978年之前基本一致,体育新闻事业与体育事业、电视事业相生相随,政治性和宣传性突出,又可与社会发展同步,分为1958—1966创立期和1966—

1976 的十年动荡期。但考虑到 1976 和 1978 年的体育电视发展情况，无疑 1978 年更具分界意义。这一年 4 月，中央电视台恢复和创办了体育栏目，向全国直播了阿根廷世界杯比赛实况，派出运动员参加了曼谷亚运会，都可谓转折性突破。

1978 年之后，体育电视得到恢复和快速发展，1994 年是另一个里程碑。这是以市场化和产业化发展为特征的一个分界，1992 年市场经济加快发展后，体育市场的真正启动要到 1994 年中国足球走向市场为标志，同时中国电视媒体也就此进入了专业体育频道为主的繁荣期。此后的另一个分界线，本文认为，并非是"进入 2000 年"，而应是 2001 年，这一年，北京申奥成功，中国入世，足球出线杀入世界杯，这些都有着莫大的意义，中国体育从此进入了更为国际化的北京奥运周期，达到了专业化和产业化的一个顶峰。

因此，考虑中国体育电视发展史的分期，一方面要根据中国社会政治和历史的发展脉络，不能脱离体育和电视发展的宏观社会语境；另一方面，我们也要看到中国体育与中国电视的各自发展规律，在大的社会历史的语境下，标识出中国体育电视发展的重要界碑，从而得出这一领域历史发展的规律。此外，2001 和 2008 这两个分界也对中国体育电视有着重要意义，应该在分期中得以显明。

本研究认为，中国电视体育发展可以分为四个阶段：第一阶段，1958—1978，前 20 年，为开创期和挫折期，政治与宣传性突出；第二阶段，1978—1994，16 年，恢复与快速发展期；第三阶段，1994—2001，7 年，市场化产业化推动下的繁荣期；第四阶段，2001—2008，8 年，北京奥运周期。而北京奥运之后，其实中国体育电视又面临了一个新的阶段，后奥运期，中国体育产业和体育电视产业都在发生着复杂的变化。

第一编
中国体育电视产业的形成过程

开创与挫折:1958—1978

振兴与腾飞:1978—1994

产业与创新:1994—2001

高潮与巅峰:2001—2008

第一章　开创与挫折：中国体育电视的前 20 年(1958—1978)

从 1958 年 5 月 1 日中国第一座电视台——北京电视台试验性广播(为中央电视台前身,同年 9 月 2 日正式播出),到 1978 年 5 月 1 日北京电视台改名中央电视台,这 20 年中,中国体育电视与中国电视事业一起,经历了艰难的开创期和十年挫折期。在政治性第一的年代里,不但发挥了政治宣传、外交推动的作用,也以精彩的赛事直播展现出体育电视的最初魅力。

第一节　1958—1966：开创期与群众体育

回溯中国体育电视节目的历史,如果只从电视说起,可能会忽略掉很多有价值的材料,包括一段极有价值的历史。因为体育电视和体育广播最初是难分彼此的。正如从 1961 便同时担任中央人民广播电台和中央电视台体育评论员的宋世雄谈到体育解说观众欣赏风格的变化时所说,"说起来这个就有一个比较长的历史阶段了,因为中国的体育转播是从广播开始的。"①

一 一个声音开始了:广播尝鲜赛事转播

新中国成立以来,有史可记的第一次体育转播,是在1951年1月的苏联男子篮球队在上海的访问赛。"1951年1月,苏联男子篮球队到上海访问。因为比赛场地较小容纳不了大批篮球爱好者,上海电台应听众的要求,进行一次体育比赛实况转播的尝试,由播音员张之和电影演员陈述在现场解说。转播的效果之好,出乎预料。"②同年5月,在北京举行全国篮排球比赛大会,中央电台第一次向全国转播体育比赛的实况,解说员还是张之。

在1955年,中央电台全年实况转播了3场体育比赛。从1956年开始,随着全国性竞赛活动的明显增多,国际体育往来也日益频繁,中央电台体育实况广播的场数明显增加。到1957年,全年体育赛事实况广播就有12场之多。

可以说,新中国成立后,对体育的报道与转播,是"从一个声音开始"的。中央人民广播电台在转播赛事实况中,体现出了广电媒体相比报刊媒体的独特特点,现场感强和生动、直观的优势,从一开始,就成了广电媒体在体育赛事报道和转播中的立足点。

这些最初的体育赛事现场转播也成就了中国第一位体育解说员——张之③。作为50年代体育赛事转播的唯一主将和前辈,张之确立了中国体育转播的风格和传统。"体育赛场上,情况往往瞬息万变。张之思维清晰,反应敏捷,评析得当,而且口齿伶俐,语言

---

① 杨澜:《奥运高端访谈》,新星出版社,2008年,第163页。
② 徐光春主编:《中华人民共和国广播电视简史》,中国广播电视出版社,2003年,第75页。
③ 同上。

流畅,比喻生动,逐渐形成了新中国体育实况转播的播音风格。"[1]

二 最初的体育视像:群众性突出的《新闻简报》

建国初期的体育报道,在报刊、广播之外,还有一个重要的形式——《新闻简报》[2]。《新闻简报》的题材反映了那个时代社会生活和国家建设的各个方面,是对真实历史的纪录。但它承载的功能却是多样化的,"是新闻,是政治,是文化,甚至是娱乐。"[3]体育是《新闻简报》重要报道内容,运动会、破纪录、友谊赛、群众体育等是其中主要报道点。

我们以《新闻简报中国·体育 1950—1977》中收存的 24 条简报为例,可以发现其内容主要集中在:A. 各项比赛、B. 运动员成绩与荣誉、C. 群众体育运动、D. 其他泛体育类事件(政治、外交)这四类。出现最频繁的内容是 C 类群众体育,为 9 条,占 37.5%;其次是 A 类各项赛事报道,为 7 条,占 29.2%(表 1-1)。考虑到 A 类各项赛事报道中,有不少并不属于今天的专业比赛领域,而是承担一定外交功能的国际友谊赛、表演赛,可见那个时代,体育的群众性特征远比专业性特征突出。

---

[1] 1953 年,在上海电台担任现场直播解说的张之,正式调到北京。当时,中央电台就他一个体育现场直播的解说员,这一状况要直到六十年代初他的"徒弟"宋世雄加入,才得以改变。

[2] 《新闻简报》伴随着新中国一起诞生,用电影胶片纪录和传播新闻。在电视机还没进入普通家庭的那个时代,人们期望了解祖国日新月异的变化,在电影院故事片放映之前,往往有一个《新闻简报》的"加片",承担着广泛而有效的大众传播功能。《新闻简报》大多由中央新闻纪录电影制片厂摄制,大约每周一期,每期十分钟。直到 1978 年后改名为《祖国新貌》,1993 年才完全退出历史舞台。

[3] 高峰:《中国电影,新闻简报》,见《新闻简报中国·体育 1950—1977》序,上海科学技术文献出版社,2009 年。

表 1-1：1950—1977 年《新闻简报》体育类内容标题

简报期号	内容标题	分类	简报期号	内容标题	分类
1950-34	选拔出国排球、篮球代表队	A	1962-11	滑进世界先进行列	B
1951-1	苏联体育代表团篮球队与首都京联篮球队第一次友谊比赛	A	1962-50	棋坛新芽	C
1952-10	中华全国体育总会成立	D	1963-18	我国乒乓球男子队蝉联世界冠军	B
1953-26	全国四项球类运动大会	A	1963-52	跳皮筋	C
1955-11	成立以苏联女英雄古丽雅命名的锻炼队	C	1964-11	春节环城赛跑	C
1955-45	珠江散步	C	1964-12	将军和农民赛球	D
1955-64	中苏足球比赛	A	1965-22	连破两次世界纪录	B
1956-46	世界纪录创造者陈镜开	B	1966-11	中丹羽毛球赛	A
1956-9	太极拳	C	1971-28	毛主席语录"推广新广播体操"	D
1959-37	放风筝	C	1973-28	中美运动员游泳、跳水表演	A
1960-35	龙舟赛	C	1975-5	登珠峰英雄胜利凯旋	C
1961-15	中国队荣获斯韦思林杯	B	1977-40	美国纽约宇宙足球队同中国足球队的首场比赛	A

可以这样说，作为最早对中国体育进行影像报道的《新闻简报》，留下了新中国体育事业开创期的珍贵历史资料。作为那一特殊年代的视像记忆，它和 1958 年创办播出的电视体育媒体一起，

互相映照,相通处多,也为电视提供了最初的体育影像和播出。

三 电视转播:如临现场的第一优势

电视的诞生,在全球范围内历史性地与体育进行了成功结盟,现场直播更是电视体育的最大魅力所在。

就如中央电台的体育广播报道是从一场现场转播的成功开始,北京电视台的体育报道和体育节目,也是从一场直播开始的。1958年6月19日,我国电视史上第一次现场实况转播,就是体育实况现场转播:"八一"男女篮球队同北京男女篮球队的表演赛。7月20日紧接着又进行了匈牙利足球队对北京足球队的比赛实况转播。"这两次实况转播,都是体育比赛,它说明中国电视的实况转播是从体育比赛开始的。"[1]

中国电视开播之初,用户很少,影响还远不及广播电台。电视影响力尚不如广播的一个例证是:一直到70年代末,北京电视台都没有自己的体育广播解说员,而是同中央电台一起转播,解说用中央电台实况广播声道。这一阶段可以说是电视与广播联合进行现场直播。但无论电视还是广播,从一开始就显示出:体育现场直播是受众最欢迎的节目之一。

体育比赛的实况直播,对创办初期的中国电视贡献甚大。它是电视报道多种手段的综合运用,是一项细致、复杂的工作。首先,要做好播出前的各项准备工作;第二,察看现场,确定摄像机的位置;第三,机动灵活地处理画面;第四,配以恰当的现场解说;第五,技术要求高。如把国际性体育比赛的实况从国外传到国内,要

---

[1] 杨伟光主编:《中央电视台发展史》,北京出版社,1998年,第21页。

通过国际通信卫星传送。这些要求,从技术和人员方面,对电视发展起到了明显的推动作用。

1959年9月13日至9月28日,第一届全运会在北京召开,这是建国后首次举行的全国性大型综合性运动会,也是北京电视台第一次实况转播综合赛事。期间,北京电视台大力进行了运动会的报道,实况转播了开幕式和足球、篮球、排球等重要赛事。并在新闻节目中报道了开幕式以及这次运动会的其他消息,还编辑、播出了运动会的电视纪录片。

虽然有了单一赛事和综合赛事的实况转播经验,但总体而言,电视创办之初的赛事实况转播,由于电视机少,观众少,在整个电视播出中的内容比重也较小,影响不大。但在不到两年后,电视赛事实况转播形成了一次全社会性的热潮。1961年4月5日—14日,第26届世界乒乓球锦标赛在北京举行,在这一首次在我国举行的世界性比赛中,电视一鸣惊人,展现了自己如临现场的魅力和"第一把交椅"[①]的体育报道媒体优势。

世乒赛期间,除开闭幕式外,北京电视台在10天中实况转播了14场比赛,约35小时,精彩场面无一遗漏。整个北京约有1万台电视机,每架前都挤满了人,随着电视里比赛转播画面时时欢呼、惊叹。"一台电视机前竟有二三百人集体收看,观众寄来3000多封电报、信件,打来了几千个电话,显示了电视这个现代化传播工具的强大威力。"[②]这次现场直播给人们留下了极为深刻的印象。"如男子团体决赛中,中国选手徐寅生和日本选手星野的一场争夺战很有戏剧性。解说员张之对整个过程作了生动的描述,他

[①] 郭镇之:《中国电视史》,中国人民大学出版社,1991年,第44页。
[②] 于广华主编:《中央电视台简史:1958—1993》,人民出版社,1993年,第129页。

的这段有名的所谓'十二大板'的介绍,成为体育现场直播解说的杰作。"①

第 26 届世乒赛现场直播的轰动,确立了电视体育的巨大影响力和远大前景。同时,体育现场直播的魅力在电视发展中的重要地位也不断得到强化。当时,中央电视台对 26 届世乒赛的整体报道是由当时的新闻部组织,赛事实况转播的导演是张家成。1963 年中央电视台成立社教部,确定专门人员主办体育节目,至此,电视体育直播有了初步的基础。

四 群众体育:宗旨与栏目

北京电视台在创办之初,就设置了常规播出的体育类电视栏目。1960 年 1 月 1 日,北京电视台试行固定节目时间表,设立了第一个体育类固定栏目:《体育爱好者》。播出时间安排为:每隔一周的周二、周五,晚间 18:33—18:55。同时,并安排有球赛播出(没有球赛时为戏曲晚会),时间为周二、周五,晚间 20:00—21:40。②

当初的体育专栏节目,十分重视报道群众性体育活动。这也充分体现了时代的特点,毛泽东等党和国家领导人非常重视群众体育的发展。在 1950 年 7 月 1 日,《新体育》月刊创刊时毛泽东题刊头,朱德题词是"提倡国民体育",将新体育定义为"国民体育"。特别是 1952 年 6 月 20 日中华全国体育总会成立时,毛泽东亲自为新中国体育工作题词:"发展体育运动,增强人民体质。"这更进

---

① 徐光春主编:《中华人民共和国广播电视简史》,中国广播电视出版社,2003 年,第 252 页。

② 郭镇之:《中国电视史》,中国人民大学出版社,1991 年,第 29 页。

一步明确了体育的宗旨和目标。由于政治原因,中国于1958年8月中断与国际奥委会的联系,直到1979年10月重返国际奥委会,这期间很少参与国际竞技体育赛事。[1] 群众体育因此更是成为体育的重中之重。

《体育爱好者》等体育栏目一开始就将重心完全放在群众体育活动的报道与普及提高上。着重宣传介绍了锻炼身体的科学卫生知识和群众爱好的、简便易行的、小型多样的、行之有效的体育活动和健身方法。编制和播出的专题节目主要有:《怎样做广播体操》、《怎样练滑冰》、《怎样学游泳》、《怎样练长跑》、《怎样打太极拳》等等。此外,还举办了《怎样下象棋》、《怎样下国际象棋》、《怎样下围棋》、《怎样打桥牌》等专题节目。

沿袭这一传统,1958—1978年间,中央电视台还围绕民族传统体育和少数民族体育、太极拳等武术项目、国防体育活动、各界群众体育活动等,组织、编播了不少知识性、普及性的群众体育专栏和专题节目,帮助观众开阔了眼界,增长了体育知识,深受欢迎。

五 新闻与纪录片:综合传播和国际交流

中国体育电视节目的最初创立与发展,除现场直播和专栏、专题外,在新闻、纪录片、对外交流上也取得了一定的进展。

1961年4月4—14日,第26届世界乒乓球锦标赛比赛期间,中央电视台调集了一部分骨干力量,连续拍摄了71个主题,19063米胶片,后来编为46个短片。除在本台的新闻节目中及时播出

---

[1] 何振梁:《艰难的起飞——奥林匹克与中国》,《见证奥林匹克》,新华出版社2007年,第6—10页。

外,还制成拷贝以最快速度送到各地电视台播出,并寄送有交换关系的英国、联邦德国、巴西、澳大利亚、日本、苏联、罗马尼亚等13个国家外,还向其中一些国家第一次出售自己拍摄的体育新闻片。纪录片成了当时电视体育传播的一个重要形式。到1965年,北京电视台已经和世界上27个国家的电视机构建立了交流电视片的关系。

在国内,为扩大新闻传播范围和影响,北京电视台同时以最快速度向上海、天津、广州、沈阳电视台寄送了电视片。这是北京电视台第一次印制拷贝片。围绕比赛,北京电视台还和电台一起举办了4次关于乒乓球的知识性节目,安排庄则栋等运动员与观众见面。

1963年,中央电视台指定专人负责体育节目,电视体育新闻节目在报道迅速和报道量上都有了提升。"1963年第一届新兴力量运动会在印度尼西亚雅加达举行,北京电视台第一次派记者出国报道体育活动。北京电视台记者拍摄的电视片《新兴力量运动会》,汇编成85分钟的大型纪录片播出。"[1]这些新闻片以《新运会简报》的形式,向国内观众连续报道了比赛的情况。至此,电视新闻节目中的体育报道有了初步的基础。

第二节 1966—1978:挫折期与政治挂帅

经历了开创期的8年发展,中国体育电视在群众性服务上已经奠定了初步的基础,有了不小的进步,赢得了观众的喜爱。但随

---

[1] 赵玉明主编:《中国广播电视通史》,中国传媒大学出版社,第277页。

之而来的十年文革,政治和社会环境的大改变,使中国体育事业和体育电视节目都全面停滞。体育比赛大多被取消,为国争光的体育运动员转眼成了"资产阶级的孝子贤孙"。1966年10月《新体育》杂志停刊,11月2日《体育报》从998期停刊,体育报道和体育节目也被戴上了"锦标主义"的帽子受到批判。但"乒乓外交"却让体育和体育电视节目在政治、外交舞台上,发挥了一个特别的功能。

一 体育节目的停办与率先恢复

1967年1月6日,北京电视台停止播出。2月4日,北京电视台虽然恢复播出,但每周仅一次节目,由造反派掌权。12月12日,中央派出军管小组收回了被造反派夺去的广播电视大权。"文革"时期,北京电视台的体育新闻节目(包括体育现场直播节目)曾一度停办。文革后期,体育节目在众多节目中率先恢复。

(一)体育栏目的恢复

1970年7月30日,北京电视台开始恢复《体育爱好者》栏目,当天直播首都体育馆的冰上体育(花样滑冰)表演实况。在当时的社会氛围下,体育比赛的转播也经常受到各种莫名其妙的可笑干扰,"在转播花样滑冰比赛之前,竟然有人提出女运动员应该穿上长裤子。"[1]

文革后期,广大体育爱好者对体育知识的需要增加,渴望了解国内外体育的相关信息。到1978年4月,北京电视台新开了一个体育栏目:《体育之窗》,以呼应这一需求。它的主要内容包括介绍运动

---

[1] 杨伟光主编:《中央电视台发展史》,北京出版社,1998年,第95页。

员、教练员的工作生活、群众性体育活动、运动知识和相关科研情况。其中增加了对国内外体育比赛和体育交流消息的报道。以栏目化的报道形式，为观众打开了一扇了解国内外体育信息的窗口。

（二）赛事转播的发展

在文革这一特殊年代，收看体育比赛实况转播仍是人们的共同需求。因为体育比赛现场转播的时效快、现场感强、感受效果真实这些特征，它一经恢复就广受欢迎。"广大体育爱好者对电视实况转播的这种热情是压抑不住的。"即使在那个特殊的时期，"体育比赛的电视实况转播还有了新的发展。"①

1. 第三届全运会转播

作为重要的政治任务，北京电视台实况转播了1975年9月12日在北京举行的第三届全国运动会开幕式，及开幕式上2.3万名运动员和各界代表表演的大型团体操《红旗颂》。9月13—29日赛事期间，北京电视台在转播开幕式、闭幕式、民族传统体育表演外，还转播了许多项目决赛（包括足球、篮球、排球、乒乓球、羽毛球、手球、体操、艺术体操等）比赛实况。

2. 各项国际邀请赛转播

作为我国外交政策的体现，70年代我国国际体育交往日益频繁，不但出现了著名的"乒乓外交"，各类友好邀请赛成为最主要体育赛事，其中一些重要国际邀请赛事都往往为北京电视台所实况转播。如北京国际游泳跳水友好邀请赛，北京国际足球友好邀请赛，北京国际女子篮球友好邀请赛等。北京电视台甚至拟定了"关于北京国际游泳、跳水友谊邀请赛的报道计划"，计划转播开幕式、

---

① 杨伟光主编：《中央电视台发展史》，北京出版社，1998年，第96页。

闭幕式和比赛实况 3—4 场,同时向各省、自治区和直辖市电视台传送。在实况赛事的转播安排上有了新的发展和进步。

3. 体育新闻报道的发展

这一时期国内外体育新闻的报道也有了一定的发展。首先是对国际赛事新闻报道的重视和突破。1974 年 7 月 29—8 月 2 日,中央广播事业局派出 20 人组成的广播电视记者组,分两批前往伊朗德黑兰,参加第七届亚运会的新闻报道工作。北京电视台随团记者共拍摄新闻专辑 12 辑,陆续在 8、9、10 月在新闻节目中播出(条件限制,未进行实况转播),这是中国电视记者第一次组团出国对亚运会进行报道。

常规体育新闻报道量也有了明显增加。如 1974 年,北京电视台对外提供时政新闻片 168 条;其中工农业、文教、体育等新闻片 26 条,体育专辑 2 辑。1975 为迎接全军第三届运动会的召开,北京电视台还详细拟定了新闻报道方针,"应以反映全军体育运动发展的新貌、新风格和军体活动作为宣传重点,面不宜太广,线不宜太长,拍摄单个主题新闻片连续播放"。

在这一时期的日常报道中,体育新闻已成为电视新闻重要组成部分。1976 年北京电视台在各地协作下试办新闻联播节目,每晚 7 时播出 10—15 分钟国内新闻,名称仍为《电视新闻》。2 月 6 日,就播出了"北京举行 1976 年春节环城赛跑"的体育新闻。

二 "乒乓外交":体育的特殊功用

70 年代初,是著名的"乒乓外交"时期。在政治挂帅的年代下,中国体育发挥了其特别的政治和外交功能,由此,也给中国体育电视的发展带来了一段特殊的时期。

1971年4月10—17日,参加日本名古屋第31届世乒赛的美国乒乓球代表团应邀访华,"乒乓外交"打开了隔绝22年的中美交往大门,被世界誉为"小球推动大球"。1971年10月25日,第26届联合国大会恢复我国在联合国的合法席位。1972年2月21—29日,美国总统尼克松访问中国。在尼克松访华期间,美三大广播公司共播出52小时电视报道,9次进行电视实况转播。美国电视观众约6000万到1亿,全世界电视观众数亿,反响巨大。中国新闻工作者,也感受到电视媒体巨大力量的震撼。

其时,乒乓球邀请赛、友谊赛成了体育运动和报道的主角,体现了浓厚的外交和政治色彩。1971年4月13日,北京电视台转播了美国乒乓球队来中国的访问比赛实况。就在这个4月,北京电视台还报道了加拿大、哥伦比亚、尼日利亚、英国、澳大利亚等国乒乓球队同我国运动员进行友谊比赛的实况。

1971年11月3—14日,由中国、朝鲜、埃及、日本、毛里求斯、尼泊尔等6国乒乓球协会共同发起的亚非乒乓球友好邀请赛在北京举行,共51国家和地区参赛;1972年6月10日,第一届亚洲乒乓球锦标赛在北京开幕;1973年8月25日—9月6日,第一届亚非拉乒乓球友好邀请赛在北京举行,共81个国家和地区代表队参赛。这3个大型乒乓球国际性赛事有连续举办,集中体现了当时国家的体育外交政策。

北京电视台对这几次比赛都进行了全面报道,在这场"乒乓外交"的宣传报道中发挥了自己的特别作用。一般采取的报道形式,是对开幕式、闭幕式及部分团体、单项比赛进行实况转播,拍摄、播出有关比赛的新闻和专题,进行连续报道。为扩大影响和外交成效,还向国外寄送节目拷贝、纪录片等。在报道中,出于外交的目的,也特别注重对客队的报道,对比赛双方友谊的突出,赛事的竞争性没有得到强调。

三 电视技术的进步和体育赛事的跨地区实况转播

文革十年动荡,由于政治宣传的需要,电视媒体在面临挫折与冲击的同时,却在技术、网络和普及方面取得了一定的进展。[①]

体育赛事的跨区域实况转播,是这一时期在电视技术上取得的又一项重大突破。1973年10月21日、27日,北京电视台与湖北电视台技术合作,将在武汉举行的全国乒乓球锦标赛中男女团体决赛、五个单项决赛的实况,用微波干线传回北京,再向全国实况转播。这是我国电视台第一次进行远距离现场实况转播,第一次通过微波由外地向北京传送节目。这一试验成功,突破了以前在北京以外的比赛北京电视台没有能力进行实况转播的局限,使我国体育电视转播从此在技术上实现了一个重要突破,进入了一个具备更多可能性的新阶段。

第三节 开创期与挫折期的发展特点

总体而言,中国体育电视的开创期与挫折期是政治性和群众

---

① 这些进步包括:到1970年10月1日,新疆、青海、宁夏、甘肃、广西、福建等地开始正式或试验播出电视节目,全国仅西藏和北京市无地方电视台。1971年全国电视发射台、转播台总计已达80座,广播事业局正式向邮电部租用国家微波干线传送电视节目,一个以北京为中心联结各主要城市的电视播出网初具规模。1973年5月1日北京电视台正式宣布彩电试播,8月1日上海电视台开始试播彩色节目,到1977年7月25日,北京电视台两套节目(一套全国传送,一套北京地区)均为彩色。全国电视覆盖和普及也有明显成效。据商业部和中央广播事业局统计:"到1975年底,全国电视机46.3万台,国产彩电4000台,进口彩电1900台,68%电视机在城市。"

性突出的时期,体育承载了它宣传功能、政治功能,甚至与体育甚远的外交功能。但同时,体育实况转播却受到了广大群众的喜爱,体育的娱乐性、可视性等自身特点也得到了一定程度的体现,体育电视的专业性要求也在萌芽之中。

本阶段的主要发展特点包括:

一 体育的群众性得到广泛体现,爱国劳卫制推动了体育的普及

建国之初,体育是群众建设祖国热情的一个重要方面,体育报道也体现了这样的特点。"群众体育"得到极大重视,成为体育报道主体,形成了当时的全民健身、爱国劳卫的体育文化。

二 优秀运动员得到了大力宣传,成为人们心目中的国家英雄

首次打破世界纪录(此后共 9 破世界纪录)的陈镜开,打破女子跳高世界纪录的郑凤荣,喊出"人生能有几回搏"的第 25 届世乒赛男子单打冠军容国团,"十二大板"为国争光的徐寅生,等等,一时都成为人们敬仰的爱国英雄。但在文革期间,专业运动员受到了所谓"锦标主义"的冲击。

三 赛事报道竞技性弱,政治、外交色彩浓厚

由于与国际奥组委的关系破裂,中国少有机会参加国际性竞技比赛,友谊赛和邀请赛居多,从而体育报道中,体育的竞技性被

弱化,而政治、外交色彩相对浓厚。70年代初,毛泽东提出"友谊第一,比赛第二"口号。文革期间,赛事转播中甚至不报比分和胜负,严重偏离了体育和体育报道的本性。[1]

四 现场实况转播初显魅力,发展为主要的体育报道形态

赛事转播量在电视台节目中占重要性日益提升,如"从1971年到1978年,北京电视台实况转播的体育比赛达300多场。北京电视台的首播体育节目,占全台首播节目总量的11.1%。"[2] 1973—1977年上海电视台(1958年10月1日试播成功)平均每年转播体育比赛也达32场次,总数达到160多场,平均不到两周就有一场体育比赛转播,主要是各友好国家运动队与上海队的比赛。[3]

五 形成了乒乓球等重点报道项目,培养了社会各界的体育热情

如对26届世乒赛的宣传达到空前规模,中国乒乓球运动员的胜利极大地鼓舞了中国人民,从而形成了一种生动的爱国主义和

---

[1] "锦标主义"对赛事实况转播的负面影响,在同期的体育实况广播中也有同样的体现。据《中央人民广播电台台史资料汇编(1949—1984)》中记载:1972年体育实况广播场数达到历年来最多,全年共广播47场。"但在解说中充满了不少套话、空话,不敢多讲球艺技术,使人听不出所以然。这样的实况广播,听众自然不感兴趣。"
[2] 杨伟光主编:《中央电视台发展史》,北京出版社,1998年,第97页。
[3] 上海广播电视志编辑委员会主编:《上海广播电视志》,上海社会科学出版社1999年,第438页。

集体主义的动员,也实现了国际宣传目标。此外,足球、篮球、排球三大球,从一开始就受到了特别重视,群众热情高。只因成绩不如乒乓球突出,尚未形成声势。

总结这一阶段中国体育电视的发展特点与规律,我们可以发现,这一时期体育的群众性、政治性最为突出,从而直接推动了初期体育电视的发展。群众体育的大力开展,以及专业运动成绩的取得,体育的对外交流,是推动体育节目发展的最大动因。在以阶级斗争为纲的年代,政治功能的作用是决定性的,媒体专业化、受众兴趣和商业推动的力量还非常弱小,对体育广播节目的发展几乎还发挥不了什么影响。此外,我们也不能忽略,彩色电视等技术进步、全国性电视网络发展、电视机普及率提升,这些技术和基础因素为体育电视的发展提供了动力,为八十年代的繁荣、发展奠定了物质基础。

第二章　振兴与腾飞：追赶世界的步伐(1978—1994)

　　1978年开始，中国体育及中国体育电视迎来了自己的复兴和迅速发展。在80年代初，在改革开放的时代大潮中，随着中国体育健儿重返国际赛场，在国际高水平竞技比赛中频频夺冠，中国体育电视迅速发展，报道量大增，专业水平提升，影响力也得到放大。具体来看，到1994年启动市场化、产业化发展新阶段以前，这一阶段的主题是面向世界、追赶世界，体育电视在发挥"爱国主义"政治宣传与民族团结上再次显示了自己的巨大力量。同时，体育电视的信息娱乐功能也开始得以显现，"中国电视偏重政治宣传的特点渐渐为各种信息娱乐功能所补充。"[①]

　　这一时期又可细分为三个发展阶段：1978—1986；1986—1990；1990—1994。分别以1986年汉城亚运会和1990年北京亚运会为分界。

[①]　郭镇之：《电视传播史》，北京师范大学出版社，2000年，第391页。

第一节 1978—1986：在民族-国家旗帜下的激荡

改革开放之初的1978—1986年，女排"五连冠"、男足"冲出亚洲"、中日围棋对抗赛三连胜等国际体育竞赛佳绩，掀起了中国体育的一个爱国主义-民族主义高潮，电视在其中作用突显。

一 1978到1981年间的全面恢复

在1978年党的十一届三中全会以后，中国的体育事业蓬勃发展。这种客观形势，对电视台办好体育新闻是一个推动。1978年4月，北京电视台应广大体育爱好者要求、为普及体育知识开办了新栏目——《体育之窗》专栏。这标志着体育电视节目在新时期开始了新的兴起。这一兴起的另一标志性事件是中央电视台的一次成功实况转播。1978年6月25日，中央电视台（原北京电视台5月1日更名为"中央电视台"，台标CCTV）首次通过卫星转播在阿根廷举行的第11届世界杯足球赛的实况。这是中国电视台第一次通过国际通信卫星从国外传回国际声和图像信号，在北京的电视机房里由宋世雄看着屏幕即时加配解说向全国播出。这是国人第一次从电视上近距离实时观看到世界杯。[①]

1978年12月9—20日，第八届亚运会在泰国曼谷举行。中央电视台第一次派出记者在海外对重大赛事进行现场直播。体育节目解说员宋世雄也随队前往，直播了开幕式和女排、男篮的决

[①] 参见郭镇之：《中国电视史》，中国人民大学出版社，1991年，第115—116页。

赛。这是央视体育报道随中国运动员走向国门、走向世界的开始。这开启了中央电视台此后大量增加国际、国内重大体育比赛实况直播的先例。如1979年9月中央电视台新闻部组成电视组赴墨西哥采访国际大学生运动会；1980年2月，中央电视台派出记者前往美国普莱西德湖采访报道第13届冬季奥运会；1981年7月，中央电视台派出4名记者前往采访报道布加勒斯特第11届世界大学生运动会。

对国内重要赛事，这期间也加大了面向全国进行实况直播的场次。如1979年6月在杭州举行的世界杯羽毛球赛，10月—11月在上海举行的亚洲青年足球赛，11月初在南京举行亚洲手球赛，中央电视台都选择重要场次向全国观众进行了直播。

1980年，中央电视台的赛事转播进一步加大了频次。4月26日，租用印度洋卫星转播了在日本举行的"中日羽毛球比赛"实况。5月2日，以传送上海电视台节目形式，转播了"1980年上海国际乒乓球锦标邀请赛"实况。5月7—9日传送江苏电视台节目，转播了"1980年南京国际女子排球邀请赛"实况。9月19日，转播在香港举行的第八届亚洲女子篮球锦标赛实况。12月底，中央电视台又通过香港无线电视台（TVB）租用印度洋卫星转播在香港举行的"1982年世界杯足球赛亚太区预选赛"实况。

1981年，更是中国体育捷报频传的一年。"那一年，一次次激动人心的体育比赛，成为动员全国人民的一次次爱国主义宣传。"[1]先是3月20日，中央电视台通过国际卫星实况转播了在香港举行的世界杯排球赛亚洲区预选待赛（男排和女排双获预选赛冠军）。4月，中国队又在第36届世乒赛上包揽了全部7块金牌。

---

[1] 郭镇之：《中国电视史》，中国人民大学出版社，1991年，第177页。

10月18日,中央电视台转播了世界杯足球亚太区决赛中国队3:0战胜劲旅科威特队的实况。11月,中国女排在日本世界杯排球赛上所向披靡,夺得了中国第一个三大球(足、篮、排)世界冠军。在这些振奋人心的赛事转播高潮中,电视成为举国关注焦点,成为席卷全国的爱国主义热潮的中心。

此外,在体育电视重新兴起之初,中央电视台还联合新闻媒体,进行了1980年最佳运动员评选。还与日本东京广播公司(TBS)联合直播了"北京国际马拉松赛"实况,规模空前,投入人力近200名、摄像机16台、车辆30多部,并通过卫星向日本实况转播。

赛事转播外,中央电视台还开办了《体育之窗》、《世界体育》、《体坛纵横》等栏目。这些专栏节目简洁明快,生动有趣。如报道足球名将容志行的体育专题节目《志行风格》,播出大受观众好评,也开启了一种新的体育报道节目风格。

二 体育口号与民族-国家情感

1981年是中国体育裂变的一年。一系列让人扬眉吐气的赛事成绩和实况由电视直观地展现在观众面前,在那个中国人重新睁眼看世界、在各方面奋起直追世界的改革开放年代之初,在广大国人心中激起了强烈的爱国主义情感和民族自豪感。电视在传播体育实况的同时,也成为了强大的爱国主义宣传工具,体现了体育的强大动员能力和民族认同心理。

(一) 女排效应:"团结起来,振兴中华"

中国女排"五连冠"的传奇,在那个年代将电视与体育、电视转播与民族情感等紧密联结在一起。1981年3月20日,中央电视台卫星实况转播在香港举行的世界杯排球赛亚洲区预选赛,中国男排以3:2胜强敌韩国队夺得亚太区预选赛冠军,实现了中国男女排球队双双夺冠。北京部分大学生自发庆祝游行,首次打出了标语"团结起来,振兴中华"。

11月16日,中央电视台通过卫星转播了在日本举行的"世界杯排球赛"中国队对苏联队、中国队对日本队的两场比赛实况,中国女排力克群雄荣获冠军,全国亿万观众通过集体收看形式体验到这一民族自豪感的高峰,成千上万的群众纷纷走上街头庆祝这一胜利。"北京大学学生喊出了'团结起来,振兴中华'、'向中国女排学习'、'体育胜劲敌,科学超强国'的口号。"[1]中国姑娘顽强拼搏的精神鼓舞了亿万国人的爱国热情,电视台收到大量来信和电报、电话,对中国女排表示由衷的祝贺。当中国女排凯旋回国时,中央电视台又在首都机场转播了欢迎仪式的实况。

此后,中国女排又先后在1982年第九届世界女子排球锦标赛、1984年第23届洛杉矶奥运会女排决赛、1985年女子排球世界杯赛和1986年第10届世界女排锦标赛中夺得冠军,实现了"五连冠"的传奇,通过电视实况,人们对女排精神、"铁榔头"精神有了生动、直观的体验。也证明了电视媒体直观、生动的体育传播优势,这一优势的魅力也远远超越了体育广播。"在这些扣人心弦的比赛中,宋世雄那生动具体、痛快淋漓的现场解说,受到了观众的普遍欢迎。宋世雄在中央电台做实况广播工作长达10年之久,接着又为电视的体育宣传做出了贡献,同时他本人也获得了很高的荣誉。1982年,当选为全国人大代表,并且连任四届。这也说明了

---

[1] 刘习良主编:《中国电视史》,中国广播电视出版社,2007年,第187页。

广播电视现场直播具有强大的社会影响力。"①

（二）足球世界杯预选赛："冲出亚洲，走向世界"

1981年9月24日和10月3日，中央电视台通过卫星转播了世界杯足球赛亚太区决赛中2场比赛（中国对新西兰）的实况。10月18日，又转播了中国队对科威特队的比赛实况，中国队3∶0敢打敢拼，战胜了1980年亚洲锦标赛冠军科威特队，为中国足球争了一口气。兴奋的观众在庆祝中打出了"冲出亚洲，走向世界"的标语。

中央电视台也由此加强了足球赛事的实况直播和报道。1982年6、7月间，中央电视台首次通过"亚广联"购买了西班牙第12届世界杯足球赛的报道权，在香港通过卫星收录决赛阶段全部52场比赛，然后再根据电视画面在香港解说，转播了24场比赛实况，播出了19个每辑一小时的比赛特辑。

1985年8月，首届国际足联16岁以下柯达杯世界锦标赛在北京、上海、天津、大连4个赛区同时举行。中央电视台向国内现场直播了10场比赛，向国际足联提供全部32场比赛录像，并通过国际卫星向阿根廷、尼日利亚等国传送比赛实况和录像24场次。

1986年，中央电视台非常重视第13届世界杯足球赛，将全部52场比赛安排于比赛当天播出，其中直播了19场，实况录像9场，录像剪辑24场。球迷们大饱眼福，欢呼"中央电视台万岁"，电视在足球世界杯中展现了自己的巨大魅力。

不单女排和足球如此，这个时期，中国人的民族情感为体育荣誉所激荡不已。如1982年第9届新德里亚运会上，中国夺得61

---

① 徐光春主编：《中华人民共和国广播电视简史》，中国广播电视出版社，2003年，第255页。

金列金牌榜第一,成为亚洲第一体育强国。中央电视台专题新闻方式逐日报道亚运会各项比赛,每晚播出1集。亚运会后的12月2日,文汇报就发表了一篇颇能代表中国人心声的社论:《从"东亚病夫"到亚洲体育王国》。这种由体育激发起的爱国主义、民族自豪感的情绪,在1985—1987年间,聂卫平带领中国围棋队连克日本超一流棋手夺得中日围棋擂台赛"三连胜"时也表现得十分明显。

这种强烈的国族情感处理不好,也会产生一些负面问题,从而对电视转播提出了更高的要求。如在1985年5月19日工人体育场举行的世界杯亚洲区预选赛小组赛上,中国队打平就可出线情况下竟然1:2不敌香港队。现场几万球迷情绪失控,发生骚乱,最终127人被拘留。在1985年11月20日中央电视台转播中日女排争夺世界杯冠军实况时,将近19点时,中国队眼看就要蝉联四连冠,这时《新闻联播》开始整点播出,中断了转播,观众一时怨声四起。而此后在1987年10月26日中共十三大开幕第二天,恰逢中国足球冲出亚洲关键一战,中央电视台将原定安排在《新闻联播》后的十三大专题新闻,与原定《晚间新闻》后中日足球实况录像时间对调,这一合理编排满足了观众的收视需求。

三 1984年洛杉矶奥运会:世界的认可

对中国体育和中国体育电视来说,重新恢复国际奥林匹克合法地位和权利,意义深远,对整个国家而言,也是一个面对国际社会展现自身实力和开放的重要平台。1979年10月,国际奥委会执委会终于通过决议,承认了中国奥林匹克委员会作为全国奥委会的代表性。长期困扰中国体育的台湾问题得以解决,台湾方面将不得以"中华民国"名义参与国际体育活动,台湾的奥林匹克委员会只能称为"中国台北奥林匹克委员会",只能作为中国的一个地区组织。①1981年10月,国际奥委会还选出我国代表何振梁为国际奥委会委员。

恢复合法地位后,中国奥委会迅速积极参与到奥运会及各类国际赛事之中。1980年2月,中国代表团参加了第13届美国冬季奥运会,这是我国奥运地位获得承认之后参加的第一届奥运会。1980年的莫斯科夏季运动会,由于苏联军队入侵阿富汗,受到了以美国为首的强大抵制,我国考虑到整体对外战略方针需要,也没有参加莫斯科奥运会。

中国在奥林匹克舞台的盛大亮相,是在1984年的第23届美国洛杉矶奥运会,这是恢复地位后我国第一次派出庞大代表团(225名运动员,50名教练员),参加了这一世界上规模最大、最有影响的综合性运动会②,并且一举夺得了15枚金牌,位居第四。7月29日,许海峰夺得了本届奥运会首枚金牌,这也是中国人在奥运史上的第一块金牌。中国运动员的优异成绩和中国代表团的强大实力,引起国际社会广泛关注,世界从此改变了对中国体育的旧观。洛杉矶奥运会成为中国体育里程碑式的转折点,迎来了一个新时代。

由于奥运金牌"零"的突破和中国选手的一路夺冠,"过去很少接触奥运会电视转播的中国观众一下子沸腾起来了,强烈要求

---

① 何振梁:《艰难的起飞——奥林匹克与中国》,《见证奥林匹克》,新闻出版社2007年,第10页。
② 此前,新中国事实上只派团参加了1952年芬兰首都赫尔辛基举行的第15届奥运会。由于国际奥委会在承认与邀请上出现问题,中国代表团(包括足球队、篮球队和一名游泳运动员——印尼归侨吴传玉)抵达赫尔辛基时离闭幕只有5天,最后仅吴传玉参加了比赛。

中央电视台播出增加转播时间,中央电视台只好修改了报道计划,从原定的每天转播 40 分钟,逐渐增加到每天播出 4 小时。奥运会报道成了中央电视台这一阶段体育节目中最重要的报道内容。"①

中央电视台对这届奥运会报道极为重视,7 月 13 日,组成了以台长王枫为领队的中国广播电视记者团赴洛杉矶,现场采访报道第 23 届奥运会。这次奥运会报道方式也采用了 1982 年世界杯足球赛报道方式,使用香港电视台的信号,派人在香港制作。但无论在报道内容还是报道时效上却有了很大进步:一是大量增加了中央电视台记者在前线有自己的报道组,所以发回了大量自己现场采访的新闻;二是这次电视报道通过大西洋、印度洋两颗卫星传到香港,再由香港经广州用微波传到中央电视台,在香港制作的节目则租用卫星传回北京,保证了当天播出,大大提高了奥运报道的时效。这次奥运报道共转播了开幕式、闭幕式和女排决赛等 10 场实况,共播出约 70 小时节目,尝试了多种报道形态,播出了综合介绍奥运会内容的专题报道 30 集、奥运会新闻 53 条,发表评论 3 篇。由于开启了中国电视台综合报道奥运会的自我探索和专业提升之路。

第二节 1986—1990:北京亚运前的迅速增长

从 1986 年汉城亚运会到 1990 年北京亚运会,是中国体育电视国际大赛转播和常规节目快速发展的一个时期,在参与并举办

---

① 杨伟光主编:《中央电视台发展史》,北京出版社,1998 年,第 185 页。

国际大型赛事、中国运动员成绩提升、受众体育收视需求的共同推动下,中国电视体育节目的播出量得以迅猛增长。

一 汉城得失:从亚运会到奥运会

1986年第十届亚运会在韩国首都汉城举行。由于1988年奥运会也将在汉城举行,加上1984年9月28日第三届亚奥理事会代表大会也已决定,1990年第11届亚运会将由北京举办。做好汉城亚运和奥运电视报道,对北京亚运会的报道准备有着重要意义。

1982年亚运会上中国金牌榜第一的位置,在汉城亚运会受到了强烈挑战,中韩金牌榜首争夺是这次运动会最牵动人心之处。到最后一天,中国队才以一块金牌优势胜出东道主韩国队。"在洛杉矶奥运会拿到15枚金牌的欢腾冷却下来后,所有人都清楚地认识到,运动会的成绩是牵动国民情绪的大事,不可不慎。"[1]国人面对体育的情绪开始变得复杂。

1988年的第24届汉城奥运会对国人的体育热情更是一次打击。由于苏联及东欧集团重返奥运,李宁等中国运动员表现失常,上届奥运冠军中国女排竟滑落到第七名,仅获5枚金牌。中国代表团"兵败汉城",西方媒体报道用了这样的标题:"中国尝到奥运的悲哀"。许多中国观众的爱国情绪受挫。相比韩国取得总分第三的佳绩,国家体育主管部门开始反思,得出的结论是:"韩国运动员半军事化的封闭训练和聘请有经验的外国教练是他们取得好成绩的重要原因","原来的'举国体制'稍有放松就可能'全盘皆

---

[1] 魏纪中:《我的体育生涯》,新华出版社,2008年,第156页。

输'"。①

但在电视报道上,第10届汉城亚运会和第24届汉城奥运会的体育报道,却以其前所未有的规模和创新开创了新局面。中央电视台直接组成报道团前往汉城赛事现场,拍摄和中国队有关的新闻并配加解说。常规的现场直播和当日集锦,还与香港电视台合作制作。前所未有的每天10小时左右的报道量,极大地满足了观众的收视需求。

1986年9月,中央电视台报道组赴汉城,共传回节目55小时。快速、及时向观众报道比赛情况,每天的《新闻联播》播出当天上午和下午的比赛成绩,突出报道中国运动员获金牌的情况;《晚间新闻》则介绍当天晚上比赛的结果,中国运动员获得的第一块金牌等重要消息,采用随时插播的方式实现了报道的最快速度。汉城现场电视报道组每天还通过通信卫星传回30分钟的综合消息,在晚间黄金时间19点35分播出。

汉城奥运会期间,央视前后方密切配合,实现了报道的规模和速度提升。现场直播比赛项目的新闻时效与实况同步。还在不中断正常播出节目的情况下,通过字幕方式随时向观众报道大量的新闻,如对"约翰逊兴奋剂丑闻"的报道就是以字幕第一时间向观众播出,比前方正式报道提前了4分钟。同时,体育报道形式也开始多样化,除直播新闻外每天还有半小时奥运专题,并同一时段交叉转播不同赛事方式,增加报道密度。

正是从1986年汉城亚运会开始,"我国的体育节目有了一个量的飞跃。""1986年的汉城亚运会,中央电视台播出了120多个小时,平均每天8个多小时。到了1988年的奥运会,我们播出了

---

① 魏纪中:《我的体育生涯》,新华出版社,2008年,第157、159页。

近200个小时。"①此外值得一提的是,中央电视台经过和有关方面谈判、协商,在1988年5月按国际惯例购买了第24届奥运会中国大陆的独家播映权,赛事版权的拥有为此后中国电视台对奥运会更大规模的报道创造了条件。

二 量的增长:体育常规节目发展

(一)体育新闻和体育专题节目

常规体育电视节目的发展,首先就体现在体育新闻节目上。1983年以前,中央电视台的体育新闻节目只在每天19点的《新闻联播》中播出,由于用16毫米电影摄影机拍摄,加工周期长,时效性差。1985年,中央电视台开辟了《晚间新闻》,从此,体育新闻报道量的增长有了播出空间的保障。中央电视台的体育新闻播出总数到1986年就已经超过了1000条,而在1982年则仅有300多条。又在1986、1987、1989年先后开办了《英语新闻》、《经济新闻》、《体育新闻》、《早间新闻》,体育新闻的播出空间进一步扩大。

1989年1月1日《体育新闻》栏目开播,成为中国电视体育新闻报道的一个里程碑。《体育新闻》于每周一至周六晚21时55分至22时播出,每次5分钟。为了拓宽报道来源,一方面央视在"全国性栏目大家办"的共识下加强了和地方电视台的联系,另一方面以第11届北京亚运会为契机,把新闻触角延伸到各运动队和各行各业迎亚运的活动中。《体育新闻》栏目对中央电视台体育节目的发展也起到了非常重要的作用。② 同时,央视体育部为增加《体育

---

① 马国力:《我国体育电视的现状与前景展望》,中央电视台《电视研究》,1996年第12期。
② 《体育新闻》栏目开播的重要作用包括:第一,体育部有了固定栏目,提高了央视在体育界的地位,扩大了在体育观众中的影响;第二,栏目固定化对体育部的工作人员是一种压力与挑战,锻炼了队伍;第三,起到了联合全国体育电视同行力量的作用。参见杨伟光主编:《中央电视台发展史》,北京出版社,1998年,第175页。

新闻》来源,开始试收维斯新闻社体育新闻。地方电视台提供的新闻成倍增加,也促使播出的体育新闻质量明显提高。

在体育新闻增长的同时,这一阶段也创办了一些新的体育专题节目。1984年以前,只有一个固定体育专题栏目《体育之窗》,每周15分钟。从1984年起,中央电视台引进《世界体育》专栏节目,每周一次,时长15分钟,及时播出了大量国际体育活动的精彩集锦。此后又开播了《体坛纵横》,每周50分钟。由此实现了常规节目由每周一次的15分钟,增加到3个栏目共80分钟。由于卫星通讯技术的进步以及现场直播的常规化,知识性节目或单纯报道赛事的专题节目已经难以满足观众不断变化的收视要求,专题节目内容越来越以深度和背景报道为主,强调选材新颖、立体视角的同时,制作也越来越精良。

（二）地方电视台体育报道的兴起

随着中国体育以及电视的发展,一些发达地区电视台也日益重视体育节目,参与大赛报道,创办体育专题栏目,报道体育新闻,与中央电视台形成了既合作又竞争的关系。

在地方电视台中,广东电视台起步最早,它的体育节目也最为丰富。早在1979年12月30日,广东电视台《体坛内外》开始播出,这个长约1小时的栏目固定在每星期日晚黄金间播出。1981年3月,广东电视台开办了《国际体育》栏目,1982年开办了《国际体育新闻》,并以每天录像播出的方式报道了西班牙世界杯足球赛。

上海电视台也在1982年4月18日创办了《体育大看台》栏目,每周日播出一次,每次1小时。1984年5月,在上海职工收看电视节目调查中,收视率居第二位。1985年,《体育大看台》还与

《国际瞭望》一起,被评为上海市"群众最喜爱的十大精神产品"。上海电视台的体育栏目还有《赛场大观》、《环球体育》、《拳操节目》等。

大赛转播特别是全运会赛事转播中,地方电视台在与中央电视台的合作中,得到了迅速发展,并形成了自身力量。1983年9月上海举行的第五届全运会期间,上海电视台和中央电视台联合向全国报道,每天在上海录制全运会新闻和专题,通过微波干线传到北京后向全国播放。自此以后,中央电视台和地方电视台联合制作节目的做法不断发展,交流节目、联合采访、节目联播、互传信息,促进了我国电视体育报道水平的整体提升。1986年3月23日,上海电视台现场直播了在上海举行的国际女子马拉松赛。1986年6月,为满足上海观众愿望,上海电视台直播了两场中央电视台没有转播的比赛,体育评论员在直播室根据画面解说。1988年,上海电视台利用国际卫星转播了第24届奥运会部分比赛。

1985年7月,山东电视台也设立了《体育天地》专栏节目,每周一次定期向观众播出。1988年全国城市运动会在济南举行,更是大力提升了山东电视台的体育报道力量。"除同中央电视台联合向全国进行实况转播、新闻及时报道外,这次体育报道,从10月12日到12月24日,持续两个月,特别是在城运会期间,每天都有一次体育专题节目。"[①]

1987年11月20日至12月5日,在广州举行第六届全国运动会期间,广东电视台全台动员,抽调400多人投入报道中,中央电视台、福建电视台的转播车也开到广州一起工作,广东电

---

① 刘长允主编:《山东广播电视发展史(卷二)》,齐鲁书社,2009年,第170页。

视台组织了来自全国各电视台的十几位电视体育现场直播解说员担任解说工作,现场直播次数达到 119 场。广东电视台为主的这次报道工作取得了突破,在 12 月 5 日召开的六运会主席团会议上,国务院副总理万里在总结中肯定了电视报道工作:"这次全运会的电视报道工作既快又好,是历届全运会最好的一次。"①

此外,广东电视台的足球比赛报道丰富,形成了自己的特色。从 1984 年开始播出英国足球杯比赛,1985 年增加播出意大利足球甲级联赛,1986 年采取直播形式报道第 13 届世界杯足球赛,更是创下高收视率。1987 年 9 月,广东电视台成立体育部。1988 年还购买了欧洲足球锦标赛的中国大陆版权。这是一个重要的经验:"广东电视台体育节目走在全国省级台前列,原因除了办好精品节目之外,还在于积极引进国外体育节目,特别是购买国际大赛的报道权。"②

可以说,这一时期地方电视台体育节目的兴起,带来了中国体育电视节目量的迅速增长,也打破了中央电视台对国际赛事独家转播和报道的局面,在国内重大赛事的直播和报道中发挥了越来越重要的作用。在 80 年代末,"广东、北京等地的电视台体育栏目比中央电视台还多,而且成立了有 22 家省级电视台体育部组参加的地方电视台体育节目协作会,大有与中央电视台三分天下的势头。"③这对中央电视台形成了一定的压力。

---

① 徐光春主编:《中华人民共和国广播电视简史》,中国广播电视出版社,2003 年,第 254 页。
② 王克曼等主编:《广东电视 50 年》,广东人民出版社,2009 年,第 103 页。
③ 马国力:《我国体育电视的现状与前景展望》,中央电视台《电视研究》,1996 年第 12 期。全国 22 家电视台参加的体育宣传协作组,由北京电视台体育部在 1988 年发起成立。这标志着各地方电视台开始加强合作,依靠联合力量加入体育赛事的报道。

三 1990：北京亚运会带来的突破

无疑，在中国体育电视史上，1990年的北京亚运会是一个重要的转折点，是一次重大突破。同时它也是中国体育电视发展的一个阶段性高峰，奠定了后续发展的基石。

（一）亚运前持续性新闻报道

北京亚运会推动了电视体育新闻报道进一步发展，无论是在时效性、规模量、立体化、持续性上，都有了巨大的进步。

以《体育新闻》和《新闻联播》为平台，中央电视台进行了长达数百天的亚运前新闻报道。从亚运会开幕前500天，中央电视台《体育新闻》栏目便在每天节目后打出倒计时字幕，同时在《体育新闻》和《新闻联播》中对亚运会的准备情况进行持续报道。1990年3月6日，距亚运会开幕200天时，《体育新闻》开始播出长达60集的《亚运纵横》栏目，对亚运会的历史和本届亚运会的进展情况进行详细介绍。6月8日始，中央电视台体育部摄制的专题片《亚运大拼搏》在《体育之窗》栏目中播出，每周1集，直到亚运会开幕，内容包括中国运动员的精神风貌、各场馆的壮观景色和亚运歌曲的赛前报道。

从开幕倒计时100天起，《新闻联播》等各项新闻节目宣传进入高潮。6月14日至9月22日，共播出有关亚运新闻600多条，期间《新闻联播》曾连续33天介绍亚运村和各比赛场馆，播出系列报道"我为亚运添光彩"，连续播出"来自中国体育代表团的报道"；在火炬传递仪式的最后一个月里，《新闻联播》开设《亚运之光》小栏目，每天报道一个省的火炬传递行程，将全国人民迎亚运的报道宣传推向开幕前的高潮。8月22日,中央电视台从7时55分开始向全国现场直播天安门广场火炬点燃仪式。9月20日,直播了《亚运之光》火炬终交仪式。9月22日,在开幕式之前再次播出亚运会火炬传递综合专题,强化了火炬传递中体现出的爱国主义精神,突出了"团结、友谊、进步"的亚运主题。

(二) 亚运期间综合报道

1990年9月22日至10月7日,第11届亚运会在北京成功举行。作为在中国第一次举办的大型综合性国际体育赛事,加上在1989年事件之后的特殊历史环境,出色完成亚运电视报道任务自然有着特别的意义。

9月22日下午16:00第11届北京亚运会开幕,中央电视台从15:15至18:30成功直播了开幕式现场实况。20:47重播开幕式实况的录像剪辑。开幕式直播取得了巨大成功,抽样调查表明,83.5%的电视观众收看了当天下午的开幕式,再加上晚上实况重播,约有95%以上的电视观众、共7亿国人收看了开幕式。

亚运期间的16天报道,央视突破了以往的亚运和奥运报道模式,首次采用演播室包装的"框架结构",全部报道信号都从演播室统一直播,中间穿插加入大量的直播、采访、消息、评论、专题及录播等节目内容,信息量更加丰富,可视性和现场感明显增强,报道在时效、深度、立体感都有了进步。"它拉近了和观众的距离,观众感觉到一种从未有过的新鲜感,这种形式也成了现今国内所有电视台进行重要赛事报道的固定模式。"[1]

为满足观众的收视意望,中央电视台还在9月27—10月7日

---

[1] 马国力:《我国体育电视的现状与前景展望》,中央电视台《电视研究》,1996年第12期。

第一套节目《午间新闻》之后,重播《第 11 届亚运会专题报道》节目,在第二套节目增加播出亚运歌曲节目。亚运开幕以后,还在第一套节目黄金时间播出的每天 30 分钟《亚运专题报道》中,设有《每日战况》、《赛场内外》、《现场快讯》等小栏目,采用现场直播同时插播赛事录像的形式,以新、快、活及大信息量见长,深得全国观众喜爱。

10 月 7 日 19 时 25 分至 21 时 20 分,中央电视台在北京工人体育场现场直播了亚运会闭幕式实况。到 10 月 8 日,央视 3 个频道亚运期间共播出亚运节目 773 小时,平均每天播出 17 小时,直播 68 场 190 小时,录像播出超过 62 小时,专题 19 个共近 10 小时,专栏 15 个时长超过 3 小时。[①] 亚运会期间,中央电视台第一、二套节目通过卫星传送,将亚运节目传播到东南亚、西亚和澳洲各国,并播出了大量亚运英语节目。

作为东道主电视机构,中央电视台还承担了各项赛事信号制作任务。出动 31 套 ENG 一体化电子新闻采访设备,拍摄 11 个项目的精彩实况,提供国际信号 122 次达 37 小时。亚运会后,"经由各国各地区富有大型运动会直播经验的专家组成的顾问委员会评议,一向被认为直播难度最大的开幕式、游泳、体操和田径等项目,全都被评为最佳节目或特别奖。"[②]这表明中国体育电视报道已迎头赶上,具备组织和报道大型国际赛事的实力。

北京亚运会创造了历届亚运会电视报道规模的最高纪录,质量也达到国际水平。共对 18 个项目提供从预赛到决赛电视实况,评论席位 122 个,同时传送电视国际信号达 14 个,为外来转播者

---

① 于广华主编:《中央电视台大事记》,人民出版社,1993 年,第 296 页。
② 徐光春主编:《中华人民共和国广播电视简史》,中国广播电视出版社,2003 年,第 254 页。

提供了 14 个卫星通道。来北京采访亚运会的广播电视记者 1102 人,相当于上届汉城亚运会 3 倍。据统计,亚运期间,东道主提供的电视国际信号 950 小时,各国电视机构通过卫星传回节目达 2045 小时,整个亚洲地区收看过亚运节目的观众接近 20 亿人。

(三) 合作与收获

北京亚运会的电视报道与宣传,是整个中国电视媒体的一次联合行动,取得了整体成功。以中央电视台为主体,上海、广东、天津、辽宁、山东等 17 个省市电视台以及北京广播学院等 3 所高校共同参与到信号制作与转播一线工作。中国电视界共向亚洲各国电视机构提供了 22 个比赛项目的直播信号,比 1986 年汉城亚运会还多出 7 个。"更加可贵的是以中央电视台为首的中国电视体育界在意识上有了重要的转变",开始了对于电视体育下一阶段发展的思考和行动。[1]

中国电视媒体对大赛的组织报道全程、系统运作的能力在实践中得到了迅速提高。在 1989 年 2 月,中央电视台就成立了第 11 届亚运会电视委员会,委员会下设办公室、节目部、公关部、集资部和工程技术指挥部,以调集和组织全台力量提前进入报道运作。1990 年 2 月 6 日,中央电视台进一步确定了电视委员会机构设置,由国内宣传总部负责统一安排国内亚运会宣传报道,电视委员会下设节目、技术运营、国内宣传、服务 4 个总部。

在完善机构和报道筹备之外,亚运会电视委员会还对参与报道的各电视台人员进行了摄像机、录像机、编辑机的技术培训,中央电视台广告部还专赴日本进行亚运会宣传,招揽外商广告。北

---

[1] 马国力:《我国体育电视的现状与前景展望》,中央电视台《电视研究》,1996 年第 12 期。

京亚组委与亚洲太平洋广播联盟、阿拉伯联盟、日本等21个国家和地区签署了第11届亚运会电视报道权协议。

加大了对外宣传力度，共向12个国家的30个电视机构及160个我驻外使、领馆发送了100个亚运节目，共2200盘录像带，总长度为2600小时。亚运会开幕前，中央电视台还与香港无线电视台签订了《体育之窗》中的《亚运大拼搏》节目购买协议，用以面向香港地区报道亚运会。与日本NHK联合制作《你早北京》现场直播节目，通过卫星向日本介绍北京及亚运会情况。亚运会宣传专题片《北京欢迎你》向世界观众展示了筹办亚运会的各个侧面，时长40分钟，以中、英、法3种文字版本国际发行。

电视报道和制作技术也有了明显进步，达到了较高水平。字幕图形和计时计分系统在赛事转播中得以使用，遥控摄像机和微型摄像机的应用丰富和提升了电视表现，采用三维动画制作了亚运电视节目总片头和29个赛事项目分片头，其中30秒的亚运总片头还在日本获得了国际大奖。

电视受众调查首度得到大面积运用，推动了受众调查在中国的发展。亚运会前，中央电视台总编室9月15日在北京地区进行了"广播电视宣传效果"抽样调查，结果表明：有97％的北京人看过央视有关亚运宣传节目，有73％的人最关心亚运会，对亚运会持肯定态度的占80％以上。亚运期间进行的全国电视观众收视率调查显示，开幕式总收视率为65％，超过了当年《春节联欢晚会》60％的收视率，约有5.5亿观众收看了开幕式。

9月29日，亚运广播电视宣传效果调查的第一批数据统计完毕，结果表明：北京地区有近600万人通过电视机目睹了开幕式；69％的市民通过电视首先获得亚运重大信息，91.1％的人认定亚运会能够圆满成功；有88.9％的人希望我国在2000年举办奥运会。

北京亚运会电视宣传报道在各方面取得了巨大成功,发挥了电视媒体的强大传播力。在1989年后的特殊环境下,北京亚运会的举办与传播,对内进一步激发了民族自豪感和爱国主义精神,增加了国家凝聚力;对外展示了国民精神风貌和强大综合国力,提高了我国的国际地位和声誉。

第三节　1990—1994:专业化的追赶

在1990年北京亚运的专业基础上,在中央电视台和主要地方电视台的带动下,中国体育电视报道事业开始了向更高的专业目标进发,追赶国际体育报道水平,新创节目形态,筹划专业频道,专业报道水平迅速提升。同时,1992年前后随着中国市场经济的全面启动,中国体育也开始了市场化、产业化改革,这推动了中国电视体育媒体的同步发展。

一　亚运之后央视的专业探索

北京亚运会后,中央电视台在自身加快体育报道发展的同时,也看到了发展中国家与发达国家电视台之间的差距、机遇和挑战,从而加快了体育报道专业化的探索步伐。

第一,各类国际赛事报道量的迅速增加。从1990年开始,中央电视台直播了世界上几乎所有中国运动员参加的锦标赛;直播了世界杯足球赛的全部比赛;1993年还第一次前往美国直播1993—1994赛季的NBA全明星赛,首次现场直播总决赛,并在周六增加了美国 NBA 篮球节目。① 同时,报道专业水平也迅速与国际看齐。如在 1991 年 10 月 13 日现场直播第 11 届北京国际马拉松赛实况时,中央电视台单独制作国际电视信号,通过卫星向东京传送,电视转播无论技术保障还是艺术处理都取得了突破。

第二,为提高日常节目质量,对原有体育栏目进行了改革。1991 年 5 月 1 日开始,中央电视台体育部推出了《赛场纵横》和《体育大世界》两个新栏目,以取代原来的《体育之窗》、《体坛纵横》和《体育世界》三个栏目。新的杂志型栏目《体育大世界》每周二 21 点左右在第一套节目中播出,长度为 50 分钟,兼具新闻性、知识性、欣赏性、娱乐性。《赛场纵横》栏目长度为 90 分钟,安排在第二套节目星期一 20 点至 21 点 30 分,播出 2 至 3 场国内外比赛精选。改革以后,中央电视台的体育节目从此由新的 3 大栏目组成:1989 年开播的《体育新闻》、为家庭服务的《体育大世界》、以球迷为对象的《赛场纵横》。这次改革非常成功,增加了自制体育节目的分量,达到每周 140 分钟;满足了观众在北京亚运后对日常体育节目更高的要求;同时也适应了 90 年代之后中国参与的国际体育赛事越来越多,电视体育报道逐渐和国际接轨的形势。这一改革也推动了体育电视专题节目发展。

第三,为满足观众不断增长的体育节目收视需求,体育节目播出时间得到了迅速增长。到 1992 年中央电视台三套节目中的固定体育节目时间,已经增长到每周 295 分钟。除一套《体育新闻》、《体育大世界》,二套《赛场纵横》这三大栏目外,三套每周播出 120

---

① NBA 进入中国是在 1986 年,NBA 娱乐公司向中央电视台邮寄了 1985 年 NBA 总决赛第 6 场比赛的录像带,播出后引起轰动,这是中国球迷第一次在电视上观看到 NBA 比赛。NBA 总裁大卫·斯特恩在 1989 年带着 NBA 录像带来到中央电视台,签订了转播协议。由此,NBA 开始了在央视的常规播出。

分钟的《意大利足球联赛》。到 1993 年,又增加了周六 NBA 篮球、周日国内赛事共 240 分钟固定节目,再加上还有大量的非固定性现场直播,每周体育节目量超过 10 个小时。

此外,以北京申办 2000 年奥运为推动,筹划报道,提升专业技术能力,锻炼专业人员。1991 年初北京成立了 2000 年奥申委。5月 13 日,奥申委领导下的广播电视组开始工作,办公室设在中央电视台。1992 年 12 月 2 日,国际奥委会在瑞士洛桑举办奥运会电视转播研讨会,中央电视台台长杨伟光带队应邀出席了会议,萨马兰奇在讲话中反复强调,现代奥林匹克运动必须高度重视电视媒介的作用,衡量一届奥运会是否成功,电视转播占有很重要的地位。这为中央电视台提升体育报道专业能力既增加了压力,也提供了动力。1993 年 9 月 23 日,中央电视台对奥运会申办报道进行了大规模的现场直播,首次使用卫星多点双向传送。"第一套节目从 23 日晚 8 点一直播出到 24 日凌晨 4 点半。这样的'马拉松播出'在 CCTV 历史上还是第一次。中央台派出了 3 个海外报道队,两个北京摄制组,联络了广东、上海、黑龙江等地电视台,设立了中心演播室,前期制作了 4 个小时的节目。"[①]尽管这次申办北京未能如愿,但中央电视台通过这一报道锻炼了队伍,并尝试和检验了新技术、新设备所带来的节目制作新方式。

二 地方电视台的发展升级

与此同时,各地方电视台的体育报道能力在参与北京亚运报道后,有了明显提升。进入 90 年代,不少地方电视台的体育栏目

---

① 苗炜:《五魁首——CCTV-5 十年纪实》,上海文艺出版社,2005 年,第 3 页。

得到了显著发展,并抢先开播了专门的体育频道。

作为地方体育大台,广东电视台在1991和1992年主编了《中国体育》节目,提供给全国20多家省级电视台播出。在1993年新开办的体育栏目达到14个,有每天滚动播出的《体育新闻》栏目,有集纳每周体育热点的《世界体育集粹》栏目,有演播室直播节目《体育热线》,还有杂志式栏目《外国体育游戏》等。其他各地方电视台也都争相创办新的体育节目。1993年1月,上海东方电视台首创了一个国际体育新闻特色栏目《国际体育新闻》,栏目摸索出从新闻来源、译稿编辑到后期制作的一套专业高效方法,"形成了卫星传送、抢在第一时间报道体坛重大赛事和突发性新闻的特色。该栏目开播以后,不仅受到广大电视观众和体育爱好者的热烈欢迎,还得到了全国近30家省市电视台的关注,纷纷要求东视提供国际体育新闻的节目素材。"[1]同年,上海东方电视台还创办了《东视体育30分》栏目,于每晚20:00播出体育新闻,达到了20%的高收视率。此外还有福建电视台和湖南电视台的《体育世界》栏目,安徽电视台的《体育大观》栏目,贵州电视台的《五环广场》栏目等,受到了各地电视观众的普遍欢迎。

在体育赛事的实况转播与现场报道上,地方电视台也积极主动介入。1993年,广东台派出人员和转播车,到上海参加了首届东亚运动会的转播。同年,还投入大量设备对在珠海举行的中国内地首次国际汽车大奖赛进行了成功直播。1993和1994年,分别在英国和澳大利亚直播了世界体操锦标赛,并从1994年起,连年直播温布尔登网球赛。广东电视台在国际赛事报道方面有着丰富的经验和良好的专业水平。而上海东方电视台在1993年就先

---

[1] 刘习良主编:《中国电视史》,中国广播电视出版社,2007年,第354页。

后直播了 30 多场重大赛事，其中包括在国内电视媒体中首次赴美现场直播美国职业橄榄球超霸杯赛、NBA 全明星对抗赛、英国足总杯决赛、美洲杯足球赛、意大利足球甲级联赛、世界杯足球预选赛、世界拳王争霸赛等，达到了平均每周一次赛事直播。

地方电视台在这一时期的发展，还突出表现在抢先于中央电视台成立了专业性的体育频道。1993 年 12 月 12 日，上海有线电视台体育频道开播，这是全国最早成立的全天播出体育节目的专业频道。主要栏目有《赛场风云》《缤纷体坛》等，"节目的特点是'全、快、大、多'：即播出赛事全面；播出时间快；播出量大；播出的体育项目丰富多样。"[①]1994 年 8 月 28 日，广东有线台也开播了体育频道，平均每天播出达 14 个小时。

三 产业化：体育与电视的相互推动

中央电视台也在北京亚运会后开始筹划成立专门的体育频道。这基于多方面的考虑：一是要解决现在体育播出时间不能满足观众收视需求的矛盾；二是加强体育节目自制能力、提高从业人员专业水平的需要；三是受体育职业化、产业化发展的同步推动；四是应对 ESPN、亚洲卫星电视体育台的竞争挑战。

1993 年 9 月，中央电视台体育部主任马国力正式递交报告，申请开办体育频道。1994 年 3 月得到批准，使用地区的 33 频道，试播日期定为 1994 年 10 月 1 日，每晚播出 4 小时调试节目。1995 年 1 月 1 日，中央电视台体育频道正式播出，每天从 12：00 到 24：00，其中首播节目 8 小时。中央电视台体育频道的开播，成

---

① 赵凯主编：《上海广播电视志》，上海社会科学院出版社，1999 年，第 522 页。

为中国体育电视的一个标志性事件,也是中国体育电视向产业化发展迈出的重要一步。

中国体育电视产业化发展的背景,是在 1992 年奥运会后,国家体委开始了中国体育改革的一系列大动作,核心目标是与国际接轨,把中国体育推向市场。它的政策根据是在 1992 年底,中共中央、国务院在《关于加快发展第三产业的决定》中明确把体育列为第三产业。由于这项改革与中央电视台体育频道关系密切,中央电视台决定给予大力支持。

体育改革是从足球开始的。足协红山口会议确立了中国足球"职业化"方向。1993 年上海申花作为我国第一个企业自主管理的足球俱乐部正式诞生。中国足协于 1993 年 10 月提出了在 1994 年进行中国足球甲级联赛,以俱乐部为参加单位,实现主客场制。

经过协商,中央电视台迅速同意以广告时间交换电视报道权,与中国足协签订了五年的电视转播权协议。这在中国电视史上开创了国内赛事版权协议的先例。体育逐渐商业化,体育与电视媒体的产业化协同发展,是世界体育电视的共同趋势。中央电视台在体育频道创办前,这一转播协议的签订,确保了大量赛事报道内容的丰富,同时随着以后数年中国足球赛事的产业化发展,中央电视台体育频道也在全国球迷观众中迅速火爆起来。

四 大赛转播走向成熟:1992 巴塞罗那奥运会和 1994 年广岛亚运会

1992 年巴塞罗那奥运会和 1994 年广岛亚运会的报道,中央电视台做出了新的探索,专业制作能力得以提升,从而证明中国电视台在奥运、亚运等大赛报道上已经跻身国际一流水平,实现了与国际标准的接轨。

巴塞罗那第 25 届奥运会,中国队获 16 金 22 银 16 铜,金牌榜名列第四。这届奥运会报道由于北京申办 2000 年奥运会的背景,得到了特别重视。中央电视台对本届"奥运会"报道提出了要创 4 个新纪录:电视报道时间最长,计划播出 250 个小时;在决赛阶段要不停机连续播出 90 个小时;凌晨就开始安排节目播出;设奥运专题节目。并提出了消息快、画面精彩、信息量大、报道有深度的"快、精、深、广"原则,搞好奥运报道,为我国申办 2000 年奥运会电视报道积累经验、做好准备。

1992 年奥运会报道规模空前,是中央电视台体育报道走向成熟的一个转折点,报道量之大、质量之好、时效之快,都为过去任何一次体育活动报道无法比拟。奥运会期间,一、二、三套节目在早、中、晚分别以《清晨奥运报道》、《午间奥运报道》、《晚间奥运报道》、《中国金牌榜》等多种栏目节目形式,共播出长达 250 小时的奥运节目,充分体现出了电视这个现代化传播手段的优势。例如我国射击选手张山获双向飞碟第一名的消息,由前方记者在晚上 8 时 22 分报来,北京的演播室在 8 时 23 分就中断正常节目播出了。这次报道的一大创新,是建立后方演播室来重新包装专题节目,所有信号经过后方演播室处理后再播出,弥补了前方无法进行节目包装的不足,使得奥运报道更加精彩、好看。

1994 年广岛亚运会报道,中央电视台的报道有了一个跨越式的转变。"第一次在国外设立了自己的播出中心,完全独立地制作节目,250 小时的亚运会报道全部通过卫星从广岛直播。"[①]中央电

[①] 马国力:《我国体育电视的现状与前景展望》,中央电视台《电视研究》,1996 年第 12 期。

视台派出了53人的报道队伍,租用了250平米的工作面积,租用了一条单独的卫星通道,并凭借自己的技术力量,突击建立了一个相当于省级电视台规模的制作播出系统。16天的亚运会报道,证明中央电视台已成为具有较强制作实力的亚洲大台之一,"中国人不仅在亚运赛场上,国际广播电视中心里面也有他们的一席之地。"[①]

第四节 振兴与腾飞期的阶段性发展规律

从1978年体育节目重新兴起到1994年体育频道的成立,中国体育电视走过了一段迅速成长的阶段,专业化能力全面提升,并逐步与国际接轨,开始了自己产业化的起步。

总结这一阶段中国体育电视的发展规律,我们可以看到:

一 社会和政治的根本变化和中国体育的发展,促使体育电视重新兴起

中国社会的全面改革开放,以及中国恢复奥林匹克合法地位,极大地推动了中国体育事业的发展,中国运动员重返国际赛事竞技舞台,积极主动地参与越来越多的国际赛事,这些都客观上促使中国体育电视得以重新兴起,掀起高潮。1979年中央电视台成立了体育组,1980年又扩建为体育部,不断增加举办体育节目的人力、物力和财力。

[①] 杨伟光主编:《中央电视台发展史》,北京出版社,1998年,第445页。

二 女排五连冠所激发的民族-国家情感,推动了全社会对体育电视报道的重视

80年代中期,女排、男足、围棋等一系列运动所激发的民族自豪感和爱国主义精神,鼓舞了全国人民的斗志和自信,奋发图强,为国争光。同时也大大推动了全社会对体育电视报道的重视,加上电视现场直播既有图像又有声音、细节清晰、感受真切的优势,电视迅速成为远比广播更有魅力的体育报道主流媒体。

三 国际大赛的转播与报道,迅速提升了中国体育电视的专业能力

对一系列国际大赛的转播与报道,如洛杉矶奥运会、汉城亚运会和汉城奥运会、巴塞罗那奥运会、广岛亚运会,特别是1990年北京亚运会的电视报道和信号制作,中国体育电视的专业制作能力迅速提升,在奋起直追中逐步与国际接轨。

四 电视事业整体发展,为中国体育电视的迅速成长创造了条件

这一阶段中国电视事业整体发展迅速,到1987年底,中国电视观众达6亿人,电视机的居民拥有量近1.2亿台,经常看电视的观众约占78%。[1] 同时,中国电视在新闻报道和节目播出上进行

---

[1] 参见郭镇之:《中国电视史》,中国人民大学出版社,1991年,第240页。

了持续改革和创新,电视技术也取得了巨大进步,这些都为中国体育电视的迅速成长创造了得天独厚的条件。

五 体育与电视体制改革,推动了中国体育电视的持续创新

1992年之后,在市场经济全面发展的推动下,中国体育与电视媒体都围绕市场化进行了新一轮改革,不仅推动了中国体育电视的持续创新,还向产业化运作、企业化扩张目标迈出了第一步,1994年底1995年初,体育频道的开办就是这一体制改革大潮的重大收获。

六 市场、受众和竞争意识的觉醒,为中国体育电视增加了驱动力

随着市场经济的深入和产业重新定位,电视媒体的市场意识开始觉醒,开始招揽广告、商业经营;强化了受众意识和竞争意识,1986年6月,中央电视台开始进行日常节目收视率统计,到1990年前后建成了全国电视观众调查网;同时,国内媒体间围绕体育这一收视热点的竞争也开始加剧。这些为中国体育电视的后续发展提供了强大的驱动力。

第三章　产业与创新：中国体育电视的市场繁荣期(1994—2001)

1994年之后，在体育的市场化改革、电视媒体机制改革、中国参加与举办越来越多的国际赛事，以及专门化的体育频道创办，这些共同推动九十年代中后期和世纪之交的中国体育电视节目的创新加速，以及体育电视产业化的探索。

第一节　足球节目与产业化起步

一　版权协议与甲A联赛转播

中国体育的市场化改革虽在1992年巴塞罗那奥运会后即提出，但真正开始运作且产生实效，是在启动中国足球的职业化、市场化的1994年。1994年4月17日，全国足球甲级(A组)联赛开始，大连万达获当年度甲A冠军。从4月到11月，中央电视台对当年度甲A联赛给予了大力度的报道，每周日在第二套节目中直播一场；一共22轮，同时制作了25集专题报道；体育频道开播后，更是增加到每周播出三场比赛录像。

对中国足球甲A联赛这样大规模的报道,是前所未有的。没有中央电视台的组织和牵头,也是不可能实现的。它促成了良性的体育-电视产业链循环:大规模的电视报道让更多的观众关注和喜爱上中国足球,从而推动了门票收入、赞助,收视率提升使电视台的广告收入也成倍增加。这是中国体育和电视产业化互动的第一个先例,也是最为成功的一个案例。当时一些同行对央视的做法还不理解,甚至说"我们不会像中央电视台那么傻",但很快各地方台积极转播当地比赛,甚至想方设法进行客场转播。事实证明,中央电视台抓住了中国体育市场化改革的机会,强化了央视在国内体育报道中的领先地位,同时也大力推动了中国足球乃至整个体育市场化改革的进程。

马国力在两年后高度肯定了当初的这一决定:"中国体育电视真正在国人中造成巨大影响是从中央电视台联合20多家地方电视台一起转播中国足球甲级联赛开始的,那是1994年的4月。随后而来的中国篮球联赛、足球甲级B组和拟议中的中国排球联赛的转播,使得中国的电视成为中国体育改革的强有力的支持者。而CCTV杯中国乒乓球擂台赛的推出,则是中国电视直接参与中国体育市场化进程的一个尝试。"[1]

1997年,围绕第八届全运会的赛事版权,中央电视台采取了"以广告时段置换电视转播权"方式,在10天赛事转播节目中拿出140分钟广告时段,交予组委会经营,经营所得归组委会所用,从而实现了我国综合性运动会电视转播权收入的首次突破。

---

[1] 马国力:《我国电视体育报道的现状与前景展望》,《电视新闻文集》,北京出版社1998,第402页。

1999年，中央电视台在前期合作基础上，又与中国足协就1999—2000年甲A电视转播权达成协议。新协议中央视共出资1100万元购买3年比赛的每轮电视转播权。与1994年不同的是，中国足协为了推动电视转播权的竞争，也与香港卫视、中国教育电视台签订购买了部分电视转播权转让协议，而非只卖给央视一家形成垄断局面。

在赛事版权上，体育主管部门与中央电视台之间形成了一定程度的市场化博弈。1995年，香港的一家国际公司与国家体委主管部门签订了5年合同，整体购买了国内乒乓球比赛的独家电视报道权。这迫使中央电视台另辟市场，走上了自己组织赛事的道路，从1996年开始创办了"CCTV杯中国乒乓球擂台赛"，每周末一场直播，不但受到观众欢迎，也得到了运动员的支持。在此之后，央视又参与组织了中国女子足球锦标赛、中国排球联赛、中国羽毛球挑战赛、海峡两岸保龄球对抗赛等赛事，以组织者身份拥有赛事版权，也推动自身成为中国体育产业化改革的一支中坚力量。

二 足球收视热与《足球之夜》栏目

1994年启动的甲A联赛，创造了一个接一个收视热潮，"全国各电视台白天收视率最高的节目几乎都是足球直播"。作为全球第一运动，足球在中国也赢得了最大规模及最忠诚、最狂热的球迷群体，它们同时也是全球最大的足球电视受众群体。中国足球市场化改革的前五年无疑是成功的，人们对关于足球的各种话题的关注与敏感，也催生了中国体育电视一个最为成功的专题栏目——《足球之夜》。

1996年4月4日,星期四,中央电视台第一个定位于足球报道的专业栏目《足球之夜》创办,在当时已经成立一年多的体育频道周四晚20:00首播。它一经创办就取得了巨大成功,开创了中国电视体育专题节目的新风格。立足于"做球迷想看的,说球迷想听的",栏目宗旨为:"球迷每周的节日"。正是这种站在球迷视角,直面足球现实与矛盾,不回避、不粉饰,勇于表达的尖锐,贴近球迷心理,与球迷同忧乐,赢得了球迷的忠诚和拥戴。

　　栏目设有《中国足球》、《国际足球》和《中场休息》三个小栏目。每期节目内容,基本包括三大部分:一是对足球热点新闻事件的追踪报道;二是对重要比赛的精彩回放与专业分析评论;三是与足球相关的种种人物故事。此外,以国际化的比较视角来审视中国足球现状和现象,既为中国足球的进步鼓与呼,也着力揭露和抨击。

　　《足球之夜》有着鲜明的理性思辨和人文关怀。创办之初每期近4小时的特别长度,给了它创新的空间,一方面它客观记录了中国足球的发展和点滴,另一方面它深度剖析了中国足球的种种。它的专题纪录片,它的片头音乐,与那个年代球迷们的记忆相伴。特别是在1997、1998年随着中国足球职业联赛假球、黑哨种种问题的爆发,《足球之夜》成了足球版的《焦点访谈》,成了揭露中国足坛"假黑丑"现象的前沿阵地。"在北京各高校中,电视节目收视率最高的是《足球之夜》,其次才是《新闻联播》和《焦点访谈》。"[1]

　　这种尖锐风格和道义抨击,既成就了《足球之夜》,也使得与中国足球关系一度非常紧张,面临了种种存在的压力。马国力顶住了很多压力,"1998年下半年,《足球之夜》被禁止直播,张斌被禁止担任主持人,而且若不是我坚决反对的话,他的制片人都保不

---

[1] 满方、杨海燕编著:《中国经典电视节目评析》,上海外语教育出版社,2007年,第305页。

住。""1999年1月下旬,《足球之夜》又被迫改为90分钟,也被迫失去了它的锐气。""对这种无奈我感到一种真实的悲哀。可以说从那时起,《足球之夜》栏目的制作质量没有降低甚至还提高了,但是收视率却一直走低,因为它的部分灵魂失去了。"[1]

此后《足球之夜》报道思路不断调整,坚持了栏目的纪录性与深度性,成为体育频道生命力最强的标志性品牌栏目,也是中国电视业播出时间最长的现场直播固定性电视杂志栏目。后来它又催生了子栏目《天下足球》于2000年11月27日开播,以国际足坛最新赛事与新闻为主,一国内一国外,与中国球迷始终相随。

三 地方台的成长与联合

进入九十年代地中期,各地方电视台在体育报道的专业性上提升明显,推动了各台体育节目的创新,专业或半专业的体育频道相继创办,并以联合的方式强加了与中央电视台在节目专业化与产业化运营上的竞争。

继上海有线体育频道和广东有线体育频道于1993年、1994年创办之后,伴随着有线电视的迅速发展,全国各地方电视台纷纷创办专业体育频道。据统计,截至1997年底,全国有线电视台中,陆续开播体育专业频道的共有21家,它们是北京、上海、广东、重庆、山东、福建、安徽、陕西、内蒙古、河北、广州、武汉、深圳、成都、青岛、长春、厦门、大连、太原、西安和郑州。在中央电视台体育频道形成良好收视的引发下,各地体育电视频道更是大量涌现。"到

---

[1] 马国力:《脚印》,见《五魁首——CCTV-5十年纪实》,上海文艺出版社,2005年,第264页。

2003年年底,全国各地可收看的体育类频道共42个,57.1%集中在省级电视台,38.1%集中在市级电视台。"①

城市有线电视台的发展和专门体育频道的纷纷成立,大大促进了我国体育电视报道的专业创新潮和普遍性、跨越式发展。一是体育新闻的报道量、时效性、专业性得到明显提高,并开始了滚动播出。

二是一大批体育电视栏目得以创办。在各地屏幕上,陆续播出了像《中国体育报道》、四川电视台《体坛追击》、山东电视台《侃球评球》等一大批备受观众欢迎的体育专栏。到90年代末,全国省市电视台先后设立了200多个名称各异的体育专栏,每周播出体育节目超过300小时。特别是《中国体育报道》更具象征意义,它由北京电视台、上海东方电视台、广东电视台体育部三家合作于1996年1月6日推出,时长50分钟,集消息、评论、专题于一体,依托北京、上海、广州三地丰富的体育赛事资源,广泛报道国内重大体育消息,兼顾中国代表团国际比赛动态,及时反映中国体育热点、焦点。这是地方台首度进行节目制作与播出的联合尝试,除三地电视台在每周一晚黄金时段播出外,还有26家国内电视台共29个频道以及两家航空公司进行转播。这一联合突出了地方台体育新闻的全国性、时效性和贴近性,也避免了资源的浪费,起到了很好的产业化整合效果。

三是促进了大赛报道专业水平再上台阶。到20世纪90年代末,全国大多数省会城市电视台都能够独立地转播体育比赛。如天津电视台1995年5月1日到14日对第43届世乒赛的整体报

---

① 张海峰:《新中国成立60年体育宣传回顾》,见国家体育总局编《拼搏历程 辉煌成就——新中国体育60年/综合卷》,人民出版社,2009年,第213页。

道就取得了圆满成功,"开幕式、闭幕式和比赛大部分场次都进行了实况转播,多达 68 场 102 小时,在全国创造了单项赛事电视转播的次数和时间的最高纪录。除了现场转播,从 1994 年第四季度到第 43 届世乒赛结束的 8 个月里,天津电视台共播出迎世乒赛和赛事活动的消息 1200 多条,各类专题节目累计 300 多小时。天津电视台为世乒赛投入的人力之多,报道的时效之快,都是史无前例的。"[1]在 1999 年 10 月 8 日至 16 日,天津电视台又作为东道主对第 34 届世界体操锦标赛所有场次的比赛进行了直播,向欧广联、日本 NHK、美国的 ESPN 和澳大利亚等世界主要广播电视机构提供了国际公用信号,再次证明了自己的专业实力。此外,上海东方电视台体育频道和上海有线电视台体育频道都十分重视体育赛事的转播。"1999 年,上海东方电视台转播上海申花和曼联的比赛,创下了 34.1% 的收视高峰。上海有线电视台体育频道成为'中国之队'主播台,联合全国各有线体育频道,形成独特的播出效应。"[2]

第二节 创新平台:体育专业频道

一 CCTV-5 体育频道开播

1994 年初,当中央电视台决定开设专门的体育频道时,当时世界上主要的体育频道为数不多,只有美国广播公司 ABC 的娱乐

---

[1] 赵玉明主编:《中国广播电视通史》,中国传媒大学出版社,第 412 页。
[2] 李辉:《中国体育的电视化生存》,学林出版社,2007 年,第 8 页。

体育电视网 ESPN、黄金时间体育网 PRIME，以及默多克建立的亚洲卫星电视体育台 STAT SPORTS 和香港卫视体育台。

1995年1月1日中午12点，中央电视台体育频道(CCTV-5)正式开播。创办之初，体育频道每日播出节目12小时，其中首播达到8小时。这一专业体育频道的创办，是中国体育电视史上的一个划时代的重大事件，它带来了体育节目创新的高潮，也推动了中国体育电视事业的规模化、系统化、专业化以及产业化的新发展。

当时建立体育频道面临着诸多困难：重要赛事的电视报道权难以获取；专业人员不足；经费不足；制作筹备周期短。为实现频道的顺利开播，承担任务的中央电视台体育部采取了众多创新举措。"诸如设立众多单项栏目，开播后不久即达48个，为观众提供定向服务；加大国内赛事的报道，增加节目来源；采用制片人负责制，使其在本栏目中享有充分的创作自由；利用社会上的制作力量，弥补体育部人员的不足等。"[①]

1995年11月1日，中央电视台体育频道通过卫星向全国播出，每天播出16小时节目，其中首播节目增加到10小时。经过1996、1997年的发展，体育频道拥有了一大批质量高、有影响的栏目，得到观众的喜爱和认可。如每天滚动播出的《体育新闻》栏目，"球迷每周的节日"《足球之夜》栏目，"最有文化的体育报道"《世界体育报道》栏目；周末体育赛事也十分丰富，至少有五场来自国内外的现场比赛转播，包括足球、篮球、排球、乒乓球、象棋、围棋等。还有国内第一个大型直播体育谈话节目：《体育沙龙》于1995年1

---

① 徐光春主编：《中华人民共和国广播电视简史》，中国广播电视出版社，2003年，第425页。

月6日开播,时长55分钟,1997年改为录播,1998年1月更名为《五环夜话》。

体育频道全国卫星播出后基本形成了自身特色,突出了国家电视台的权威性。"首先,发挥大兵团作战的优势,尽可能安排更多的现场直播,逐步满足社会各界朋友的需求。……第二个特点就是发挥新闻短、平、快的优势,加大新闻改革的力度。……第三个突出特点就是坚持专业性服务,使品味不同的观众都可以在体育频道中找到自己喜爱的节目。"①

因为在政策、规模和资源上的优势,加上专业和技术水平的领先,中央电视台体育频道成为了中国体育电视中实力最强的竞争主体,在赛事拥有量和市场占有率上具备了垄断性特征。到1997年底,国际上多家最大的体育节目代理公司纷纷致电中央电视台体育部,友好地告知他们将在新的转播权协议签订中,不再考虑将其亚洲的有线报道权按惯例独家卖给某国际电视网。这意味着体育频道的实力得到了国际赛事组织方和版权方的认可,标志着中央电视台已经打破了ESPN等国际体育电视巨头在亚洲的赛事版权垄断。

二 1998年中央电视台体育中心成立

由于CCTV-5体育频道的创立,体育节目工作量急剧增加。1996年,中央电视台加密卫星电视体育频道和其他频道播出的体育节目总和达到6000小时以上,约占1996年中央电视台年播出节目总时数的12%。从1997年起,同时对世界杯足球赛、欧洲足

---

① 《中央电视台年鉴:1996》,人民出版社,1996年,第46页。

球锦标赛、意大利足球甲级联赛、美国 NBA 职业篮球联赛等,中央电视台都进行了转播。节目的丰富极大地满足了广大体育爱好者的收视需求,但也让中央电视台体育部备感压力。

1998 年 5 月,中央电视台决定以原新闻中心体育部为基础,正式成立体育节目中心。下设综合部、新闻部、竞赛部和交互电视筹备部。这是中国体育电视的一次重要组织变革,为体育电视下一阶段的发展奠定了扩张的基础。体育节目中心成立后,开播了《城市之间》、《篮球公园》、《经典时刻》、《周二大放送》、《康乐年华》新栏目,并对 1991 开播的中央电视台一套杂志型体育栏目《体育大世界》进行了改版。

同时,开发赛事资源也成为体育节目中心的一项主要工作。并确立了以赛事为重点的频道节目编排思路,使体育赛事转播更加丰富多彩。不仅扩充了世界女篮锦标赛、四大洲花样滑冰锦标赛、汤姆斯杯-尤伯杯羽毛球锦标赛等国际大赛的转播,还对如 1998 年举办的曼谷亚运会和法国世界杯等重点赛事进行了重点报道的包装,充分挖掘和利用重点赛事资源,提升频道赛事质量和转播收视率,同时以锻炼队伍,提高自制节目收视率。

三 2001 年 CCTV-5 体育频道改版

1999 年,中央电视台提出了"频道专业化,栏目个性化、节目精品化"整体发展战略。节目的发展,更多立足于栏目的个性化和频道的专业化。为此,有计划的频道改版和不断创新栏目,成为推动体育电视节目进步的重要举措。

2001 年 1 月 1 日,CCTV-5 开播以来首次大规模改版。创办了《体育世界》、《健身房》、《现场直播》、《早安中国》等名牌栏目,增加了新闻和信息服务内容,增加各类体育赛事直播场次,提升了栏目质量。改版之后,频道播出时间平均每天延长了4个半小时。"2002年体育频道每日播出时间已达20小时,首播时间平均达10小时以上。"①

新闻和信息服务功能的强化,是这次改版的一大特色。在每天早晨6:00—7:00和8:00—9:00两个时段,新设置了《早安中国》栏目,内容有新闻、赛事预告、天气预报、出行指南、健身知识、俱乐部介绍等。中午的《体坛快讯》延长5分钟至12:15分,18:00《体育新闻》延长至18:30分,每晚21:30—22:00新增了一档直播新闻栏目《体育世界》。这次改版,频道原来的34个栏目被整合为17个。其中《体育新闻》栏目得到突出,全天播出两档共45分钟《体育新闻》。改版以后,频道赛事资源也得以丰富,全年各类活动和国内外赛事直播达到1200场,平均每天播出比赛超过3场以上。

经过这次改版,体育频道实力和领先地位进一步确立。据2001年中央电视台进行的全国卫星频道调查显示,"体育频道的覆盖率达到了59.11%,覆盖人口为7.28亿。"②

第三节 大赛报道与专业实力进步

一 奥运报道进步:1996亚特兰大和2000悉尼

在北京申办奥运会的背景下,中国体育电视急于在奥运报道

---

① 《中央电视台的第一与变迁》,东方出版社,2003年,第60页。
② 同上。

上展示自己与国际接轨的专业实力。1996年和2000年奥运会报道由此显得至关重要。和中国体育健儿一样,中国体育电视媒体也用实力证明了自己的进步,在国际电视媒体的奥运报道竞争中成为了当之无愧的佼佼者。

(一) 1996亚特兰大奥运会

1996年7月19—8月4日在美国亚特兰大举行的第26届奥运会,是现代奥运百年诞辰,这届奥运也以其成功的商业开发和市场成功载入奥运史册。中国代表团共获16金22银12铜,金牌数在美、俄、德之后列第四位。

在此前的1994年广岛亚运会上,中央电视台独立设置的现场播出制作中心取得了成功,技术力量和手段已经成熟。因此这届奥运报道的重点是进一步强化奥运报道的自主性,锻炼节目编播人员,力求使节目的报道达到一定深度。但亚特兰大面临的挑战比广岛亚运会大得多。一是12小时的时差导致北京时间晚上黄金时间没有重要赛事可以直播;二是中国代表团成绩不像亚运会那么突出;三是现场云集的国际电视机构竞争异常激烈。

在新闻报道上这次实现的一个重要技术突破,是成功进行了卫星双向直播,每天的早间新闻和午间新闻都有一段前后方两地主持人的对话,风格活泼新颖。同时大力强化了专题性报道,设置了早(6:30)、中(12:30)、晚(20:05—20:55)每天三档专题,白天两个专题以赛况新闻报道为主,晚间专题则以杂志式的综合报道为主,以中国队素材制作一些故事性强的深度报道(如《我眼中的王义夫》、《强者的对话》等),使人们感受到了不同于直播的更具人性化的体育情感,从而克服了时差的不利影响。

由于这次奥运报道有了CCTV-5体育频道的播出空间,对大量赛事进行了直播,体育频道也创造了连续 9 天 24 小时不停转播奥运会的纪录,中央电视台这届奥运会总体播出时间也创造了新的纪录,达到 602 小时,据 NHK 日本广播协会统计,中央电视台的亚特兰大奥运会播出总量为世界第一。"在国际广播电视中心,中央电视台制作中心的规模和记者水平在亚洲仅排在日本 NHK 之后,在世界电视机构排行榜上进入前 10 位。"[1]

（二）2000 悉尼奥运会

2000 年 9 月 15—10 月 1 日,第 27 届奥运会在澳大利亚悉尼举行。中国代表团成绩骄人,共夺得 28 金 16 银 15 铜,列金牌榜奖牌榜第三,首次进入前三。金牌集中在举重、跳水、乒乓、羽毛球、体操、射击等优势项目。

中央电视台在悉尼奥运会期间播出了 584 小时的节目,其中直播赛事 160 场,录播赛事 30 场,制作新闻 826 条、专题 210 期,在节目的整体包装和频道的整体意识上有了很大的进步。"与 NBC、BBC 不相上下。"CCTV-5 体育频道在悉尼奥运报道中也承载了更大的功能,从 9 月 1 日一直到 10 月 2 日,CCTV-5 定名为"奥运频道"整体编排播出。同时中央一套、中央二套直播奥运节目。"此次奥运报道是中央电视台有史以来奥运会转播规模最大、最复杂的一次,租用了亚洲 2 号和太平洋 174 度两颗卫星,运用了 4 个演播室。综合运用悉尼 IBC 主演播室、悉尼港实景演播室、赛场单边注入点以及北京本台内大演播室,逐步实现了'多角度、多层次、全方位'的报道目标。"[2]

---

[1] 赵玉明主编:《中国广播电视通史》,中国传媒大学出版社,第 436 页。
[2] 《传承文明 开拓创新——与时俱进的中央电视台》,东方出版社,2003 年,第 158 页。

这次报道前、中、后期报道相互贯通,节目类型多种多样,编排浑然一体,在前方节目《奥运晨风》、《直通悉尼》注重赛场热点和深度分析之外,还在后方尝试了全新的新闻类娱乐节目《悉尼猜想》,以开放的话题和娱乐轻松的风格吸引了大量观众收视和参与。对中国队夺冠的28项比赛及奏国歌升国旗的颁奖仪式,全部都进行了直播,给中国观众留下了深刻的爱国主义印象。至此,中央电视台的奥运大赛报道已完全与国际接轨,在技术与内容上都达到了成熟。

二 全运会报道突破:1997上海八运会

上海八运会的报道,是九十年代末国内体育电视节目专业技术能力成熟后的一次大练兵,也是1990年北京亚运会后中国体育电视界再次联合行动,中央电视台和地方台的体育报道专业能力与国际水平进一步接轨。"这次运动会电视报道量之大,超过了历届全运会,公用信号传输之快,达到了国际水准,进入世界先进行列。"[1]

作为东道主的上海三台(上海东方电视台,上海电视台,上海有线电视台),邀请中央电视台以及北京、天津、广东等13家省市电视台共同承担了公用信号制作与转播任务,转播赛事项目超过了北京亚运会,与1996年奥运会相当。

在1996年亚特兰大奥运会专业水平成熟和转播实力强大的基础上,中央电视台的上海全运会报道方案按照今后奥运会的报道模式来制定,派出了210人的庞大报道团。从整体规划上,12

---

[1] 赵玉明主编:《中国广播电视通史》,中国传媒大学出版社,第436页。

天连续报道以体育频道全天 16 小时播出全运赛事为主体,一套、二套安排重要赛事和专题播出,平均每天播出超过 19 小时。开办《八运赛场》(以直播比赛为主)、《八运会综合报道》(长达 6 小时的杂志型板块)、《八运会专题报道》(时长 45 分钟)。体育频道晚间 18:00—24:00 作为整体板块,创新了"大杂志"节目形式,其中安排直播、新闻、采访、现场报道、评论和花絮等多种节目形态,同时在节目包装上以演播室主持人和节目预告结合,新闻杂志式安排,实景录播谈话节目,报道形式更加新颖。

央视这次全运会报道在技术上也有不少创新。如在上海广电大厦租用了 350 平米的工作面,在外滩、田径场等地设立了分演播室,在游泳、举重等 6 个分馆设立了电视信号单边注入点,每个注入点的视频信号可单方向传入中心演播室,作为一路直播信号,大幅增加直播信号通路。同进央视五套体育频道和一套、二套节目,实现了通过两条卫星通道同时播出两套不同内容的赛事报道节目。这些使八运直播内容更为丰富,可视性大为增加。

上海有线台体育频道作为主办方专业频道强化了"八运会"宣传力度,"除每天 16 小时转播报道外,综合、信息两频道在白天也全面介入。有线电视台 3 个频道不间断地滚动播出八运赛况和有关专题报道,每天约 40 小时,总播出量达 527 小时,其中直播量达 312 小时。"[①]据统计,"上海电视台自 7 月 20 日开始共播出八运新闻报道 1018 条。"[②]

上海东方电视台充分发挥东道主优势,在大型综合赛事报道上取得了明显突破。东视新闻中心从 1997 年 1 月开始编播

---

① 赵凯主编:《上海广播电视志》,上海社会科学院出版社,1999 年,第 928 页。
② 同上。

八运会前期动态消息,并在《东视新闻60分》栏目中,配合八运会倒计时80天、50天、30天、10天等时间节点,逐步将报道和气氛推向高潮。同时还联合20多家省级电视台和香港无线电视台从6月开始开设《八运烽火聚申城》栏目,八运前期东视就报道相关新闻达1000余条。八运期间,东方电视台又开设了分布每天早、中、晚间时段的4档滚动新闻专题;以及每天5档《八运赛场》节目;每晚30分钟的直播谈话节目《八运直播室》。"从10月10日至八运会结束,东方台制作播出的各类八运新闻达324条,制作播出专题215集420分钟,赛场转播50场100小时以上。"[1]

三 1998:曼谷亚运会和法国世界杯报道创新

(一)曼谷亚运会:首次设立赛场单边注入点

第13届亚运会1998年12月6日至20日在曼谷举行,在1994年广岛亚运会后,央视亚运报道模式已经成熟。这次中央电视台共派出130人报道团,设立了具有主控、播控、配音、直播演播室等多种综合功能的前方报道中心,采取一套、二套和体育频道多频道配合方式报道,新闻、专题和现场直播总播出时间达到330小时。

曼谷亚运报道着力强化整体报道优势和节目创新:以主演播室整体包装节目,同时建立亚运村分演播室扩大报道空间,增加报道鲜活性。《曼谷赛场》在20天的比赛直播过程中充分利用单边信号和双视窗,在一场比赛中可以机动穿插另一场赛事同时实况,

---

[1] 刘习良主编:《中国电视史》,中国广播电视出版社,2007年,第358页。

两个赛场播音员互动对话,从而实现了空间的跨越,扩大了观众的信息量。甚至"为办好《非常接近》栏目,中央电视台为运动队提供两台小型摄像机,由动员自己确定选题,自己拍摄,使'奖牌背后的故事'生动活泼,最大限度满足观众的需求。"①

这次亚运报道的主要收获还在于制作技术上的突破。第一,首次设立了各个比赛现场的单边信号注入点,直播报道因此更为生动、及时,观众有耳目一新之感。此后在 2000 年悉尼奥运会上得到大规模应用,成为大赛报道常态;第二,央视首次为大会组委会提供了垒球转播国际信号,取得成功,赛后受到亚广联的肯定和好评。

(二)《法兰西之夜》:世界杯报道的创新突破

以往的世界杯报道基本以赛事转播为主,到 1998 年法国世界杯,这一模式得到全面突破。中央电视台本着重点赛事重点开发与报道的思路,对这届世界杯进行了全程包装与整体编排,不仅报道规模大幅增加,而且在前后方节目制作及技术应用上都有明显创新。

在 6 月 10 日至 7 月 16 日的一个多月时间里,第 16 届世界杯足球赛在法国的十个城市举行。中央电视台前后方互动,深度报道和包装,报道平台以五套体育频道为主,配合一套、二套节目。在巴黎的国际媒体中心搭建演播室,设立中央电视台前方报道中心,租用国际卫星线路,派出 9 人组成的前方报道组,深入到各城市比赛现场进行采访报道和转播工作。同时在北京设立后方总演播室,参与报道制作的人员达到了 130 人。

---

① 《中央电视台年鉴:1996》,人民出版社,1996 年,第 38 页。

这次报道的特点是:在一套、二套、和五套节目中直播了全部64场比赛,直播时间达到132小时;CCTV-5连续制作播出了33期《法兰西之夜》大型专题节目,每期节目时长达到90分钟;央视第一次派出摄制组到世界杯各比赛现场采访,自采自编新闻160条;在节目后期编辑技术上,也首次采用多媒体足球软件和数字虚拟技术,整体节目包装、前后方主持人现场互动取得了更加生动逼真的效果;注重不同类型主持人搭配组合,带领观众往来于中法之间,兼顾历史背景与现实场景;设置观众热线互动,比赛预测参与踊跃。

精心制作的《法兰西之夜》这一大型体育专题是这次世界杯报道的成功开创,"节目均为现场直播,把当天最终的消息最快地传播出去,既强调了现场气氛,又缩短了与观众的心理距离。"[①]在长达一个半小时的《法兰西之夜》中又细分了多个小专栏,有以世界杯新闻为主要内容的《世界杯多媒体》,撷取赛场精彩片断进行点评的《伴我雄心》,重点介绍绿茵场各路明星英雄的《我本英豪》;还有背景性知识栏目《细说风雨》、《关于法国》栏目,《数字世界杯》、《游戏世界杯》、《遥望法兰西》等分析性、互动性栏目。首次在赛事直播外,开发了丰富多彩的世界杯相关报道内容,实现了世界杯报道的立体、丰富。

在1998世界杯报道取得突破之后,对中国女足的报道也加以了重视。中央电视台全方位、多层次、多角度地报道了1999年在美国举行的第三届女子世界杯足球赛,派出了6人前方报道组,提供前方新闻20条、现场直播29场、录播3场比赛,制作播出了10集时长30分钟的专题节目《铿锵玫瑰》。中国女足在中美决赛中

---

① 刘习良主编:《中国电视史》,中国广播电视出版社,2007年,第358页。

4∶5失利获亚军,赢得了有似于当年中国女排的巨大荣誉,但此后却因后备无人成绩一路下滑,辉煌难再。

第四节 产业繁荣期发展规律与动力

1994年到20世纪末的这一轮发展,是中国体育电视发展的一次高潮。体育新闻、赛事直播以及专栏专题节目在这期间得到了大发展,成为体育电视节目的基本形态。同时,中央电视台和地方台体育频道的开播,更为中国体育电视的综合、整体创新提供了平台。

一 这一时期体育电视节目的发展特点

(一)体育新闻节目蓬勃发展

央视《体育新闻》栏目从1989元旦在CCTV-1开播,当时每天只有5分钟,到1995年体育频道开播,每天在央视一套和五套已经有4档85分钟的直播。加上后来开播的《体育世界》《体坛快讯》《早安中国》等新闻板块,CCTV-5体育新闻节目得到了蓬勃发展。

(二)赛事直播节目丰富多样

这期间,赛事资源大为丰富,国际国内赛事直播迅速增多。仅1999年,中央电视台直播赛事就达到了800多场,最多一天直播9场。在国内,只要发生在中等城市以上地区的体育比赛,中央电视台都能向全国观众直播。就连一些普通水平赛事的电视报道,也采用了直播形式。赛事直播节目占了 CCTV-5 总体播出的三分之一。

（三）足球、篮球等专项节目崛起

由于足球职业化改革和甲 A 联赛以及篮球联赛的推动,足球成为这一时期最为重要的报道领域,《足球之夜》栏目崛起,引领了中国体育电视的收视热潮。同时,NBA 也开始进入中国,中国男子篮球甲级队(CBA)也于 1995 年启动,篮球节目也占据了相当份额。

（四）专业频道制带动栏目创新

1994—1995 年前后,一大批央视和地方电视台专业体育频道创办,到世纪末更是达到数十家。这为体育节目的丰富提供了平台,同时也带动了一大批体育类栏目的成立,中国体育电视达到了一个创新的高潮,也推动了整体性、系统性的专业提升。

二 产业繁荣期的发展动力

（一）体育产业化和市场化改革的推动

1995 年 6 月,国家体育总局出台了《1995—2010 年中国体育产业发展纲要》;6 月 20 日国务院颁布了《全民健身计划纲要》,同时开始实施体育彩票"全民健身工程";8 月 29 日,颁布了《中华人民共和国体育法》。1996 年在全国人大通过的《国民经济和社会发展"九五"规划和 2010 年远景目标纲要》中明确指出:"体育要走社会化、产业化发展的道路。"在这一大的产业化改革背景下,中国体育电视节目迎来了这一段的创新与繁荣。

（二）面向国际接轨的专业进步要求的推动

自1993年9月北京申奥失利,到1999年9月北京2008奥申委成立,如何全面提升专业水平,达到与国际接轨、能够承担奥运大赛报道制作任务,一直是中国体育电视加速发展的内驱力。在1996亚特兰大奥运、1997上海八运会、1998法国世界杯、1998曼谷亚运会、2000悉尼奥运一系列大赛报道中,中国体育电视的报道水平已经全面成熟。

（三）中国电视改革的整体推动

1992年以来,中国电视也进入一个整体改革加快时期。1993年《东方时空》创新的"制片人负责制"迅速为全行业所采纳,灵活的人员用工机制和激励机制,以及目标管理、末位淘汰、创收奖励等管理机制的推出,也为中央电视台体育中心为主的中国体育电视团队提供了发展的制度保障。

（四）日益激烈的市场化竞争推动

这期间的繁荣也引发了中国体育电视的产业化、市场化竞争,围绕赛事版权引发了央视与卫视、电视台与体育赛事组织管理方之间的竞争与冲突,在新闻报道、广告客户上这种竞争也十分明显。

（五）受众需求的推动

受众调查已经成为节目专业化的一个衡量指标,在受众收视意愿的推动下,中国体育电视的节目形态有了新的变化。比如对赛事直播的重视,正是因为变化无常的比赛过程和第一时间知道结果最吸引体育迷。① 这期间,电视体育报道评论特色的强化,也是因为广大体育迷不满足于单纯的"解说",而要求增加对竞技过程作科学分析和专业评论。为增加评论的专业性和权威性,运动员、教练等业内人士也被请进了体育节目录播现场。

---

① 有人做过测试,录像播出的收视率不足现场直播的10%,这足以说明,观众收看体育电视节目,就是想要在第一时间直观、生动地看到比赛现场。参见《中华人民共和国广播电视简史》,第427页。

第四章　高潮与巅峰：走向北京奥运与国际化(2001—2008)

进入新世纪,中国加入世贸组织和北京申奥成功,成为改变中华民族命运的两大历史机遇。全面融入全球化大潮,主办一次最好的奥运会,这在一定程度上是中华民族繁荣、昌盛的象征,也暗合了"大国崛起"的民族心理。

对中国体育电视来说,从2001年7.13申奥成功,到2008年10.8北京奥运辉煌落幕,进入了一个完整的北京奥运周期。这一阶段中国体育电视在前期专业成熟的基础上,进一步走向国际化,与国际接轨,适应新的电视报道技术,以国际信号制作能力为目标。在做好北京奥运的专业责任和整体目标的推动下,中国体育电视逐步走向发展的高峰。同时在市场化竞争和受众需求变更的推动下,也产生了一系列新的变化与特征。

第一节 2001—2005:世纪初的体育电视发展高潮

一 2001:开创大局

2001,进入 21 世纪第一年,也是中华民族奥运夙愿终于得偿的一年。中国体育这一年喜事之多、大事之多,也标识了 2001 里程碑式的意义。申奥成功之后,米卢又率中国男足首次成功出线,进入世界杯决赛圈,数十年"冲出亚洲,走向世界"的愿望终于实现。下半年,北京大运会和广州九运会相继召开,体育成为这一年中国人的最深刻记忆。

与这些体育大事相伴,中国体育电视报道突破常规,营造了一个个收视高峰。2001 年 1 月 1 日中央电视台体育频道改版,推出了众多新栏目,强化了《体育新闻》报道量。11 月,中央电视台又试播了 CCTV-5 交互电视,相继开播风云足球频道和高尔夫·网球频道这两个专业化的独立频道,标志着中国体育电视的互动电视节目进入试验阶段。

(一) 举国瞩目"申奥"成功

2001 年 1 月 17 日,北京奥申委代表团将申办 2008 报告递交到国际奥委会。7 月 13 日晚 22:10 分,萨马兰奇在莫斯科举行的国际奥委会第 112 次全会上面向全世界宣布,北京胜出,获得 2008 年第 29 届奥运会举办权,一时举国欢庆。

为做好万众瞩目的"7.13"北京申奥报道工作,根据北京奥申委和国家广电总局、中央电视台的统一部署,体育频道与其他节目部门协作,调动 CCTV-1、CCTV-4 和 CCTV-5 三个频道为播出平台,完成了长达 14 小时的《新奥运》直播和申奥整体新闻报道工作。鉴于 1993 年申奥失利,这次报道整体确定了"展现新闻事件的全过程,平和引导观众心理,注重技术细节和背景介绍"的报道原则,主持人在直播中总体口径把握平稳,充满信心,情绪平和,把握适当。体育频道还精心制作了一系列奥运主题专题片穿插在直播中播放,融知识性与欣赏性于一体,丰富了直播节目,确保了报道整体效果。

中央电视台的 7 月 13 日申奥节目报道,直观生动展现了北京胜出的过程,第一时间让海内外亿万观众共同分享了申奥成功的巨大喜悦,激发了全国上下的爱国热情。收视数据显示,"7 月 13 日《新奥运》直播节目的收视率一套为 15.81%,四套为 1.36%,五套为 4.5%,三个频道的收视总人口达到 2.3 亿。"[1]这次体育电视直播取得了巨大成功。

(二)国足出线与黄健翔解说事件

2000 年初,米卢被中国足协聘为中国足球队第 4 位外籍教练,他以倡导"快乐足球"与"态度决定一切"为风格,给中国足球带来了新的变化。米卢是幸运的,因韩、日两队作为主办方直接出线,中国队又在十强赛分组抽签中避开了实力强劲的伊朗和沙特队,为中国队创造历史性的"冲出亚洲,走向世界"提供了最好的机会。[2]

十强赛中国队一路发挥出色,为中国球迷提供了前所未有的

---

[1] 《传承文明 开拓创新——与时俱进的中央电视台》,东方出版社,2003 年,第 163 页。
[2] 黄健翔:《像男人那样去战斗——我就是那个"说球的"》,朝华出版社,2006 年,第 7 页。

快乐。中央电视台对十强赛期间中国队主客场 8 场比赛全部进行了现场直播,并对中国队的 4 次主场比赛进行了大演播室包装方式,满足了中国球迷对十强赛的迫切收视欲望。十强赛在主持人、解说员的使用上也采取了组合方式,"我(刘建宏)负责中国队 4 个主场包装和大演播室串场,黄健翔负责解说头 3 场比赛,韩乔生负责中国 3 场,孙正平负责最后两场。"①

2001 年 10 月 7 日,沈阳五里河体育场一片沸腾,中国男足 1∶0 胜阿曼队提前出线,首度跻身全球男足 32 强,晋级 2002 韩日世界杯决赛。但这种凤愿得偿的快乐并没持续多久,中国队在 2002 年决赛中表现不佳,连输三场,共丢 9 球,未进一球,被认为是"技不如人"、"人不如人"、"丢了民族的脸面"。②

在十强赛期间,中央电视台在 9 月 7 日直播中卡之战时,黄健翔超出常规的个性解说却引起了一番激烈的争论。在整个直播解说中,黄健翔对米卢的排兵布阵提出怀疑、批评甚至指责,言辞失控。在事后的各方讨论中,"挺黄"派和"倒黄"派旗鼓相当,体育解说风格随受众的分化引起广泛争议,这在中国体育电视史上还从无先例。③

(三) 作为北京奥运预演的大运会报道

2001 年 8 月底在北京举行的第 21 届世界大学生运动会,是 1990 年北京亚运会之后在中国首次举办的全球性大型综合运动会,也是在北京申奥成功的喜悦背景下召开的。大运会素有"小奥运"之称,中国电视媒体也将北京大运会报道定位于北京奥运报道

---

① 水一方:《球迷时代》,中央编译出版社,2004 年,第 266 页。
② 李承鹏等:《中国足球内幕》,凤凰出版传播集团,2010 年,第 50 页。
③ 参见水一方:《球迷时代》,中央编译出版社,2004 年,第 212—217 页。

预演,以东道主身份承担赛事转播和公共信号制作工作。中国体育电视媒体在电视制作与专业服务上与国际接轨。这届大运会提供国际公用电视信号超过了以往各届,全球共有104家电视台转播了开幕式,35家电视台全程转播了运动会。

中央电视台共联合北京电视台、天津电视台,组成总共800多人的报道队伍,对大运会赛事进行了全国转播。在整体报道安排上,以CCTV-5体育频道为主体,配合以CCTV-1综合频道、CCTV-2经济频道、CCTV-4国际频道、CCTV-9英语频道,共播出体育新闻212条、赛事直播录播超过228小时。并采用《国际集锦》的通行版式制作了11集时长52分钟的《大运会国际集锦》,体育频道在大运会期间制作的7期《世纪猜想》也赢得了观众好评。北京大运会报道的收获主要在于报道组织、公共信号制作和对外服务提供上,在于"北京奥运练兵"。"在这次赛事中,体育频道在热情到位的对外电视服务等方面都体现了电视人为未来奥运会转播而积累经验的努力,在电视制作与为国外提供电视服务上力求与国际化接轨,为今后承办大型世界性体育盛会锻炼了队伍,积累了经验。"[1]

(四) 广州九运会报道的尝试与突破

2001年11月11—25日,在广州举行第9届全运会创造了国内赛事的新规模,共8608名运动员争夺411枚金牌,最终产生了新的7项世界纪录。在央视和上海、广东等地方台的重点报道下,也创造了中国体育电视的新篇章。

对九运会的报道,央视进行了精心策划和细致准备,在历时

---

[1] 《传承文明 开拓创新——与时俱进的中央电视台》,东方出版社,2003年,第159页。

15 天的报道中,派到前方的 350 人的大规模报道团对全运会进行了周密的报道,总播出量达到 270 小时,并制作和提供了乒乓球、羽毛球、游泳(包括花样游泳)、跳水四项赛事的电视公用信号。采用多频道组合报道方式,大大扩充了报道量。CCTV-5 体育频道在转播全部 28 个比赛大项的 98 场比赛之外,还制作了约 28 小时的新闻节目、11 小时的访谈节目和约 34 小时的专题节目;同时在 CCTV-2 经济频道转播了 160 场比赛;在 CCTV-1、CCTV-4 和 CCTV-9 频道直播了开闭幕式及部分赛况,以及相关新闻和专题。

更为重要的是,央视在九运会报道中尝试了交互电视、虚拟演播室等新的制播技术,在体育报道中引领中国电视进入数字电视、交互电视的新时代。在技术创新上实现了两个第一的突破,"第一次成功使用虚拟演播室直播体育节目;第一次在大型综合运动会上用'单边多点'(游泳、田径赛场设立分演播室)的报道形式展示运动会盛况,并使互动电视节目开始进入试验阶段。"[1]

作为九运会的东道主和主播台,广东电视台不但为赛事提供了大部分比赛项目的电视公用信号,还安排卫星频道、珠江频道和体育频道一起加大报道力度。广东台"把体育频道安排为'九运频道',集中力量报道九运赛事;卫星频道和珠江频道打破正常版面,重新调整,节目以九运会为主。九运会开幕当天,卫星频道和体育频道分别开设了长达 9 小时和 11 小时的《九运会开幕日特别节目》。九运会开幕后,广东台相关频道每天播出九运会节目超过 30 小时。"[2]

---

[1] 《传承文明 开拓创新——与时俱进的中央电视台》,东方出版社,2003 年,第 165 页。
[2] 王克曼等:《广东电视 50 年》,广东人民出版社,2009 年,第 253 页。

刚于2001年10月8日整合上海三台体育频道正式开播的上海电视台体育频道[①],抓住九运会这一开播后的第一次大型赛事报道机会,精心策略与组织报道,突出自身特点,在上海地区的收视竞争中与CCTV-5正面交锋。"最终,两个频道在上海收视市场的分钟占有对比为28:85(央视:上视)。"[②]上视体育频道立足本地进行报道,突出了自身作为一个地方性媒体的贴近性优势,满足上海观众更希望获得本地球队、运动员及赛事的消息需求,从而在收视上赢得了区域性的强势。

二 CCTV-5频道改版与栏目、编排创新

在2001年成功改版、增加新闻播出量和信息服务功能的基础上,中央电视台在2003年3月31日再度改版。这次改版的总体目标是"让体育频道更好看",本着"赛事第一"的原则,同时着力打造品牌节目,着重改进频道的外在形式、制作方法和节目编排,突出频道的新栏目、新面孔、新形象,使体育节目内容更具整体性、更丰富、更新颖。

这次改版的特点,一是增设了不少新颖的栏目,突破了以往的体育报道领域。如介绍时尚、前卫运动项目的《轻松体育》栏目以及体育电子游戏的《电子竞技世界》;聚集世界冠军夺冠历史的《巅

[①] 2001年4月19日,上海文化广播影视集团(SMEG)成立,着手组建上海文广新闻传媒集团(SMG),体育频道成为这一专业化、集团化整合的先行目标。9月3日,上海电视台、东方电视台、上海有线电视台的体育新闻节目开始联合制作和播出;10月8日,整合三台体育频道而成的上海电视台体育频道正式开播。2005年,SMG在新一轮品牌整合中,将上海电视台体育频道命名为"五星体育频道";2006年元旦起,"五星体育频道"开始24小时全天候播出,成为中国体育电视产业的一个重要竞争主体。
[②] 张江南主编:《体育传媒案例分析》,华中师范大学出版社,2009年,第101页。

峰时刻》，浓缩最新、最高水平国际赛事的综合性栏目《顶级赛事》；全新的益智竞赛互动娱乐栏目《全明星猜想》。不少栏目后来成了体育频道沿续下来的经典栏目。新推出的 F1 赛车节目反响热烈，《巅峰时刻》和《顶级赛事》以低成本成功开发了频道低收视率时段，《全明星猜想》和《轻松体育》的娱乐性让受众感觉到新鲜，《直播周末》让频道周末节目的关注度迅速上升。

二是设置打通播出的综合板块《直播周末》，按照大型综合性运动会模式，整合节目时段内的直播比赛、实况录像、专题、新闻等节目，同时演播室主持人随时播报最新消息，增大了节目的信息量和时效性，收视效果良好。

第三，频道改版后更加突出整体编排效果。2003 年春节期间推出特别节目，打破原有栏目设置，对频道重新整合包装，推出了一系列更加贴近观众、贴近生活的节目，如足球赛事直播、《米卢时期》专题片、世界杯回顾、NBA 姚明之夜、申奥故事等。

此外，2003 年频道改版后，CCTV-5 开始围绕北京奥运做文章，增加了相关报道内容。《体育人间》栏目当年播出了 120 集大型人物系列纪录片《中国奥运冠军特辑》，讲述中国运动员在历届奥运会上勇夺金牌的故事。并对 2003 年 8 月 3 日的北京奥运会会徽"中国印"发布活动、2004 年"7.13"一周年北京残疾人奥运会会徽"天地人"发布仪式等北京奥运相关活动进行重点报道。

三 国际大赛报道专业技术与能力进一步成熟

（一）2002 冬奥会：激发冬季项目收视兴趣

国人对冬季奥运会的真正了解和产生兴趣要晚得多。直到 2002 年在美国盐湖城举办的第 19 届冬奥会，中国才实现冬奥会金牌零的突破,杨扬一人夺得了第 19 届冬奥会女子短道速滑 500 米和 1000 米两块金牌,创造了中国运动员在冬季奥运项目上的历史。

中国参与冬奥会历史其实并不晚,早在 1979 年刚恢复国际奥林匹克大家庭合法地位之后的 1980 年,就派出了 28 名运动员参加了在美国举行的第 13 届冬奥会。此后各届冬奥会都派出运动员参加,取得较好成绩是在 1992 年第 16 届法国冬奥会上,叶乔波连夺女子速滑 500 米和 1000 米两块银牌;1998 年日本长野冬奥会上,中国队在三个项目的决赛中与金牌失之交臂。[①] 中国观众对冬奥会及项目长期以来接触少,不了解,也谈不上欣赏。中国运动员在冬季项目上长期难有突破是一个重要影响因素。

2002 冬奥会加大了报道力度,央视共派出了 20 人的前方报道团。第一,共实况转播了比赛 32 场,包括短道速滑、花样滑冰、冰球、雪橇、冰壶、高山滑雪等项目,总计 100 小时,特别是重点转播了速滑、花样滑冰等中国代表团的夺牌优势项目;第二,赛事直播之外,前方报道强化了新闻报道,设有三组 ENG,每天制作了 40 分钟的新闻节目,共计传送新闻超过 13 小时。"中国代表团冬奥会金牌实现零的突破"的报道,以及每天播出的专题节目受到广大观众的好评;第三,由于中国电视观众对冬奥会比赛项目接触少,在报道中强化了背景资料介绍,为观众呈现一个鲜活的冬奥会赛场,激发了观众收视兴趣。

(二) 2002 韩日世界杯:离中国球迷最近的世界杯

直到 2002 年 3 月,中央电视台经过艰苦谈判,终于获得 2002

[①] 参见《文化与体育》,中国时代经济出版社,2009 年,第 142 页。

年和2006年两届世界杯足球赛在中国大陆的独家电视报道版权。以2002首次在东亚近邻韩国与日本联合主办、中国队首次进入决赛圈的这届世界杯为契机,中国体育电视对世界杯的报道形成了史无前例的高潮,在节目内容与报道形式上都取得了不少创新和突破,也给了中国球迷前所未有的电视观球的快乐与体验。

由于中央电视台独家拥有版权,这次世界杯报道精心准备、拉长报道周期、全面立体报道赛事,实现了优质赛事资源的最大化挖掘。韩日世界杯报道周期长达4个月(4.1—7.31),分前期、赛中、后期三个阶段,采取以"你好,世界杯!"为主线的报道方式,统一规划与包装,在CCTV-1综合频道和CCTV-5体育频道节目中同时推出世界杯足球赛事报道,风格轻松活泼。前期报道以回顾世界杯里程、讨论世界杯话题、跟踪国内外世界杯动态为主要内容,伴随球迷的收视热情走向赛事开幕的高潮阶段。由黄健翔、刘建宏、白岩松央视3主持人为主角的谈话栏目《足球聊斋》在4月初开播,这个日播的前期预热性栏目每期50分钟,以轻松聊天方式赢得了球迷和非球迷的喜爱。自5月31日开幕以来,充分利用没有时差的优势,以赛事直播、现场报道、演播室评论以及赛场单边注入点丰富报道内容,同时以竞猜等方式强化观众互动,演绎了一届离观众最近、最真切也最丰富、立体的世界杯。世界杯闭幕报道没有立即结束,而是延续了一个月的后期报道,重温精彩的同时,也"关注失败者",挖掘了更多世界杯背后的故事。

中央电视台向韩国、日本现场派出了9个摄制小组,采集传回了205条新闻专题。在韩国汉城和中央电视台建立了前后方两个演播室,并租用现场评论席进行解说。中央电视台在CCTV-1、CCTV-2、CCTV-5三个频道直播了全部64场赛事实况,"节目播出时间达678小时,其中直播时间为420小时;交互电视首次使用

6个通道播出,播出时间总计达到930小时。"[1]相比1998法国世界杯132小时的直播时间,已经达到3倍多的规模。

在报道形式上,韩日世界杯也有巨大创新与突破。《你好,世界杯!》作为主线贯穿报道全程,强化报道整体感和统一包装。在25个比赛日期间,以CCTV-5体育频道为主播平台,从每天中午12:00到晚间23:00全频道打通,采取设总主持人和演播室方式,构建了穿插新闻、现场报道、历史回顾、评论、娱乐互动、专题报道的立体内容框架。体育频道在比赛日实现了24小时播出,设立了多个赛事专题、专栏,如《午间专题》综合介绍昨天赛后及当天比赛总体情况;《球迷世界杯》作为竞猜娱乐节目为直播赛事预热;《我爱世界杯》作为重点综合板块,设有前沿、反映、谋略、我们中国队、新视角、各类标榜等节目方向;《世界杯精彩》为当天赛事的精编;《世界杯殿堂》则播出当天比赛实况录像,并选播与当天赛事相关联的历届世界杯赛事经典。

2002世界杯创造了中国体育电视新的历史,其持续时间之长、报道量之大、受众面之广、反响之强烈,以及收视率之高都属罕见。据央视-索福瑞(CSM)八城市收视测量仪数据,收视率最高的巴西对德国决赛达到31.7%,巴西对中国比赛收视率排名第二高达30.1%,中国队对巴西、土耳其、哥斯达黎加的三场比赛收视份额奇高,分别为65%、69%和75%,下午时间进行的中哥比赛甚至"在北京创造出91%的高纪录"。[2]

韩日世界杯由于央视独家拥有赛事版权,一些地方电视台除派出记者到前方进行采访报道外,制作了众多与世界杯相关的新

---

[1] 《传承文明 开拓创新——与时俱进的中央电视台》,东方出版社,2003年,第160页。
[2] 王兰柱主编:《中国电视收视年鉴(2003)》,北京广播学院出版社,2003年,第94页。

闻及娱乐性节目。还有一些电视台采取违规或擦边球方式,未经央视允许转播或切播央视世界杯赛事实况,引起了央视节目及广告部门的抗议。另外,中央电视台的报道也出了一次意外,针对韩国队淘汰一传统强队比赛中极有争议的裁判判罚,"在北京演播室的刘建宏说了比较激动的话","结果韩国大使馆当天就发了外交照会到我国外交部,又转到中央电视台,提出了严重的抗议。"[1]因为这一插曲,尽管本届世界杯央视广告收入不菲,比 1998 年翻番,但中央电视台参与世界杯报道的前后方人员都没有拿到本已准备发放的奖金。

(三) 2002 釜山亚运会:电视报道与金牌数同领先

第 14 届釜山亚运会,充分展现了中国亚洲第一体育强国实力,中国队获 150 枚金牌稳居第一,远远领先于韩国和日本。中国体育电视的大赛报道实力也得到了确认,央视本届亚运会总播出量 320 小时,居亚洲各国和地区电视机构首位。为此,中央电视台派出了 238 人的报道团,在釜山国际报道中心租用了近 800 平方米的工作间,独立搭建的电视播出系统能完整转播两套节目。亚运期间,CCTV-5 作为主播频道实现了全天 15 小时的直播,CCTV-1 和 CCTV-2 也每天播出亚运专题和赛事近 5 小时。

釜山亚运报道的创新在于:第一,精心选择赛事报道单边注入点。在中国队 10 个夺冠优势项目(田径、游泳、跳水、体操、射击、举重、篮球、排球、乒乓球、羽毛球)比赛场馆混合区设置记者现场报道点;第二,特邀世界冠军和著名运动员(王军霞、王涛、蒋承稷、

---

[1] 黄健翔:《像男人那样去战斗——我就是那个"说球的"》,朝华出版社,2006 年,第 102 页。

龚智超、余卓成、马燕红、占旭刚、李昕、卢卫中）作为中央电视台特邀记者，参与现场报道，对赛事进行更为专业、权威的分析、解说和点评，增加了说服力和明星效应；第三，突出报道中国运动员夺金和升旗精彩场面，每天在 CCTV-1 晚间黄金时段 20∶00 播出《激情时刻》栏目；第四，强调早间第一时间资讯报道，每天制作播出一小时的《早安中国》节目；第五，增加交互电视节目，每天同时播出五套亚运会节目。此外，还采用了 20 秒延时播出技术，硬盘随时准备备用画面，以防范播出安全事故发生。

（四）2004 雅典奥运会：最具看点的一届奥运会

2004 年雅典奥运会有着特别意义，一是北京奥运前的最后一届奥运，二是 1896 年创办的现代奥运会百余年后首度回到故乡。此外，中国 407 名参赛运动员共获得 32 金，列金牌榜第二名。这几个背景决定了这届奥运会特别具有看点，无论是央视，还是北京、上海、广东、山东等体育报道实力较强的地方台，都对雅典奥运会全力报道。

中央电视台对雅典奥运会报道播出总量达 1474 多小时，是历届奥运会报道总量最大的一次。派往前方工作人员达 170 多人，后方参与奥运报道的各岗位人员近 400 人，CCTV-5 作为奥运频道赛事期间全天 24 小时播出，同时参与奥运报道的主要频道还有 CCTV-1、CCTV-2 以及两个数字付费频道。围绕这届奥运报道，央视相继推出了 118 集《中国奥运冠军特辑（1984—2000）》专题片、150 集《巅峰时刻》、150 集《中国军团》，以及 200 个宣传短片，并围绕四次倒计时特别节目和火炬接力活动进行集中报道。主要经验有：

第一，充分利用前后方演播室、IBC 注入点和大理石体育场注入点，并在后方启用 30 秒延时播出系统，实现了前后方顺利对接。

第二，利用早晨和上午时间，对前天夜间比赛进行详细报道，解决了赛事时差不利因素。体育频道奥运版《早安中国》从早6:00一直到8:15，滚动式播出最新奥运新闻；紧接着以直播专题栏目《全景中国》、《全景奥运》、《奥运金牌榜》、《王者英雄》等，分析昨天赛事战况，为当日精彩赛事预热；下午13:00开始播出观众直接参与互动的《雅典猜想》栏目。"有些专题节目收视率超过了8%，收视成绩毫不逊于奥运赛事直播。"①

第三，在多个播出频道间进行科学组合，形成良好的收视互补效应。既充分利用奥运赛事的丰富节目资源，又满足了不同观众观看不同赛事和奥运节目的多样化需求。如在CCTV-1晚间00:50播出专题节目《奥林匹克回到故乡》，就与CCTV-5的赛事直播形成互补合力，取得了3.72%的最高收视率。

第四，增加赛事报道的现场感，强化了新闻的信息量和时效。10多个采访组将镜头深入到各个赛场，重要赛事现场都有记者的直播关注点，向观众提供了更多鲜活的独家奥运新闻。仅CCTV-5在奥运期间的新闻播出量就有810分钟。

第五，强化报道亲和力和人情味，多角度报道运动员的喜怒哀乐，以及希腊文化和雅典当地风土人情。同时邀请奥运明星刘璇、王涛参与前方报道和评论，在后方演播室更是经常请到各界名人、名流、奥运冠军亲人，前后方互动，营造了浓烈的奥运氛围。

第六，强调奥运节目的包装和预告，做好观众互动与服务。体育频道标志下方叠加了奥运五环标志，以奥运频道的整体形象播出。奥运节目包装组制作了大量精美的节目宣传片、导视片，"制

---

① 《中央电视台年鉴(2005)》，中国广播电视出版社，2005年，第61页。

作总量超过 90 分钟，总条数超过 150 条，播出频道每 60 分钟 2—3 次。"①从演播室到赛场，主持人和评论员也及时向观众预告节目播出；并设立观众热线回答观众赛事收视时间咨询，做好观众服务。

第七，迅速反应，第一时间做好奥运冠军夺冠采访，生动展现夺冠精彩时刻。如对刘翔夺得男子 110 米栏金牌的报道，详细记录了从起跑到冲线的全过程，在第一时间进行了现场采访，真实记录了刘翔的内心感受。对刘翔披国旗跳上领奖台生动瞬间的捕捉，对罗雪娟、中国女排夺冠的报道也极为生动、难忘，挖掘出了体育所蕴含的更多情感内容。

第八，公共信号制作在质和量上取得突破，获得国际认可。央视派到前方的 58 人信号制作队伍，参与了雅典奥运乒乓球、羽毛球、现代五项 3 个项目的信号制作。这一规模在中国电视史上是第一次，在奥运会公用信号制作史上也属罕见。并得到了国内外同行赛后的大加认可与赞扬，为 2008 北京奥运会上承担更多国际公用信号制作创造了条件。

地方台中，北京电视台对雅典奥运也进行了深入报道，并独创了"北京-雅典-悉尼三地连线"的特别节目形式，分别向雅典和悉尼派出了 18 人和 9 人的前方报道组，每天从两地传回的报道节目达到 240 分钟。"奥运会期间，BTV-6 连续 17 天全天 20 小时播出，每天直播 9 小时。"②北京电视台在报道中强化本地特色，推出《征战雅典的北京人》、《我是选手》、《见证》等专题栏目，对张怡宁等北京运动员进行跟踪报道。

山东电视台雅典奥运报道也十分突出。新闻中心提前制定了

---

① 《中央电视台年鉴(2005)》，中国广播电视出版社，2005 年，第 61 页。
② 北京电视台编资料：《北京电视台大事记(2004)》，2005 年，第 12 页。

报道计划,由《今日报道》、《正午时光》、《早间新闻》栏目承担新闻报道任务,对山东运动员夺得四金三银及时详尽报道。山东台体育频道是这次奥运报道的重点平台,《体育新闻》栏目在奥运期间每天5次滚动播出,"《联合奥运》、《直击雅典》、《奥运特别节目—张鹏聊天室》等节目以灵活多变的形式深入挖掘运动员成功背后鲜为人知的故事,最大限度地体现了人性化和地域性。"[1]此外,齐鲁频道还组织了报道小组在开幕前奔赴雅典,就奥运筹备等观众感兴趣的话题进行现场采访,制作播出了大型系列报道《圣火点燃的地方》。

四 优势运动项目报道发展

在2001—2005这一体育赛事和体育报道繁荣期,大赛报道日益频繁、规模扩大,同时参与报道的赛事资源和类别也得到了极大丰富。以2004年为例,中央电视台体育频道全年顶级赛事的比赛日总和超过了300天。在足球、篮球这两大传统运动项目继续得到播出和收视强化外,一些新兴运动(如赛车、网球、斯诺克)等也得到了特定受众群体的喜爱,收视迅速攀升,从而推动项目报道量的增加和报道规格的上升。

(一) 传统项目继续强化

1. 足球项目

世界杯之外,亚洲杯和欧洲杯提供了新的足球收视热点。以2004年奥运赛事大年为例,中央电视台对当年的这两大足球赛事给予了重头报道。

---

[1] 刘长允主编:《山东广播电视发展史(卷三)》,齐鲁书社,2009年,第244页。

第12届欧洲足球锦标赛6月在葡萄牙举行,央视体育频道派出了30人组成的前方报道团,在里斯本欧洲杯国际广播中心建立自己的报道中心,并在比赛场地租用现场评论席,5个报道小组深入到分布在8个城市的10个比赛场上。CCTV-5不但全程直播了31场极具看点的精彩比赛,还重点推出了《欧战快报》、《豪门盛宴》两档专题栏目。其中早间专题《欧战快报》共播出19场总计1235分钟;晚间专题《豪门盛宴》完成新闻传送50多次超过845分钟;制作精彩集锦6集共180分钟;前后方对接13次,共740分钟。特别是晚间专题《豪门盛宴》包装美轮美奂,内容板块丰富,一时收视率高涨。

由于2004亚洲杯足球赛决赛阶段比赛在中国主场举行,中国队一路取胜进入决赛,这激起了全国球迷的极大收视热情。中央电视台对这届本土举办的亚洲杯给予了高规格的报道,直播了包括所有决赛的其中26场比赛,观众总体到达率为35.24%。8月7日北京工人体育场中国队对日本队获得亚军的收视率高达14.9%,市场份额31.1%,这一成绩甚至超出了雅典奥运赛事的最高收视率(中国女排对俄罗斯的夺冠决赛:收视率13.7%,收视份额26.7%),夺得2004年度CCTV-5直播赛事收视率榜首。[1]

2. 篮球项目

随着NBA和CBA赛事电视收视率的日益上升,以及中国球员王治郅和姚明先后登陆美国NBA作战[2],篮球在这段时间成为

---

[1] 参考王兰柱主编:《中国电视收视年鉴(2005)》,中国传媒大学出版社,2005年,第94—96页。
[2] 1999年6月,王治郅被NBA达拉斯小牛队选中,两年后正式登陆美国,成为NBA亚洲第一人,于2001年4月6日达拉斯小牛队对亚特兰大鹰队的常规赛中,拿到了中国球员在NBA的第一分。此后在2002年10月,由于与中国篮协未能就回国参赛达成一致,中国篮协在釜山亚运会期间作出将王治郅从中国国家队开除的决定。2006年4月10日,王治郅与中国篮协达成协议回国。2002年6月27日,身高2.26米的姚明成为NBA史上首位夺得"新秀状元"的国际球员,加盟休斯敦火箭队,成为NBA最耀眼的明星,也开创了中国球员在NBA历史上的一项项纪录。

上升最为明显的赛事项目。据 CSM2003 年调查数据,北京、上海、广州电视观众最喜欢的中国体育明星中,姚明超过贝克汉姆、罗纳尔多和邓亚萍,高居榜首。在三城市电视观众最感兴趣的体育运动项目中,篮球也仅次于足球、乒乓球、羽毛球,列第四位。[①]

在中央电视台体育频道转播的各主要运动项目中,2004 年篮球项目的人均收视时间为 244 分钟,仅次于足球项目列第二位。[②]到 2005 年,由于中央电视台因为版权等原因放弃足球中超联赛转播,篮球项目人均收视时间上升为 302 分钟,超过乒乓球和足球,跃为第一(表 4-1)。由此可见,篮球已经成为中国电视观众最主要的体育赛事收视项目,同时也是电视媒体转播时间最多的赛事项目之一。

表 4-1:2005 年 CCTV-5 转播各主要运动项目收视状况[③]

运动项目	收视率(%)	市场份额(%)	人均收视时间(分钟)
篮球	0.7	4.0	302
乒乓球	0.7	5.2	225
足球	0.3	3.7	211
搏击	0.6	3.3	123
排球	0.6	3.4	93
羽毛球	0.6	3.6	89
赛车	0.4	2.1	48
台球	0.6	4.1	40
网球	0.2	1.9	31

数据来源:CSM 媒体研究

[①] 王兰柱:《中国电视收视年鉴 2005》,中国传媒大学出版社,2005 年,第 140 页。
[②] 同上书,第 97 页。
[③] 王兰柱:《中国电视收视年鉴 2006》,中国传媒大学出版社,2006 年,第 127 页。

3. 乒乓球和羽毛球

乒乓球是中国人最为喜欢的国球,也是自有电视转播以来,中国电视观众最喜欢收看的赛事项目。中国乒乓球队在国际赛事上包揽金牌,都能激起中国观众的收视热潮和民族骄傲。每届世乒赛,中央电视台都会加以重点报道。同时中央电视台参与主办的中国乒超联赛,得到了稳步发展,世界各国高手都纷纷加盟国内俱乐部,成为全球乒乓球项目中的"英超"、"意甲",高水平的对抗使得 CCTV-5 的乒乓球项目转播一直有着非常好的收视率。2005 年五一假期,第 48 届世乒赛在中国上海举办,取得了良好收视成绩。

羽毛球同样是中国队的传统优势项目,也是最受欢迎的群众体育项目之一。每届苏迪曼杯和、汤姆斯杯、尤伯杯,都是中国观众与中国球员一起体味辉煌和喜悦的季节。2005 年,中国羽毛球队捧得了苏迪曼杯,成为世界上唯一一个包揽三大杯赛冠军的国家,再度证实了羽毛球世界第一强国的地位,也在当年形成了一个小球赛事的收视高峰。

(二) 新兴运动迅速崛起

1. 赛车

随着中国经济的飞速发展,汽车大规模进入城市家庭,与人们生活的联系日益紧密,在国际上蓬勃发展的赛车运动项目,也对中国电视观众产生了越来越大的吸引力。在达卡尔接力赛外,F1(世界一级方程式锦标赛,被称为世界三大赛事之一)对中国观众的吸引力也迅速攀升。特别是在上海建立规模宏大的上海赛车场后,上海国际赛车有限公司于 2002 年 5 月与 F1 管理有限公司签订协议,由上海承办 F1 世锦赛 2004—2010 年中国大奖赛,这一系列契机迅速推动了赛车作为新兴运动在中国的兴起。

中央电视台抓住这一机会,于2003年2月24日与上海国际赛车场有限公司举行F1锦标赛电视转播合作及赛车运动推广战略合作伙伴签约仪式。2003年3月6日,《精彩F1》作为体育频道专门介绍一级方程式赛车运动和报道F1赛事的栏目正式开播,在总计16站的比赛周内,在周一和周四18:30安排播出,时长20分钟,以回顾上站比赛、分析评述本站比赛、介绍车队车手动态和下站比赛的赛道历史地理情况,有时还会跟踪报道上海国际赛车场的建设进展。2004年,央视组建并完善了F1节目组;在《体育新闻》栏目中设立《精彩F1》板块;还创办了《赛车时代》栏目,在每周五晚19:15播出,在当年体育频道所有栏目收视率排名中紧跟《天下足球》排第7位,十分抢眼;[1]并派出报道组对2004年9月首次在上海举办的F1锦标赛进行了报道,收视效果良好。至此,赛车运动已经成为一项新兴运动,受到了中国城市观众的极大欢迎。

2. 网球和高尔夫

随着中国国民富裕程度和消费水平的提升,以及体育休闲在城市中阶群体中的兴起,网球和高尔夫作为一种象征"新贵族"生活方式的运动,得以迅速崛起,成为中国体育电视重点报道的新兴运动重点项目。中央电视台还开播了专门的网球·高尔夫数字频道。北京、上海和广东的体育频道,也经常转播国内外高级别的高尔夫和网球比赛。高尔夫赛事由于受众面稍窄,更多安排在深夜时间播出。

2004雅典奥运会郑洁、晏紫杀入网球女子双打决赛获得了极大关注,CCTV-5直播收视率达到6.51%,收视份额35.12%。[2]

---

[1] 王兰柱:《中国电视收视年鉴2006》,中国传媒大学出版社,2006年,第128页。
[2] 《中央电视台年鉴(2005)》,中国广播电视出版社,2005年,第199页。

这也进一步推动网球赛事赢得了更多中国观众的喜爱。随着中国网球公开赛、上海大师杯的举办，以及一批中国网球名将冲击法网、澳网、美网不断取得佳绩，推动了网球赛事转播场次的增多和收视率的上升。在2004年全国体育节目收视格局中，网球达到了3.44%的占有份额，在单项赛事收视中仅次于足球、篮球、排球和乒乓球，位列第五。[①]

3. 斯诺克台球

斯诺克运动的兴起，颇有些出人意料。在神奇小子丁俊晖的赛事表现带领下，这项发源于英国的绅士运动，在中国与街头巷尾的台球桌相结合，有了良好的受众基础，激发出一时的收视热潮。在2005年4月3日晚间进行的世界斯诺克台球中国公开赛冠军争夺赛中，丁俊晖以9:5战胜7届世界冠军、世界头号选手亨得利，夺得了自己首个世界台联职业排名赛的冠军，这也是中国选手首次在这一世界级别的比赛中夺冠。据央视-索福瑞24城市收视仪数据，这整场比赛平均收视率4.12%，最激动人心的夺冠时刻达到了6.12%的收视高峰，在19:00—21:40晚间黄金时段的激烈竞争中，收视率、占有率在同时段全国48个卫星频道中排名第一。这也意味着中国体育电视观众收视兴趣已经发生分化，在传统中国优势项目之外，新的运动项目因其欣赏性、时尚性也能赢得高收视率。

第二节 2005—2008：跨越巅峰的北京奥运报道周期

2004雅典奥运闭幕式奥运会旗转交北京之后，中国体育和中

[①]《中央电视台年鉴(2005)》，中国广播电视出版社，2005年，第200页。

国体育电视就同步进入了创造历史的北京奥运周期。直到2008年10月北京奥运会结束,这期间中国体育电视报道成为社会关注焦点,引领国人对北京奥运的了解、参与和情感上的逐步深入,中国体育电视从繁荣走向顶峰,在专业创新与国际接轨上也达到了前所未有的高度。

一 频道改版与频道制改革

雅典奥运之后,中国体育电视开始着手从整体上准备和筹划北京奥运会的主场报道。为此,中央电视台和地方电视台体育频道推出了一系列新的改版与创新举措。

(一)CCTV-5频道改版:实现24小时播出和动态编排

2005年9月5日,CCTV-5体育频道在2003年改版之后,再度改版,实现了全天候24小时播出。这次改版的总体目标是"突出赛事、加强新闻、改进编排、提升份额",实行动态节目编排,在编排上体现"赛事优先、新闻优先、直播优先"三原则。总体来看,2005年的这次改版,体现为一种对频道编排策略的重视与改革,并没有像2003年那样大量新栏目。正如新任央视体育中心主任江和平所说,"通过改版,着力搭建以赛事为基础资源,以新闻为基本框架的比较纯粹的体育收视平台。"[1]这次改版具有以下特点:

第一,24小时播出,动态编排,提升优质资源利用效率。24小时播出后,频道节目资源配置更加充分,可以整合资源,更好满足

---

[1] 摘自江和平:在未来广告客户答谢暨2006资源推广会上的发言,2005年9月8日,乌鲁木齐。

观众需求。同时也为频道的优势资源扩充提供了更大播出平台，能够有效提升频道整体占有率。同时强化动态编排，重点赛事直播打破常规栏目编排，安排黄金时间播出。

第二，新闻更充分，全天合理分布。改版后加大了体育新闻的制作和播出，突显时效性，为全国观众及时提供世界各地体育权威信息。不但增加体育新闻类栏目的播出频次，改版栏目报道形式以增加信息量，而且在直播赛事中也增加了滚动字幕新闻。改版之后，形成全天早、中、晚、深夜共5档体育新闻播出（表4-2），有效锁定各时段收视。

表4-2：改版后体育频道全天新闻栏目分布情况

播出时间	新闻栏目	时长	内容、定位
07:00—07:25	《新闻晨报》	25分钟	凌晨欧洲赛事新闻，全天赛事指南，当日赛事分析以及体育天气预报等。开辟早间体育新闻服务。
12:00—12:25	《体坛快讯》	25分钟	延长为25分钟日播栏目，提升频道午间竞争力。
18:00—18:50	《体育新闻》	50分钟	包含最丰富的国际国内体育信息，划分多个板块，取消《体育今日谈》板块，新闻报道更为紧凑。
21:30—22:00	《体育世界》	30分钟	包含更多刚结束的国内比赛信息，增加明星访谈，挖掘内容深度，加强报道节奏，增加信息量。
00:00—00:25	《体育报道》	25分钟	新增新闻栏目，对全天体育信息进行汇总，通过访谈、对话等形式深入分析全天热点赛事和事件。

第三，编排更多直播赛事，并合理重播。更多国内外精彩赛事直播，2006年频道计划转播超过1800场比赛，如欧洲四大联赛、国际足球赛事、高尔夫、网球大师杯赛等直播将增加更多场次；全

程直播法网、美网、中网、大师杯几乎所有国际重要网球赛事。同时合理安排赛事重播,将凌晨直播的国际重大赛事调整在白天甚至晚间黄金时段进行重播,让更多观众欣赏到午夜和凌晨直播的精彩赛事,实现优势资源的收视最大化。

第四,优化栏目播出,突出重点栏目。取消低收视率栏目,同时突出重点栏目。将《北京2008》、《赛车时代》、《人间体育》等具有特色的亮点栏目调整播出时间、重新包装重点推出;升级打造《足球之夜》、《天下足球》品牌栏目,分别安排周四、周一播出,突出热点性、权威性以及国际化、现代感、时尚感;《全明星猜想》是《城市之间》栏目的特别节目,通过运作模式的创新,平均收视率创下当年频道栏目收视率之最。

第五,重视包装和编排,更加国际化、时尚化,强化季播和节假日编排。无论频道整体形象、演播室,还是重点栏目,都在片头、版式、风格、宣传片方面下工夫,强化视觉冲击力,更为现代、时代、国际化。节目季的概念开始在体育频道日臻成熟。《2005世界大力士冠军赛》在当年十一长假期间特别编播后,强化了节日期间的娱乐特性,收视突出。

(二) CCTV-5频道制改革:实现"扁平化"管理

2005年以来,中央电视台开始实施"专业频道品牌化战略",强化专业频道定位,优化专业频道布局。这是对自1999年以来"频道专业化、栏目个性化、节目精品化"战略的一次升级。在此目标下,中央电视台对各节目中心逐步进行改制,由原来的中心制改为频道制管理模式。此后CCTV-5不断改版和微调,频道整体竞争力逐步提升。

2006年7月,CCTV-5正式实行频道制改革,推行"扁平化"

管理模式。体育节目中心改制为体育频道，总体目标是要"实现资源最大化、减少中间环节、强化执行力"，初步建立起"扁平化"的频道管理模式，以"面向奥运、整合资源、加强管理、锻造品牌"。[①] 经过2007年的磨合，新的管理体制在备战北京奥运报道的紧张工作中，显示出活力，赛事、新闻、栏目的质量都有所提升，频道整体层面的节目策划、节目编排、经费管理等也更为有序、规范。

在2005年改版之后，CCTV-5体育频道的发展出现了新特点。原来的栏目制有所弱化，而频道整体的编排策略则得到了强化，"赛季"和阶段性重点赛事突出编排等理念得以推行。2006年，央视在重点赛事报道（如冬奥会、世界杯、亚运会等），以及日常赛事报道和转播中，继续贯穿创新理念，尝试新的报道模式，使赛事资源实现了报道效益和收视的最大化。如对2006年第20届都灵冬奥会期间"CCTV-5冬奥频道"整体编排，成功解决赛事淡季收视问题；在2、3月赛事淡季，与中国乒乓球队联手，创设了《直通不来梅》"中国乒乓球队出征第48届世乒赛团体赛队内选拔赛"，激起了观众的新鲜感和收视兴趣；8、9月间，以"篮球季"整体包装编播方式，对在一个多月时间里先后播出的中美男篮对抗赛、斯坦科维奇杯篮球冠军赛、世界男篮锦标赛、世界女篮锦标赛等进行整体策划，将这些赛事如散落珍珠般重新串连集中，建构富有竞技性、艺术性和趣味性的新型体育赛事报道模式。这些新的举措都取得了收视和广告收入上的成功，标志着央视在体育频道整体编排思路上的突破。

[①] 赵化勇主编：《中央电视台发展史（1998—2008）》，中国广播电视出版社，2008年，第156页。

二 全面演练:奥运前的大赛报道

(一) 2005:规模宏大的十运会报道

2005年10月12至20日,第十届全运会在南京举行。中央电视台将十运会"当奥运会来报道",派出了400人左右的大型报道团前往江苏,在南京租用1000平米建立十运会报道中心(远超过广州九运会的600平米和上海八运会的200多平米),以CCTV-5为24小时播出的"十运频道",配合CCTV-1、CCTV-2、CCTV-4及两个付费数字频道,规划了前、中、后期的持续性报道,拉长了十运会报道周期,达到了最大化报道规模。央视第十届全运会报道颇具特点:[①]

第一,在6月16日,央视与十运会组委会正式签约"战略合作伙伴",开创了国内综合性运动会与电视媒体从报道到招商的全新合作模式。确保了赛事的最大报道规模,实现了与赛事组委会从节目到市场的深度合作。

第二,投入大量转播设备到南京,第一次在国内报道中使用移动卫星车,在包括南京在内的14个赛事城市设立单边报道点,所有的转播报道在南京完成现场直播,满足观众与赛事同步的第一时间收视要求。在技术上的突破是首次在直播和访谈节目里全面使用"蓝光盘"技术,确保报道快速、及时。

第三,CCTV-5体育频道绝大部分的播音员、主持人前往现场参与报道,在当年"谁来解说北京2008"奥运主持、解说员大赛中

---

① 摘自张兴:在"十运会"广告资源推介暨CCTV-5改版说明会上的发言,2005年8月24日,北京。

的获胜者,也在十运会上接受了观众的检验。达到了为北京奥运实战练兵的效果。

第四,开设专门谈话节目,邀请与会体育官员、获奖运动员、知名教练做专项访谈,了解更多体育现状及各地群众体育发展情况。竞技体育唱主角,群众体育相呼应。在充分展示精彩竞技体育水平同时,配合以互动性、娱乐性极强的群众体育活动、表演和展示。

在具体报道规划上,实现了前、中、后期持续一体的立体化、规模化、多元化报道。

赛事前期:主要有"十运会火炬传递"全程新闻跟踪和"前期专题节目"。CCTV-5体育频道在新闻节目中对火炬采集、传递作相应报道;现场直播8月8日国家领导人出席的天安门点火仪式;8月8日以后的全国传递,体育频道在每天新闻节目中持续跟踪报道。9月9日至23日期间,体育频道在每天《体育新闻》后18:30—19:25时段开设十运会前期专题节目,采取北京与江苏举办赛事城市大型连线节目形式,内容主要是城市介绍、当地风俗、体育人物、全运快报等,每期时长为55分钟,连做15期节目。

赛事期间:CCTV-5成为24小时"十运频道",完全以奥运会标准进行报道,每天节目分赛事转播和新闻专题两大板块,全部内容以十运赛事转播为主。加大新闻专题报道力度,全方位多角度快速展示十运全景。全天四档新闻针对十运会当天赛事进行全方位滚动播报。并在新闻栏目中开设金牌榜、节目预告、精彩回放等热点板块,全天节目以"总演播室"串联,每天实现两三档新闻专题在江苏现场制作。

赛事后期:延伸收视热点,朝向北京2008,放大十运激情。十运会期间明星、新星有着极佳表现,收视热点、亮点层出不穷。在十运会后期 CCTV-5 也特别设置了一些节目,汇集和延伸收视热点,面向 2008 北京奥运进行深度总结性报道。如在每天的三档体育新闻节目中开设《十运回顾》,内容包括冠军专访、精彩瞬间、新星纪录等。

在中央电视台十运会报道圆满实现北京奥运报道全面预演目标的同时,包括东道主江苏电视台在内的地方电视台体育报道队伍,也全面参与到十运会报道之中,跟踪报道本省运动员的成绩和表现,突出奥运情绪和区域特色,取得了整体火爆收视。据 CSM 数据,十运会观众覆盖率达到了 47.9%,共有 5 亿多观众收看过十运会,人均收看时间则达到了 86 分钟。其中 10 月 20 日刘翔参加的男子 110 米栏决赛成为收视率最高的单场赛事,在 CCTV-5 的直播收视率超过了 3%,也是该频道十运会直播赛事收视之冠。[1]

(二) 2006:德国世界杯

1. CCTV 世界杯报道:拉长世界杯报道周期,最大化收视和广告效益

中央电视台对德国世界杯的报道采取了提前预热、拉长周期、放大效应的策略(图 4-1)。世界杯赛事虽只有从 6 月 9 日至 7 月 9 日的一个月时间,但央视体育频道总体规划了前、中、后期近 10 个月的报道计划,极大丰富了世界杯系列节目,创新了新的节目报道模式。同时强调现场报道,64 场赛中有 59 场在现场解说;派出 8 组共 60 多人的前方记者,每一比赛场次都有记者作现场报道。

---

[1] 王兰柱主编:《中国电视收视年鉴(2006)》,中国传媒大学出版社,2006 年,第 85 页。

116　发展与动因

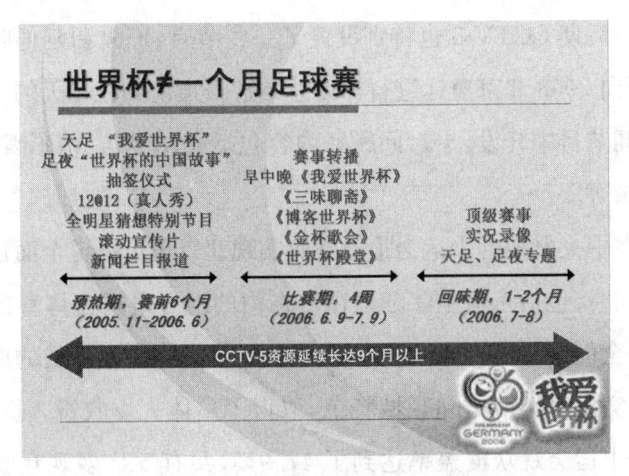

图 4-1：中央电视台德国世界杯整体报道规划①

第一，前期充分预热，营造频道世界杯收视氛围。提前半年在《天下足球》和《足球之夜》栏目中播出《我爱世界杯》和《世界杯中国故事》；春节期间播出 11 届世界杯官方纪录片；4 月又先后开播了《世界杯殿堂》、《进军德国》等节目，推出 20 集系列专题片《世界足球之旅》，深入德国 12 个举办城市，近距离解读"世界杯"背景。以及丰富的专题节目《德国行动》和《三味聊斋》等，将开幕前的球迷热情推向高潮。

第二，比赛期间，"从报道方式、赛事直播、包装体系、广告营销模式、技术保障、台网互动等方面进行了一系列的创新和尝试"。②如在《豪门盛宴》中推出"主持人＋嘉宾评述＋演艺环节＋现场观众参与＋直播比赛"的演播室创新报道方式；在《欢乐世界杯》和《球迷世界杯》中对"体育娱乐化"进行探索；通过《晨光战报》、《午间战报》和《体育新闻》等栏目尝试见闻式报道和赛事新闻解说报

---

① 摘自张斌：2006 德国世界杯资源说明演讲 PPT，2006 年 5 月，北京。
② 《德国世界杯　央视足球盛宴——访中央电视台体育中心主任江和平》，《广告人》杂志，2006 年第 5 期，第 81—82 页。

道方式。

第三，赛事期间转播了全部64场比赛，为球迷在夜间安排了大量现场直播，赛事期间一天顶多有8场比赛，分别在CCTV-5、CCTV-1或CCTV-2播出；运用赛事直播、新闻、专题、赛事评论以及球迷互动娱乐节目、滚动式新闻构成立体报道态势，内容丰富。在节目设计包装中首次引入VIZRT包装系统，屏幕更多美化，节目融入科技因素，更具表现力。

第四，CCTV-5全力打造30期比赛日《豪门盛宴》节目，在对当天赛事进行拆解、对赛事新闻进行加工的同时，"穿插一些大众娱乐内容，融入部分娱乐元素"。设置内容丰富的小板块，"有同现场观众互动的竞猜比赛结果的《观球论英雄》，有对焦点球员分析的《王牌对王牌》，有介绍强队动态的《超级队报》，有张斌趣味解读世界杯新闻的《消息树》，还有同现场观众互动的预测阵容的《我的11人》等。"[①]

第五，从节目创设到播出，都有突出的市场和客户意识，为广告开发创造了空间。加强与赞助商、重点广告客户沟通，不少节目形态和名称在创设之初就与赞助企业协商确定，达到了市场开发的最大化。如为青岛啤酒量身定制的栏目"观球论英雄"，不仅体现企业冠名赞助，而且在宣传片、演播室设置、互动活动等多个环节与企业品牌相结合。

央视世界杯报道期间，在赛事解说方面再出事故，暴露出央视在体育资源强势的同时，专业解说员人数和能力的不足。黄健翔在解说最喜爱的意大利队的一场比赛时，情绪激动几至于失控，他的这一激情式、个性化解说风格引起各方争议，黄健翔在世界杯后

[①]《中国广播电视年鉴(2007)》，中国广播电视年鉴社，2007年，第63页。

从中央电视台辞职。

2. 上海、广东等地方电视台：寻求世界杯报道突破

围绕德国世界杯报道,上海、广东等地方电视台体育频道在前方采访、赛事转播、自制节目方面都取得了不俗业绩,在上海、广州突破了 CCTV-5 的垄断。北京电视台也联合山东、江苏、辽宁、湖北电视台,对赛事直播之外的世界杯报道进行充分筹划,5 家电视台总共派出 30 余名前方记者。地方台的报道策略是,一是在赛事新闻、专题报道、深度报道上做文章,充分挖掘赛场以外的热点;二是对有限资源进行充分的本地化改造,如方言解说、邀请本地球星或明星作嘉宾等等,从而强化对当地观众的亲和力和号召力。

SMG 体育频道从开幕日起推出"世界杯频道",播出了 64 场赛事,强化赛事包装的精美和版面编排的连贯。前方报道组深入德国各赛点采制世界杯最新消息,凌晨 5 点赛事结束后立即制作赛事集锦和频道即时宣传片,确保了观众通过"世界杯频道"对赛况的第一时间了解。此外,从前期 3 月 13 日起,SMG 体育频道开播了一档全新大型足球专栏节目,每周一晚 20：00—22：00 播出,邀请各界明星、主持人担任嘉宾,与观众一起纵论足球大赛,长达 2 小时的节目分为中超板块、国际足坛板块和世界杯板块。其中,世界杯板块的又推出了两档重头节目"历届风云人物"和"TOP 系列"。[1]

上海文广集团"在世界杯期间的主要成本是向央视购买分转播权,费用大约在 500 万元左右"。[2] 这为 SMG 体育频道的世界

---

[1] 《中国广播电视年鉴(2007)》,中国广播电视年鉴社,2007 年,第 201 页。
[2] 甘险峰：《从德国世界杯报道进步看中国电视媒体》,《山东广播电视艺术》2006 年第 11 期,第 30—33 页。

杯大餐提供了主料。同时,上海文广还在世界杯的数字新媒体报道上取得了优势。从世界足联购得德国世界杯中国地区独家手机数字版权,与中国移动合作通过手机视频平台报道世界杯赛事;集团旗下东方宽频还作为国际足联在大陆惟一授权的宽频呈现网站,在德国设立演播室,将现场气氛原汁原味地传达给网民,提供24小时滚动视频节目、图片和文字报道。这些都极大地满足了上海地区受众的需求。

由于央视放松赛事版权垄断,采取了二次销售,一些地方台得到了全部或部分赛事转播权,强化报道力度和本地特色,央视的世界杯收视垄断局面被打破。据央视-索福瑞(CSM)数据,上海文广体育频道成了世界杯上海市场的大赢家,"占据了收视率排名前10场的全部席位",SMG体育频道世界杯赛事最高收视率达到10.3%,而CCTV-5世界杯赛事在上海地区的最高收视率只有5.8%。广州地区世界杯直播赛事收视前10名也"全部被广东电视台体育频道包揽",广东台体育频道最高收视为8.3%,CCTV-5最高为5.5%。[1]

(三) 2006多哈亚运会:报道理念上的新突破

在2006年12月1日至15日多哈第15届亚运会上,中国轻松夺得165金,稳居第一,验证了北京奥运的备战成绩。作为北京奥运会前最后一次国际大型综合运动会,多哈亚运会也是北京奥运报道的练兵场。央视以CCTV-5体育频道为亚运频道,加大了节目形态和节目包装创新,全面推广网络制播新技术,从节目制作、技术保障等方面为2008北京奥运会报道进行了充分的演练和

---

[1] 王兰柱主编:《中国电视收视年鉴(2007)》,中国传媒大学出版社,2007年,第163页。

操作。多哈亚运会的报道特点是：

第一，采取新技术和新编排策略，赛事报道更具亮点。如采取组合式报道，实现演播室、评论席、注入点报道、直播采访、单边摄像机等多种报道方式相结合；转播中增设单边摄像机，在10个项目上（田径、游泳、体操、乒乓球、羽毛球、举重、射击、篮球、排球、跳水）有单边注入点和评论席；利用VIZRT包装系统，实时提供赛事信息、节目预告，增强全天节目的整体感；由于时差原因，打破"直播优先"编排习惯，重视赛事录像编排，根据赛事精彩程度安排比赛录像播出。[1]

第二，赛事期间，在专业报道上成功尝试多项创新。CCTV-5推出《荣耀亚洲》主题节目，采用"主持人+嘉宾评述+现场观众参与+直播比赛"的大型综合类资讯直播节目报道方式，建立起大型运动会报道的"网状思维"结构。采纳现代化视角和专业手法，设置结构导演、节目源导演、字幕导演、信息导演等新岗位，在赛事直播中采用交叉直播和平行多视窗直播形式。在《亚运午间专题》栏目中贯彻以人物为核心处理赛事和资讯的新理念，尝试互动、字幕信息和评书、网络等新元素；在《体育新闻》栏目中以宣传片方式提供赛事预告、金牌数量、天气变化等信息；制作播出突出欣赏性的《亚运赛事集锦》。

第三，在报道理念上突破，满足观众多元化收视需求，强化体育的人性化、平民化特征。如在不同频道转播不同场次比赛，受众可以根据兴趣选择收看某项比赛，不仅满足了受众的多样化需求，也提高了观众对我国弱势项目的关注；制作精彩亚运专题《全景亚

---

[1] 摘自江和平距奥运649天时演讲：《CCTV倾力奉献奥运盛宴》，CCTV亚运推广会，北京。

洲》、《印象多哈》、《荣耀亚洲》等,从不同角度反映亚运的历史与文化;邀请了9位前奥运、世界冠军加盟前方报道组,增强了报道的说服力和亲和力;突破以往只重冠军、金牌、民族精神和国家荣誉,突出体育的人文特性,对普通甚至失败运动员给予了极大关注,挖掘运动员成长背后的故事,以生动的细节表现运动员的真挚情感,给观众真实的感动。①

第四,重视前后期报道,放大亚运收视效应,扩大客户广告投放空间。从7月10日德国世界杯报道一结束,CCTV-5体育频道便开始播出亚运会宣传片;从8月23日亚运倒计时100天,直到12月31日亚运会结束后16天《精彩赛事》的播出,拉长了客户亚运广告的投放期;同时,在亚运期间设置了众多小专题、小栏目、小板块,如《荣耀亚洲》、《亚运面对面》、《升旗时刻》、《亚运金牌榜》等,便于在"中国以每小时一块的速度夺取金牌"时,"给企业提供了一次与观众情感共鸣、深度情感营销的机会。"②

三 中国体育电视的"奥运前奏曲"

(一) 奥运前期报道规划到位、主线清晰

早在2002年北京申奥成功一周年之际,中央电视台就创办了自己的首个奥林匹克专题栏目《北京2008》,由此启动了北京奥运前期报道。直到奥运会开幕,在这长达数年的前期报道中,中央电视台进行系统规划,围绕奥组委活动、奥运火炬传递、奥运栏目三

---

① 赵步云:《央视多哈亚运会报道:先进传播理念的彰显》,《新闻实践》2007年第1期,第22—23页。
② 何海明:《多哈亚运会:企业情感营销的契机》,载《广告大观/综合版》,2006年第11期,第103页。

大主线，进行奥运前期报道，满足了电视观众对北京奥运进程不断升温的收视需求。

1.《北京 2008》等奥运栏目相继创办

《北京 2008》：国际奥委会在中国唯一授权的奥林匹克专题节目，与北京奥组委新闻宣传部协办，创办目的是跟踪记录北京奥运筹备全程，发布权威奥运新闻，讲述奥运人物，发现百姓奥运故事。栏目于每周二 20：30 在 CCTV-5 播出，时长 55 分钟。2003 年 4 月 2 日，栏目进行了改版，开辟了专门的《奥林匹克课堂》介绍和普及奥运相关知识。[1] 到 2007 年 1 月 1 日，进一步改版为《北京 2008 之奥运进行时》和《北京 2008 之奥运传奇》两档奥运栏目，每期 40 分钟，《奥运进行时》每周一 19：35 于 CCTV-5 首播，《奥运传奇》每周二 18：35 于 CCTV-5 首播。

《中国奥运冠军特辑 1984—2000》：CCTV-5 体育频道《体育人间》制作的大型系列人物专题节目，讲述 1984—2000 年间中国奥运冠军的故事，全面、深度展现近 20 年来我国体育事业的发展。故事性强，人情味浓，2004 年 2 月在 CCTV-5《体育人间》栏目中播出，获得各界好评。香港无线电视台购买版权后于 2004 年 6 月在 TVB8 和香港无线台播映。[2]

《我的奥林匹克》：一档内容紧贴奥运、以人物为主导的大型日播专题栏目，2007 年 1 月 1 日起在 CCTV-1 和 CCTV-5 播出，坚持"五个一"的节目理念，每期"寻找一个新闻切入点、发现一个有价值的奥运人物、讲述一个故事、传递一种感动受众的情感、挖掘一种具有普遍意义的人文内涵"。[3] 栏目每期 10 分钟，周一至周

---

[1] 《中央电视台的第一与变迁(1958—2003)》，东方出版社，2003 年，第 66 页。
[2] 《中央电视台年鉴(2005)》，中国广播电视出版社，2005 年，第 143 页。
[3] 《中央电视台年鉴(2008)》，中国广播电视出版社 2008 年，第 133 页。

五 21:40 在 CCTV-1 首播,收视率在在 CCTV-1 稳居前十,而且广告收入过亿元。

《奥运 ABC》:一档旨在"立足百姓、面向大众、寓教于乐"的奥运知识普及性栏目,每期 10 分钟,于 2007 年 8 月至 2008 年 7 月在 CCTV-5 播出,播出时间为周一至周六每天 12:45 和 19:15 分。节目"以奥运 28 大项 302 小项的比赛项目为主体内容,系统而分门别类地展示、推介不同运动项目所涵盖的知识背景和科技含量,表现奥运比赛的魅力,展现鲜为人知的人文历史背景。"[①]达到了引导观众欣赏奥运赛事和理解奥运文化的目的。

《奥运城市行》:一档娱乐性全新奥运栏目,在 2007 年年初由原来的《全明星猜想》改版而来,每期 50 分钟上,每周四 18:35 于 CCTV-5 首播。节目在形态上"走出北京,走出演播室,携手奥运冠军走进全国各个城市,展现各个城市的风土人情。"[②]栏目共在北京、重庆、广州、三亚、成都、无锡等全国 40 多座城市制作了 60 多期节目,突出了地方特色和百姓参与北京奥运的热情,在大江南北掀起了关注奥运的热潮,效果良好。

此外,中央电视台与奥运相关的栏目还有不少,如《奥运经典》、《奥运岁月》、《奥运中国》等,"至 2008 年,先后开播的奥运栏目多达二十几个。"在奥运前期面向电视观众极大地传播了奥运相关知识,激发了奥运情感。

2. 北京奥运倒计时系列活动报道

北京奥组委的系列活动成为奥运前期主要事件,也是前期奥运报道的主体之一。"在北京奥运会倒计时两周年、500 天、一周

[①] 《中央电视台年鉴(2008)》,中国广播电视出版社 2008 年,第 126 页。
[②] 同上。

年、100 天、一个月等重要节点，北京奥组委发布火炬样式、奖牌样式等重要活动、体育频道（奥运频道）都推出特别节目。"①

2006 年 8 月 8 日奥运倒计时两周年直播：这是北京奥运周期一个新阶段的开始，由此，中央电视台全面启动了奥运报道计划。倒计时两周年直播节目从中午 12：00 开始，连续播出 12 小时，规模空前。在青岛奥帆赛场、北京奥组委、北京奥体公园、天安门广场四地同时设立单边注入点，安排现场记者报道。首次动用飞艇对国家体育场进行高空拍摄。并邀请到 1992、2000、2004 三届奥运会开幕式总导演等国际嘉宾，邀请汉城奥运会主题歌演唱者到演播室带领观众重温当年的激情时刻。

2007 年 8 月 8 日奥运倒计时一周年庆典活动直播：当日晚，在天安门广场举行的倒计时一周年隆重的庆典活动和文艺晚会上，国际奥组委和北京奥组委向 205 个国家和地区发出了参赛邀请，境内外数百家媒体进行了实时报道。活动由北京市委市政府、北京奥组委主办，中央电视台文艺中心承办，来自国内外著名艺术家们进行了精彩演出。CCTV-1、CCTV-3、CCTV-4、CCTV-9、CCTV-5 和新闻频道、西法语国际频道并机直播了时长 90 分钟的节目。全球有 91 个国家和地区的 328 家电视机构转播或使用了中央电视台的直播信号。

当天，CCTV-5 体育频道在直播庆典活动之外，还进行了北京奥运会倒计时一周年特别报道策划，体现出体育频道的特点。8 月 8 日，体育频道全天滚动直播报道，从早 6：30 开始，推出了长达 17 小时的特别节目《奥运年代——北京时间》，全面、生动、多角度

---

① 江和平：《中央电视台奥运转播报道走向成熟》，《电视研究/体育频道 2008 北京奥运报道专刊（上）》，2008 年，第 5 页。

展现北京奥运会筹备工作进展,展望2008北京奥运会开幕式及各项赛事的举办情况。

此外,中央电视台还以《北京2008》为主要平台,对有关北京奥运会的重大事项进行重点报道,如北京奥运会开闭幕式创意团队确定、国家体育场24根主体立柱安装、国家游泳中心钢结构安装、北京奥运赞助供应商签约、国际奥委会相关会议等。

3. 北京奥运火炬传递全程重点报道

进入2008奥运年,直到奥运开幕当天,奥运火炬的全球和国内传递,是最为重大的奥运事件。自2008年3月24日北京奥运火炬在希腊点燃之后,开始了长达130天的境外21城市和境内100多城市传递。火炬传递也是北京奥运开幕前电视体育报道的重中之重,中央电视台火炬系列电视跟踪报道与火炬传递同步展开。奥运火炬传递作为社会性重大新闻事件,中央电视台各频道(一、五、四、九、新闻、西语国际、法语国际频道)都开辟专门时段,进行及时、充分、生动、深入报道。同时,这也是自2008年1月1日起更名为"奥运频道"的CCTV-5迎来的首要报道任务。

3月30日,中央电视台直播了在雅典大理石体育场举行的圣火交接仪式全过程。3月31日,中央电视台全程直播了圣火到达北京首都国际机场、国家领导人点燃奥运火炬的仪式。刘翔从胡锦涛手中接过火炬,成为中国境内第一个火炬手,拉开奥运火炬传递序幕。当天直播活动中,中央电视台共设24个直播机位,光天安门就有12个直播机位,动态、细节地展现了奥运火炬在北京市交接、传递的神圣过程。

5月8日奥运火炬珠峰传递掀起传递活动的高潮。凌晨6时起,中央电视台一、五、四、九、新闻、西法语、高清等频道,连续6小时并机直播圣火珠峰传递活动,央视网也同步进行网络和手机视频直播。"据统计,共有113个国家和地区的297家电视机构转播或部分使用了中央电视台的节目信号。"①

从5月4日—8月8日是境内传递阶段,CCTV-5奥运频道设置了《与圣火同行》火炬报道特别节目,每天开设三档,集现场、人物故事、当地名片、演播室等形式于直播报道之中,编排理性人性化、设计视角独特、节目形式新颖,取得了很好的收视效果。中央电视台还承担了北京奥组委的火炬传递官方信号制作任务,组成12人火炬传递信号团队,全程随行火炬接力,每个传递日制作15分钟综合节目,供全球各电视机构免费使用。

(二) CCTV-5奥运前改版:全力打造"奥运频道"

进入奥运周期后,CCTV-5体育频道加快了频道整体编排创新和改版力度,频道改版周期缩短、频次加快,编排调整更为灵活。大的频道改版主要有两次,一是2007年1月1日的改版,推出了一系列奥运栏目;二是2008年1月1日,正式改版为"奥运频道",创新节目形态和频道包装,全力打造北京奥运东道主电视台第一报道平台。

1. 2007年1月1日 CCTV-5改版

全面改版播出后的体育频道更加"突出赛事、加强新闻、改造栏目、强化奥运",同时"完善包装、统一风格、合理编排、提升影响",以达到全方位提升作为北京奥运主播平台的体育频道的品牌形象。

除在CCTV-1和CCTV-5推出《我的奥林匹克》栏目外,改版后的CCTV-5系统开播5档奥运栏目,打造频道《北京2008》奥运

---

① 赵化勇主编:《中央电视台发展史(1998—2008)》,中国广播电视出版社,2008年,第167页。

栏目档,从周一到周五晚间黄金时段的 18:35 或 19:35 播出,每期 40—50 分钟,分别为《奥运进行时》、《奥运传奇》、《奥运岁月》、《奥运城市行》和《奥运经典》。栏目各有侧重,如周三播出的《奥运岁月》由原《体育人间》栏目改版成立,设"亲历奥运"、"梦想奥运"、"创意奥运"三个板块,侧重对体育明星当年辉煌时刻的回顾,挖掘人物精彩事件和难忘故事。每周五播出的《奥运经典》定位于欣赏精彩赛事,选取往届奥运经典比赛进行主题化操作,深入挖掘细节,关注比赛中人的故事,共制作了 9 个系列(跳水、体操、篮球、足球、乒乓球、羽毛球、女排、王者英雄等),每系列 4—7 集,为赛事精编节目创造了新的模式。

2. 2008 年 1 月 1 日 CCTV-5 改版"奥运频道"

作为北京奥运电视版权和新媒体版权拥有方,中央电视台为更加及时跟进和报道北京奥运会,2007 年 10 月 23 日经国际奥组委正式授权,CCTV-5 体育频道自 2008 年 1 月 1 日至 9 月 30 日启用"奥运频道"称号,并在国内电视媒体中唯一授权使用奥运五环标志。

CCTV-5 改版"奥运频道",着力创新节目形态,陆续推出《五环夜话》、《奥运故事会》、《对手》、《奥运与科技》、《奥运经典回顾》等栏目,以及系列纪录片《我们的奥林匹克》;同时筹划《你就是火炬手》、《谁将解说北京奥运会》等大型奥运特别活动,形成奥运节目的集群效应,奥运预热进入高潮阶段。

这次改版的宗旨是"利用品牌、抢占先机,更换 LOGO、全新包装,分步实施、扩大效应",改版策略是:"坚守三个优先,精办一个频道,突出两个重点,实施六个步骤(表 4-3),提升两个效益"。[1] 坚

---

[1] 摘自江和平:在 CCTV 奥运频道启动仪式暨新闻通气会上的讲话,2007 年 12 月 28 日,北京。

守"赛事优先、直播优先、大众优先"的编排原则;精心办好奥运频道;突出做好火炬接力报道和奥运赛事报道两个重点。

表4-3:2008 奥运频道"六个步骤"的分阶段报道计划

播出时间		播 出 内 容
第一阶段	1.1—3.23	《你好2008》栏目播出;14:30—16:00《中国赛事时报》;全新设计频道整体色调和宣传片。
第二阶段	3.24—5.3	播出《与圣火同行》特别节目。
第三阶段	5.4—8.7	频道编排总体架构相应调整,根据火炬传递的总体方案,开设早间、午间、晚间三档《与圣火同行》特别节目。
第四阶段	8.8—8.24	按照奥运赛事报道规划方案进行;在CCTV-5奥运频道进行重点报道。
第五阶段	8.25—9.30	8.25—9.5:统一安排奥运赛事重播;9.6—9.17残奥会期间:设立演播室全面报道残奥会;9.18—9.30:统一安排奥运赛事重播。
第六阶段	10.1—后奥运	CCTV-5体育频道取消"奥运频道"呼号和五环标志,恢复常态播出。

资料来源:根据江和平在2007年12月28日CCTV奥运频道启动仪式上的讲话整理

(三)非奥运重点赛事和"好运北京"奥运测试赛报道

2007年,在积极有序地筹备北京奥运会报道的同时,央视体育报道根据赛事多、直播多、节目首播率高、内容含金量高的特点,以"小赛大办"策略,抓好各项赛事直播报道,通过赛事转播、专题新闻、固定栏目、制作特辑等方式形成报道规模,营造收视热点。2007年体育频道共直播赛事1103场,达2603小时;实况录像节目约为1211场次,达1976小时。先后转播的重点赛事有在武汉举行的第六届全国城市运动会、上海特奥会和女足世界杯赛等诸多赛事,利用各种赛会时机,演练奥运会报道模式,逐步扩大频道占有领域,最大化满足观众赛事收视需求。

2008年2月中下旬,中央电视台还与赛事组委会战略合作,深度参与和报道了哈尔滨第24届世界大学生冬季运动会。进入奥运年后,频道开始了一系列北京奥运测试赛的播出,并统一为《好运北京》节目形态播出。奥运测试赛本身作为奥运前期赛事,在北京奥运场馆举行,在奥运举办前很好的营造了频道的奥运氛围。同时,频道在奥运年也没有忽略其他观众欢迎的赛事,在奥运焦点下,充分开掘优质赛事资源,满足观众需求,提升频道整体收视率和市场竞争力。在这些赛事的报道模式上,则延续CCTV-5《黄金赛场》19:30—21:25晚间黄金时段编播方式,继续打造体育频道最具品牌价值的赛事收视时段,以奥运报道的高标准制作和播出这些赛事资源。

第三节 北京奥运期间:无与伦比的奥运报道巅峰

一 精心策划与收视突破

2008年8.8—8.24日,期盼已久的第29届奥运会在北京举行,李宁点燃开幕圣火,气势恢弘的盛大开幕式展现了灿烂的中华文明,令全世界为之赞叹。北京奥运会上,中国共夺得51金21银28铜,奖牌总数过百,首次超过美国(36金,金牌总数第二)和俄罗斯(23金,金牌总数第三)荣登榜首。

北京奥运会获得了"无与伦比"的成功,也成为有史以来受众最多的一届奥运会。"11.2亿观众收看了中央电视台奥运赛事直播,占全国电视总人口的91.6%。""中央电视台总体收视份额达

54.42%,比雅典奥运会期间提高了16.41%,比上半年提高了18.73%。"[1]电视媒体无疑是奥运报道的最大收获者,根据CTR奥运赛事收视调查,在各类媒体中,"电视每天聚集97%的收看群体。其中,99.7%的收看人群通过中央电视台各频道收看赛事直播。"特别是"8月8日当天,收看中央电视台开幕式直播的观众达8.42亿,创国内有收视调查以来最高纪录。"[2]无疑,作为东道国主播出台和中国大陆唯一持权转播商,中央电视台这次史无前例的奥运特别报道行动,也取得了前所未有的巨大成功。

作为复杂、系统的奥运会报道,成功与否首先是报道整体策划的水平。中央电视台体育频道副总监、北京奥运报道节目运行总部总负责人张兴,总结自己从事奥运报道20余年的一个基本认识,就是"奥运会从来就属于那种规划出来的计划产物,至少从1984年中国恢复国际奥委会席位参加洛杉矶奥运会至今莫不如是。比赛全程16天,项目设置和参赛运动员数量有严格的规定,赛程单元精确到分钟,而电视转播国际信号更有一套适应比赛自成体系的统一标准。"[3]这种精确性,要求电视媒体报道必须事先有严密系统的报道方案,以及对报道方案的"执行力、协调力和控制力"。

中央电视台奥运报道方案可谓是"精心策划,理念先行",历时近三年之久。早在2005年7月,中央电视台体育节目中心奥运策划组正式成立。9月7日体育中心第一次举行了北京奥运报道策划会,讨论奥运报道方案。2006年2月6日,中央电视台分党组

---

[1] 《中国广播电视年鉴(2009)》,中国广播电视年鉴社,2009年,第17页。
[2] 同上书,第312页。
[3] 张兴:《北京奥运的行动与思考》,《电视研究/体育频道2008北京奥运报道专刊(上)》,2008年,第16页。

原则通过这一总体方案。此后,策划工作进入实质性阶段,CCTV体育中心很快建立了奥运策划组的每周例会制度,把控奥运会各项报道方案的走向,推动方案按时间表出台、修改、完善,保证奥运报道筹备工作按计划、分步骤推进。在此过程中,细化奥运报道各种方案与策略,先后制订了《核心方案》、《主体方案》、《整体方案》、《赛时报道方案》、《技术方案》、《编排方案》、《安全播出预案》、《后勤保障方案》等十几个纲领性文件。2008年2月,进一步成立中央电视台奥运报道领导小组,统一指挥全台奥运报道工作。

同时,也确立了北京奥运报道的总体原则,明确了多频道编排原则,并明确提出了贯彻北京奥运报道全程的三大理念:"以人为本、突出现场、国际视野"。[1] 这种事先的周密准备与策划,是北京奥运电视报道的一个主要经验,确保了奥运报道的成功。

二 开闭幕式与多频道赛事报道

奥运会开、闭幕式报道具有特别意义。8月8日,中央电视台共6个频道(一、二、七套和奥运、新闻、高清综合频道)并机直播北京奥运开幕式,从19:48开始,总时长近27小时。"全国40个电视上星频道、891个地面频道的230套节目、8976个有线电视频道的334套节目、109个移动电视频道从19:00开始完整转播中央电视台第一套节目和奥运开幕式。"[2]8月24日奥运闭幕式,央视除开幕式6个频道外又增加第三套节目,共7个频道自19:52开始并机直播,总时长14.5小时。全国众多电视频道进行了转播。

---

[1] 江和平:《中央电视台奥运转播报道走向成熟》,载《电视研究/体育频道2008北京奥运报道专刊(上)》,2008年,第7页。

[2] 《中国广播电视年鉴(2009)》,中国广播电视年鉴社,2009年,第17页。

中央电视台先后共投入10套节目进行全方位、多角度、24小时不间断报道。首次采用多点布局的奥运转播体系，在IBC（前方指挥部）、新台址（CCTV奥运报道中心和总指挥部）、现台址（播出总部和非赛事系统报道中心）设立了3个报道主控中心，在IBC租用400平米工作间，在18个比赛场馆租用了现场评论席，在7个比赛场馆8个大项赛事设置多讯道单边现场综合制作系统，在6个奥运城市的全部38个场馆混合区设置单边点和直播摄像机，共组建了50个ENG采访小组，节目、技术、行政各系统投放人员超过3000人。共"直播奥运赛事809场，录播1135场，覆盖了全部28个大项，直播了全部我国运动员获得金牌的赛事和颁奖仪式。"据中央电视台自己统计，"赛事直播录播、奥运栏目、各类新闻、专题、宣传片播出总量达到2796小时49分钟。"[1]无论转播规模、播出总量、投入人员设备，"中央电视台赛事报道点和航拍规模，创历届奥运会报道之最。"

在这一"多频道播出模式"下（表4-4），中央电视台按照"频道功能差异化，方便观众收看；节目设计多样化，重点突出赛事"的频道报道设计原则，充分发挥奥运品牌资源和东道国主播电视台优势，实现了赛事转播的立体化和奥运转播效益的最大化，广大观众也最为方便、可选择性地收看到了最大量的奥运精彩赛事直播。

本着"少而精"原则，CCTV体育节目中心集中力量精心制作了3档奥运专题栏目：

《全景奥运》：CCTV-1从8月6日开始，每天22:30—24:00播出，共19期。栏目从各个角度及时梳理盘点当天的所有赛事信

---

[1] 岑传理：《从零的突破到无与伦比》，《电视研究/体育频道2008北京奥运报道专刊（上）》，2008年，第11页。

表4-4:CCTV北京奥运期间各频道报道分工与内容定位

	频道	内容分工	播出赛事	播出栏目
1	CCTV-5 奥运频道	24小时五环标志奥运频道转播中国运动员比赛为主最大化使用单边综合制作	以射击、体操、乒乓球、羽毛球、田径、跳水为主项,辅以足球、篮球、排球、击剑等项目	《早安 奥林匹克》《荣誉殿堂》
2	CCTV-1	反映北京奥运会全貌	关注度最高的比赛,以游泳、跳水、举重、田径为主项,辅以足球、篮球、排球、花样游泳等项目	《全景奥运》
3	CCTV-2	转播奥运会中国观众关注的国际赛事为主;重点赛事重播和集锦类节目	以足球、篮球、排球、射箭、艺术体操、马术、帆船为主项,辅以柔道、摔跤、跆拳道、赛艇、皮划艇等	—
4	CCTV-7	顶级赛事重播频道,面向广泛农村受众和不能收看直播的上班族	重要赛事、精品赛事录像重播;少量直播有中国特色、中国运动员参加的赛事	
5	CCTV新闻	定位"奥运资讯频道"	紧跟热点赛事全面综合报道	《一起看奥运》《我的今日之最》
6	CCTV高清综合频道	全赛事高清播出频道	充分利用高清国际信号精选播出每天顶级赛事(马术、举重、沙排等)	制作和播出自成体系
7	足球付费频道	转播奥运足球热门赛事为主。		
8	网球付费频道	转播奥运网球热门赛事为主。		
9	CCTV-3	其他频道的补充,扩大转播赛事覆盖面	在赛事频繁期,转播其他频道未能覆盖的热门赛事	—
10	CCTV-12			

资料来源:根据CCTV-5频道奥运节目规划等资料整理

息,探讨热点话题,聚集奥运明星,预报精彩赛事。设置了"奥运开场白"、"赛事直通车"、"在现场"、"奥运纪事"、"奥运正计时"、"奥运地理"、"明天"7个子栏目。栏目的特点:一是采用主播制,利用白岩松、欧阳夏丹的优势,围绕全景、资讯、细节、第一现场等核心要素,营造戏剧化开篇效果;二是变新闻为故事,对信息内容进行二次创作,放大新闻中最有价值的细节;三是以"主题意识"作为核心创作理念,为每天的节目设计一个主题、一个切入点和情感支点。

《早安奥林匹克》:奥运频道奥运期间开设的一档新闻资讯类节目,8月6日至24日早间6:30—8:30之间播出,19期共播出新闻1941条,日均102条。定位于在早间第一时间为观众梳理前一天赛事消息,突出新闻服务性,为观众报道赛场新闻、特写、服务信息等。并设置重点板块《北京24小时》,以时间推进为节点,从趣味、人文、内幕等非赛事角度展现奥运魅力和心灵感受。栏目分三个板块:6:30—7:00(金牌榜,简明新闻,赛事新闻特写);7:00—8:00(增加《北京24小时》,"奥运全球看"读报环节);8:00—8:30(增加奥运天气、赛事推介、票务、交通等综合服务资讯,"奥运提前看")。栏目专业性水准高,很好地实现了信息丰富性、观点鲜明性和视角独特性的统一。

《荣誉殿堂》:奥运频道在比赛日期间每天晚上22:30—24:00直播的大型奥运特别节目,也是大型原创演播室直播节目,自8月9日至23日共播出15期。栏目集冠军访谈、文艺演出、观众互动于一体,邀请体育明星和观众,突出故事性和互动性,以运动员为核心,以荣誉为中心,体现爱国情怀和民族精神,创造了不同于赛场的"奥运第二现场"。栏目在现场手段的调动上进行了视频墙展示比赛细节等多项创新,还邀请到台北、香港以及德国、美国的奥运明星来到现场,体现了国际化的奥运精神。

此外,奥运期间强化了各频道的新闻播出,强化新闻资讯密度。在一套、二套和奥运频道设置奥运快讯,每档5—10分钟,全天滚动播出;奥运频道还在晚上18:00设置了一档《奥运新闻》;《新闻联播》也开拓新思路:"以动态新闻、新闻特写、消息汇编、奥运快报等开幕式,彰显了奥运的速度和激情。""首次打破了过去晚九点重播的惯例,实现重播时的直播状态播出。""还开设了《看奥运,看中国》、《新闻特写》等板块。"①不但成功在第一时间"抢发"新闻15条,而且主动配发针对性强的各类短评,有效引导了舆论。

三 公共信号制作取得历史性突破

参与奥运会公共信号制作,既是马国力为首的一批中国体育电视精英20多年来的夙愿,也是北京奥运会给中国体育电视遗留下来的重要财富。

2008年北京奥运会,中央电视台共派出5个团队承担了篮球、排球、乒乓球、羽毛球、网球和现代五项6个赛事项目的国际公用信号制作任务。这是自1992年巴塞罗那奥运会赛事报道首次采用"多国部队"制作模式,按照共识理念、统一标准制作电视公用信号之后,东道国电视台第一次承担了这么多项赛事的公共信号制作(表4-5)。"据统计,5个团队总计制作公用信号时长737个小时,约占北京奥运会公用信号总时长的五分之一。"②在制作中,

---

① 赵化勇主编:《中央电视台品牌战略》,中国广播电视出版社,2008年,第303—304页。
② 江和平:《中央电视台奥运转播报道走向成熟》,《电视研究/体育频道2008北京奥运报道专刊(上)》,2008年,第5页。

严格按照奥运会标准，创新制作方式，共制 418 场比赛公共信号。北京奥运期间举行的特设国际武术赛事的公用信号制作，也顺其自然交由中央电视台负责。为此，中央电视台组建了一支 230 多人的公共信号制作队伍，人员来自央视体育节目中心、播出传送中心、技术制作中心和中国传媒大学。他们制作的公用信号清晰、画面鲜艳、镜头专业，团队也获得了 BOB 最高执行官罗梅罗的高度赞赏："团结，有能力，信号制作高质量。"

表 4-5：2004 年与 2008 年奥运会中央电视台承担赛事国际公共信号制作时长比较

	2004 雅典奥运	2008 北京奥运
乒乓球	CCTV 首次参与奥运会公共信号制作，两个制作组共完成：166 小时	115 场：170 小时
羽毛球		106 场：83 小时
现代五项		两天：15 小时
篮球	无	76 场：215 小时
排球		56 场：180 小时
网球		27 场：74 小时
武术		9 场：41 小时

备注：羽毛球和现代五项由一个制作团队兼任；武术为 2008 年新增特设项目；2008 年共完成 778 小时（含武术 41 小时）信号制作，是 2004 年的 4.69 倍。

资料来源：《中央电视台年鉴》

四 北京奥运会报道的特点与创新

（一）超大规模特点与整体策划协调

本土奥运报道，规模和报道量很重要。中央电视台北京奥运报道提前策划，创造了超大规模的报道：3个报道中心、10个频道播出、直播录播赛事近2000场，共3000人参与。从而也对报道的整体策划、执行协调提出了相当高的要求，中央电视台提前3年开始策划，成立领导小组，制订详细执行方案，保证了奥运报道计划的有效执行和最终成功。

（二）中国元素与国际化视野的平衡

中国观众关心中国运动员和中国优势项目，本土奥运会强化了报道中的种种中国元素和民族-国家情感；但同样重要的是奥运会报道要有国际化、多元化的视野。央视通过多频道的组合报道策略，以及在报道理论上对奥运精神的强化，在关注中国运动员参加赛事的同时，也传播了外国运动员的精彩比赛。CCTV通过中文国际频道、英语国际频道、西班牙语国际频道、法语国际频道，充分利用直播访谈和自采报道，多角度报道真实中国，做到中国元素与国际化视野的平衡，得到了各方满意。

（三）报道理念创新，突出人文性

北京奥运口号有一个就是"人文奥运"。为此，在中央电视台最初确立总体报道原则时，就将"以人为本"作为报道理念的第一条。正如中央电视台副台长孙玉胜所言，"我们要人文化的报道，我们要非常关注人，不仅仅关注金牌，那些没有拿到金牌的瞬间感人的故事也是我们报道的重要方面。"[①]中央电视台的奥运报道体现了这一人文理念，始终以人物为主体，强调了人和故

---

① 摘自孙玉胜：在CCTV奥运频道启动仪式暨新闻通气会上的讲话，2007年12月28日，北京。

事,表现了运动员的真实情感,突破了过去的"唯金牌"、"唯冠军"报道局限,突出了奥运的人文精神,体现了戏剧性和娱乐性,加强节目和赛事预告,让观众更多体会到奥运赛场上人的情感和故事。

(四)报道技术手段创新,强化现场感

央视北京奥运报道强化技术的核心作用,使赛事报道更具现场感和立体感。第一次在奥运会上尝试"单边现场综合报道",作为国际信号的补充,突出了现场突出了中国元素,从而生动展现了中国运动员的比赛精彩瞬间、观众席上特殊观众的热情反应、开幕式上中国领导人的突出场景等等;首次完成航拍主持人与地面演播室的对接,成功利用数字技术完成空中音频信号传送,实现了实时空中直播报道;首次成功应用网络制播,采用虚拟技术、多视窗技术、即时回放技术;首次通过高清频道直播奥运会赛事,节目制播高清化;首次实行不延时直播;首次投入带滑轨的可移动遥控摄像机、水下摄像机;首次在奥运会转播中应用"鹰眼"技术;启用在线、离线、近线三级包装体系,节目包装国际化;等等。这些应用和创新,确保了奥运电视报道的精彩,也打造了央视体育制作团队的国际品牌。

(五)新媒体报道形式创新,引领媒体融合

北京奥运会上,新媒体在中国第一次和电视媒体并肩进入奥运赛场报道奥运会。CCTV.COM首次作为新媒体持权转播商参与奥运报道,融新媒体于电视媒体,网络、手机电视、IP电视、公交车载电视等新媒体与电视媒体多方互动、呼应与互补,发挥了整合传播效益。央视网对开幕式及全部赛事进行了全程直播,提供点播、轮播服务,联合新浪、搜狐等9家网站进行了奥运会转播,与人民网、新华网等174家合作网站进行公益性联合推广,实现了奥运会新媒体传播效果的最大化。数据显示,"开幕式当天,央视网页面访问量创造了5.06亿的历史新高。奥运会期间,央视网日均页面访问量达3.18亿,是开赛前一周日均访问量的3.52倍。"[1]新媒体和电视媒体一起参与北京奥运报道,不仅带来了传播手段的变化,扩大了奥运电视传播的覆盖范围,"更是一种贴近大众心理、引导大众参与的全新传播思路和宣传理念,将为今后的大型报道提供有益的借鉴。"[2]

当然,北京奥运会报道在取得巨大成功的同时,也促进了中国体育电视人的反思:还有哪些不足?如何突破局限?在江和平看来,差距和遗憾主要在于:一是开闭幕式解说文化解释不足;二是专业体育解说员不足;三是专项记者不足;四是节目编排仍有空档;五是跨频道推介落实不足。[3]这里既有制度与协调问题,更多还是专业人才和专业水平问题。这已成为北京奥运后,中国电视体育媒体进一步向国际化、产业化进军的隐约障碍。

第四节 竞争与联合:地方台体育节目的多元化发展

从2001年始的北京奥运周期,相同的规律也推动地方电视台

---

[1] 赵化勇主编:《中央电视台品牌战略》,中国广播电视出版社,2008年,第304页。
[2] 《中国广播电视年鉴(2009)》,中国广播电视年鉴社,2009年,第313页。
[3] 江和平:《中央电视台奥运转播报道走向成熟》,《电视研究/体育频道2008北京奥运报道专刊(上)》,2008年,第9—10页。

的体育电视节目发展。特别是北京、上海、广东三地,因为历史传统、地方经济、受众需求等因素的推动,体育电视节目走向繁荣和创新高潮,在赛事版权等核心资源上开始与中央电视台展开竞争,通过强化体育电视的地方特色,上海和广东电视台体育频道赢得当地收视市场强势。

同时,地方台在CCTV-5的强大压力下,开始强化联合战略,在赛事资源、节目报道、广告市场等方面联手与央视相抗衡,CSPN平台的成立和运作,在一定程度上推动了中国体育电视产业的竞争格局的形成和创新的发展。

此外,在2003年之后,随着体育电视竞争加剧,一些地方台体育频道退出了市场,"如武汉、辽宁的体育频道已经撤销,黑龙江电视台也解散了原有的体育部,只保留一个体育工作室。"[1]地方电视台体育频道面临了要么发展、强大,要么退出竞争的生存抉择。

一 北京电视台体育频道:强化奥运城市优势,体现"百姓频道"特点

(一)到2004年BTV-6已具规模,自办栏目、群众体育活动、奥运大赛报道成熟

到2004年,北京电视台体育节目已经有了一定规模。当年,体育中心周首播节目时长达到1375分钟,自办栏目12个时长1315分钟,合办《较量》和外购栏目《NBA青少年篮球杂志》各一(每周播出时长俱为30分钟)。体育自制节目周播出总量与新闻、

---

[1] 刘斌:《体育新闻学》,中国传媒大学出版社,2010年,第56页。

科教、影视相当。① 这 12 个自办栏目包括：新闻类栏目《体育新闻》，每天在 BTV-1 播出一次 15 分钟，在 BTV-6 播出三次，每次时长 30 分钟；综艺栏目《各就各位》和体彩开奖栏目《精彩时刻》；其他 9 个是时长 30 分钟的周播专题栏目，有《足球报道》、《国安绿茵传真》、《篮球风云》、《高尔夫杂志》、《棋道经纬》、《经典回眸》和《体育报道》、《京城健身潮》，还有一个奥运专题栏目《通向 2008》同时在 BTV-1 和 BTV-6 播出。

　　作为北京奥运主办城市台，北京台体育节目充分利用了这一独特优势，采取了一系列举措提升体育节目制作的质与量。2004 年 6 月 9 日，完成"雅典奥运火炬北京传递"活动的全天直播，直播长达 10 个半小时。7 月 13 日申奥成功三周年之际，还承办了"北京 2008 残奥会会徽发布仪式暨第二届北京奥林匹克文化节闭幕式"大型晚会的组织、演出，晚会直播大获成功。雅典奥运会时派出了 50 多人的报道队伍，BTV-6 体育频道从早晨 6 点到午夜 2 点，每天 16 个节目共 20 小时播出，创造了前所未有的赛事报道规模，形成了自己从"娱乐、人文、历史、艺术"角度引领观众参与和了解奥运的报道特点。

　　同时，北京电视台还在引领和服务北京市群众体育活动上大做文章，强调频道的本地特征。不但转播了第 19 届"北京国际接力马拉松赛"，还组织、录制、播出了《奥运歌曲大家唱》群众歌咏表演活动，与北京奥组委新闻体宣传部合作录制了 10 集大型演播室系列访谈节目，介绍北京奥运会方方面面的准备情况。此外，还尝试举办贴近百姓生活的群众体育赛事，与市足协等体育管理部门共同组织"2004 年首届北京业余足球电视大赛"、"北京市首届业

---

① 　北京电视台：《北京电视台大事记(2004)》，第 479 页。

余羽毛球电视大奖赛",将之打造成自有地域性品牌赛事。

"2004年,体育节目中心共转播了国内外赛事1080场,比2003年增加了25%。"[1]到2004年12月28日,北京电视台正式组建奥运节目部。在北京奥运的推动下,北京电视台的体育报道从2004年起跃上了一个加速发展、创新的新阶段。

(二) BTV-6频道节目体系颇具特色

BTV-6体育频道也形成了自己特色的频道节目体系。一是多档体育新闻节目分布全天各主要时段滚动播出,增加新闻信息量;二是直播赛事集中于足球、篮球,并突出了北京国安队等本地球队比赛,NBA、CBA赛事也占据较重份额;三是增加了欣赏性强的体育项目报道(《桌上运动》、《时尚体育》、《斗牛》);四是强化了奥运背景相关栏目(《通向2008》、《经典回眸》);五是保留了体育娱乐与群众服务类栏目(《各就各位》、《京城健身潮》、《精彩时刻》)。频道节目体系达到了新闻性与服务性、竞技性与欣赏性、赛事直播与群众体育的结合与平衡,找到了一条不同于央视体育频道的特色之路。

(三) BTV-6北京奥运报道充分发挥地域优势

北京奥运期间,北京电视台以"缜密策划、整体报道、地域特色、互动体验"为优势,取得了报道成功。第一,以BTV-1和BTV-6为主打频道,连续17天24小时播出,直播近600小时。卫视频道定位"奥运综合频道",每天直播17.5小时,动态化、全景式报道奥运综合情况。体育频道定位为"奥运赛事频道",每天直

---

[1] 北京电视台:《北京电视台大事记(2004)》,第12页。

播16.5小时,全面直播赛事,提供赛场新闻;第二,组织了大型专题报道。BTV-1推出奥运资讯直播特别节目《光荣与梦想》,设计了《奥林匹克早晨》等4档新闻板块和《赛场点兵》、《金牌看台》、《风情北京》等5档演播室板块。BTV-6推出《圣火2008》奥运特别报道,直播、重播中国队夺金等重要赛事;第三,充分放大地域优势。《金牌看台》第一时间将新科冠军请到演播室现场访谈,与观众互动。设置"京腔话奥运"等具有浓郁地方特色小节目单元,多时段插播交通、天气、酒店等服务类信息。[①] 正因这些特色创新,北京电视台奥运报道才赢得了观众。

二 SMG五星体育频道:引领体育赛事版权资源竞争,赢得区域强势

除中央电视台CCTV-5体育频道外,中国体育电视另一最为强势的竞争主体,无疑当数上海文广传媒集团(SMG)下属体育频道了。在2002—2008这一中国体育电视发展的高峰期,SMG体育频道在市场竞争中以其独到的策略赢得了发展空间。

(一)集团以体育电视发展作为品牌运营重要战略,大力整合旗下体育资源,做强做大,提升整体竞争力

SMG体育频道的前身是创办于1993年12月12日的上海有线电视台体育频道,2001年10月8日在整合上海电视台体育部、上海东方电视台体育部和原上海有线电视台体育频道的基础上组建成立,以上海电视台体育频道呼号播出,以有线方式覆盖上海及

[①] 刘爱勤:《承载光荣 成就梦想》,载《中国广播电视学刊》,2008年第9期。

周边地区。作为 SMG 进行频道整合改革后的第一个专业化频道,2002 年 7 月集团旗下上海人民广播电台、上海东方广播电台的体育节目及人员划归体育频道,成立频道广播部,2004 年 5 月开播体育广播专业频率,形成了更大规模资源共享、优势互补的新格局。[①] 2006 年 1 月 1 日起,"五星体育频道"实现全天候 24 小时播出。

(二) 聚拢优质赛事资源,以版权优势强化
　　　自身核心竞争力

可以说,SMG 是唯一在赛事版权上向中央电视台发起挑战的地方体育频道。2003 年 9 月 12 日,与中国足协签订电视合作伙伴协议,成功购买为期 3 年的中超联赛赛事全国版权,致使中央电视台退出中超联赛转播竞争,首次实现了地方电视台对足球赛事全国版权的排他性占有。在"整体转让,合作分享"原则下,SMG 对中超进行整体宣传规划,参与电视转播、制作标准的制定和电视节目的设计,成立全国中超电视播出联盟、专业化制作和播出团队,以及专门的商业运作实体,电视转播统一标识、字幕、色块和风格。以东方卫视为全国播出平台,平均 2 轮播出 3 场共约 40 场,地方播出平台包括 11 家有俱乐部城市和 12 家无俱乐部城市共 23 家地方电视台。以"多平台、多媒体、多赢"为目标,对中超赛事资源进行了大力开发和推广,首度向路透社提供中超新闻,与香港英皇娱乐合作摄制中超主题音乐电视,推出《超越》、《中超倒计时》、《数字中超》、《中超集锦》等栏目,丰富了中超报道形式和内容。

[①] 李辉:《中国体育的电视化生存》,学林出版社,2007 年,第 12 页。

据 CSM 数据,2004 年中超前四轮比赛东方卫视累计收视人口高于 2003 年甲 A 联赛前四轮 CCTV-5 累计收视人口,累计播出时长也以 879 分钟超出 CCTV-5 的 446 分钟。① SMG 的中超版权花费不菲,在东方卫视的推广初期发挥了一定作用,对上海电视台体育频道在本地市场战胜 CCTV-5 更具有关键价值。② 2005 年,正是凭借买断的中超联赛版权以及上海国际田径黄金大奖赛、F1 上海站赛事、第 48 届世乒赛在上海举行,SMG 体育频道在上海市场收视一路领先,风头之劲远超 CCTV-5 体育频道。

(三)创办众多特色栏目,以专业制作能力赢得收视

SMG 体育频道一直以来强化体育节目的策划与制作,着力提升专业水平。一是新闻栏目,不但有全天多档《午间报道》、《体育快报》、《晚间报道》《体育夜线》,还创办了《天天足球》、《G 品篮球》、《汽车·高尔夫》等专门新闻资讯栏目。2005 年还创办了体育娱乐化专栏《体育 G 娱乐》,2006 年频道又整合足球资源,在黄金时间全力打造了长达 2 小时的《五星足球》大型专题栏目。其他特色栏目还有《唐蒙视点》、《车动力》、《NFL 周刊》、《斯诺克基地》等。这些栏目制作水平高,专业性强,推动了频道整体收视的提升。

---

① 李辉:《中国体育的电视化生存》,学林出版社,2007 年,第 45—46 页。
② 对 SMG 的中超赛事版权一战的效果评估更为复杂。SMG 的主要目标,一是提升东方卫视在全国影响力和竞争力,二是提升体育频道在上海市场的优势。2004 年,东方卫视以 2.0% 市场份额占全国卫视第 13 位;2005 年 SMG 体育频道在上海市场的收视时间份额达到了 57.8%,远超 CCTV-5 的 33.8%。2005 年上海体育节目收视率排名前 20 位全由上海市级频道占有,其中 SMG 体育频道转播的中超赛事就占了 14 席。但同时,这一成绩由于中超本身的低迷,未能持久。2004 体育大年中,CCTV-5 在上海本地收视略胜 SMG 体育频道;到 2005 年,东方卫视未能再进入全国卫视收视份额前 15 位。

（四）强化区位优势和地方特色，针对上海受众打造亲和力和忠诚度

"五星体育频道"立足于上海城市的特殊区位优势，在赛事报道上突出上海申花等本地球队中超赛事，以及当地篮球、排球俱乐部赛事，在姚明入选 NBA 后强化 NBA 赛事转播与报道，追踪报道刘翔和上海国际黄金田径大奖赛，着力打造网球大师杯、F1 上赛场赛事。依托于这些上海受众最喜爱的特色赛色，加以浓厚特色的本地化解说、报道和编排，频道具备了特别的亲和力，赢得了上海受众的忠诚。

（五）产业化运作，以市场手段促进资源的多元化经营，实现内容与市场良性互动

SMG 体育频道的产业化运作意识领先、体系完备、最为成功。除了整合旗下体育资源形成合力，打造了集团跨媒体、多媒体内容平台，进行包括硬广告、软广告、版权推广、赛事制作、数字媒体、短信互动的多元化运营。2006 年经营收入达到 2.7 亿元，其中广告收入 2.4 亿。中超项目更是体现了 SMG 体育频道在资源开发上的跨领域、跨地域、跨产业的扩张战略，实现了内容与市场在产业链上的良性互动。2009 年 10 月 21 日，上海文广新闻传媒集团（SMG）在全国广电系统率先实施制播分离，分拆而成的上海广播电视台、上海东方传媒（集团）有限公司（下称"东方传媒"）正式揭牌。一周前的 10 月 14 日，五星体育频道引入市场机制，获得营业执照以独立子公司形式运作，为频道下一步引入社会资本、加快产业化扩张提供了制度化的保障，在全国体育电视媒体中再次走在发展前列。

三 广东台体育频道：突出传统特色和受众差异，强化自身专业优势

广东体育频道依托自己浓厚的体育制作和报道传统，成为华南地区体育专业制播能力最强也最具影响力的体育频道。到2008年已经发展为24小时全天候播出，覆盖广东全省1100万有线电视用户，拥有200人的专业制作团队。在2008北京奥运会报道中，广东体育频道成功制作了足球比赛秦皇岛赛区12场比赛的电视公用信号；2008年还出动电视车制作了NBA中国赛、美国男篮国际挑战赛、CBA、中超、乒超等各类赛事300多场。在竞争最为激烈的广东电视市场，频道收视份额从2005年的排名第18位上升到2008年的第10位（图4-2），在广州市场2008年排名更是上升到第7位，一路增长态势明显。[①]

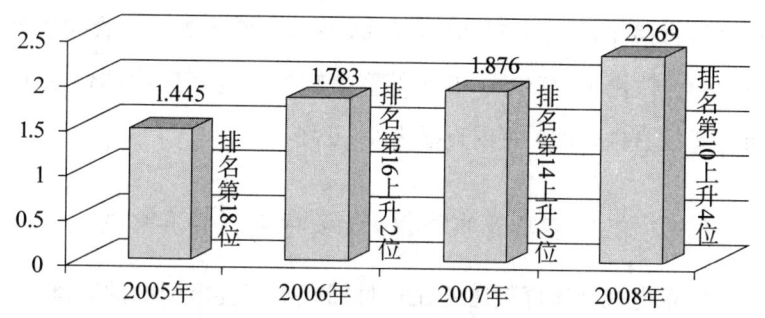

图4-2：2005—2008年广东体育频道在广东省的收视份额增长情况
数据来源：CSM媒介研究

纵观进入新世纪后北京奥运周期内，广东体育频道取得的经验和优势，主要在于：

---

① 据广东体育频道2009推介资料《广东体育频道：精彩超越期待》中引用央视-索福瑞数据。

(一) 以足球赛事为传统特色，多元化赛事
　　版权和直播广聚受众

广东人喜欢足球，常年拥有国内外众多顶级足球赛事直播是广东电视台体育频道的传统特色。从1984年开始转播英国足总杯足球赛，1986年引进英超球联赛节目，1997年又购买了欧洲冠军杯足球赛电视版权，广东电视台是全国最早转播这三大顶级足球赛事的国内电视台。频道全年足球赛事囊括了西甲、意甲、英超、法甲、德甲、欧洲冠军联赛、欧锦赛以及中超联赛、中甲联赛等国内外最顶级足球。多年来，英超联赛一直是频道的亮点和品牌，目前每周六和周日的黄金时段至少直播4场英超联赛，从周一到周五至少直(重)播2场比赛或者安排英超联赛精选。有球迷说，广东体育频道都成了英超频道，填补了中央电视台体育频道的空白。此外，频道以赛事直播为核心，除足球外还建立了多元化的版权赛事直播体系，加大对NBA、CBA篮球和广东观众喜欢的羽毛球、乒乓球、网球、高尔夫、赛车等赛事转播力度。其中CBA每周可达4场直播，NBA每周直播为2—6场。

(二) 依托丰富赛事资源，众多特色栏目异彩纷呈

广东电视台体育频道还在自身拥有丰富赛事资源的基础上，加大力度创立精品体育栏目，不断开辟新颖独特、异彩纷呈的热点栏目。自1999年即创刊的《足球周刊》，以及每天深度报道足坛动态的《足球报道》，是两档频道知名足球类栏目，还从国外购买《世界足球杂志》栏目，及时报道国际足球动态。此外，围绕众多频道赛事资源，适应受众细分化、个性化特征，还开办了《篮球大本营》、《"羽"乐无限》、《乒乓王国》、《狂野角斗士》、《吉列体育》、《劲速体

育》、《网球杂志》、《高尔夫杂志》、《桌球城》等栏目,赢得各类观众喜爱。如2008年年底开始推出美国橄榄球大联盟(NFL),在每周直播2场赛事的同时,推出专栏《NFL美式足球之夜》,充分利用赛事资源,放大收视效益。

（三）以全天多档体育新闻与资讯类栏目组合，
　　　 打造频道日常收视支撑点

频道精心制播每日多档体育新闻及资讯类栏目,从2005年频道节目安排表看,从每天的《午间新闻》、《晚间新闻》、《体育新闻》、《夜间新闻》和《体育世界》这五档固定新闻栏目,锁定频道全天各档重要时段,从而稳定了频道收视。经过改版,到2008年形成了三档体育新闻类节目,分别是《体育闪报》、《体育新闻》、《体育世界》。每天早晨6:30的《体育闪报》及时报道前天晚上22点以后发生的国际体坛重要赛事和新闻,并提供当天赛事看点等服务性内容;中午12点档的《体育新闻》以简讯方式播报丰富的国际国内体坛新闻;18:20的《体育世界》采用粤语播出,以国内体坛消息为主,汇集记者自采内容,更贴近广东观众口味和区域性收视需求;晚间黄金档(21:30)《体育新闻》则定位于深度报道和跟进最新体坛动态事件。

（四）以粤语为特色，组织群众性地方体育活动，
　　　 培育地方收视趣味和受众忠诚

为突出和满足区域性收视趣味,频道以粤语方言为特色主播语言,经常在观众喜爱的赛事直播中采用全粤语解说,拉近观众距离,从而形成难以复制的独特竞争力。频道的英超联赛转播采用全粤语解说,长期收视高涨。在2006年德国世界杯赛事直播中使

用粤语评述,在广东地区收视率明显提高。根据尼尔森媒介研究数据,在6月10日英格兰VS巴拉圭比赛中,广东电视台体育频道在广州最高收视率约15％,CCTV-5最高收视率只有约5％。

为强化地方趣味和受众忠诚,体育频道还把观众参与活动作为一种重要手段,组织一系列大型群众性体育赛事或活动。如频道联合相关部门自办"广东省铁臂王擂台赛"、"超级游戏——广东省职工扑克牌大赛"、"我是冠军——全民急速大挑战"活动、"广东五人制足球赛"、"2007中国功夫电视擂台赛"、"2008奥运舵手选拔活动(广东赛区)"等,吸引广大群众参与,强化了受众对频道的特殊感情。

(五) 节目编排贴近观众生活和健康需求,强化娱乐性和服务性

在突出赛事、竞技性专题外,频道还着力推广健康生活理念,节目编排贴近观众生活需求,强化娱乐性和服务,增加与老百姓日常生活息息相关的健康类、游戏类、休闲娱乐类专题。如创办具有浓厚粤式文化特色的《健康食府》栏目,将健身娱乐和科学饮食结合在一起。除《健美操》、《运动广场》、《体育彩票》等常设服务性栏目外,还先后开播了《潇洒一杆》、《围棋报道》、《体坛星语》、《疯狂扑克》、《四海钓鱼》等群众基础好的休闲娱乐性栏目上,很受观众欢迎。

(六) 发挥专业优势,联合制作和输出体育节目

凭借自己数十年积累的在国内电视台中领先的体育节目制作专业优势,广东电视台体育频道还着力于发挥独立策划、拍摄大型体育专题节目能力,如在1993—2000年间拍摄的《中国体育明

星》、《中国体育明星—海外篇》、《缤纷悉尼 2000》等系列专题片，很多在全国电视台播出，受到了国内外观众好评。与国内其他地方电视台体育节目部门展开合作。北京奥运前推出的《较量》栏目，就实现了在全国 25 家重点省市级电视台联合播出，讲述了奥运明星不为人知的背后故事，被誉为体育版的《艺术人生》。此外，广东体育频道还在国内电视媒体中首家成功进行整频道式节目输出，与重庆体育频道签订协议，将之转换为"广东体育频道（重庆版）"。重庆版赛事转播、新闻节目等绝大部分节目在广州制作播出，同时派驻重庆记者站在当地采制本地化特色的《重庆体育周刊》栏目。

四 CSPN：搭建跨区域体育联播平台，推动竞争升级和产业创新

除北、上、广体育频道外，其他地方台体育频道面临了生存的巨大困境。由于国内外重要赛事资源为央视所垄断，加之地方台在人才、资金、机制上的劣势，地方体育频道在节目收视和广告经营上势单力孤。马国力也断言"地方台体育频道不联合即死"。因此，始终有一种潜在力量在推动地方体育频道走上联手合作之路，不断尝试这一可能。

1999 年北京、上海东方、广东电视台三家合作推出的《中国体育报道》，就是地方台体育频道联合制播的一次成功尝试。当年，《足球纪事》也在全国有线电视台体育频道中开播。此外，在历届奥运会、世界杯、亚运会、全运会报道中，地方台也往往采取联合组团行动、合作共享互惠方式。2001 年开始，逐渐升级到战略协作阶段。当年北京、上海、广东等地方台发起，成立了全国体育新闻

协作网(CSN),之后山东、四川、辽宁电视台体育节目部门纷纷加入,发展到20多家共享CSN节目素材。[1]

在北京奥运前的2007年年底,一个全新的联盟模式——CSPN横空出世,开启了中国体育电视产业化的历史性新尝试,它标志着地方电视台体育频道的横向合作模式正式形成,中国体育电视产业一个新的竞争主体已经形成。CSNP英文全称为China Sport Programs Network,由江苏电视台体育休闲频道、山东电视台体育频道、辽宁电视台体育频道、湖北电视台体育频道、新疆电视台体育健康频道5家发起成立,2007年10月1日,联合制作的《体育新闻》首次播出,标志着合作平台进入试播阶段。随后江西电视台6套和内蒙古电视台文体频道加盟,成员达至7家规模,2008年1月1日平台正式播出(图4-3)。平台高峰时号称"覆盖近5亿观众"。

图4-3:CSPN中国电视体育联播平台及各加盟电视台标识

---

[1] 李辉:《中国体育的电视化生存》,学林出版社,2007年,第8页。

CSPN 合作模式的创新主要在于：

（一）首次成功组建中国体育电视频道跨区域联合平台，体制内频道与体制外资金全方位合作，实现了平台合作体之间的"统一采购、统一制作、统一播出、统一运营"

CSPN 平台的成功运作，一方面是地方体育频道应对生存挑战、联合做强做大的需要，同时也是体制外资本进入电视媒体的需求。北京神州天地影视传媒有限公司既是平台的策划方和发起者，也是平台运作的投资方和运营方。体制外的民营媒体公司不仅取得全面广告代理权，统一管理平台经营，而且在节目制作、赛事版权购买、整体品牌运营上全面介入，占据主导地位，在当时体制下尚不多见，在产业化上走得最远，是中国体育电视产业化发展的一次重大创新。

CSPN 执行总裁陶伟认为，"和以往的广告代理公司不同，CSPN 不仅销售广告，还提供节目、赛事。这对当时举步维艰的地方电视台体育频道无疑是雪中送炭。2005—2006 年度，欧洲五大赛事诸如意甲、西甲的转播版权费上涨 150%，而广告增幅最高不过 30%。无力购买赛事资源或支付昂贵的版权费用，使得不少体育频道变相去做电视剧台、娱乐台、短信台。各电视台生存遇到瓶颈，必然要走上联播的道路。"[1]

CSPN 在整体平台的打造上颇下工夫。一是着力提升频道和平台品牌形象，斥资聘请英国 Red Bee Media 公司，对频道形象、

---

[1] 范昭玉：《中国电视体育联播平台（CSPN）的现状与发展策略研究》，硕士论文，上海体育学院 2010，第 49 页。

频道声及 LOGO、节目 ID 及演绎、标版、植入等进行全方位包装和设计,更为国际化和时尚化;二是首创"中央厨房"的标准化制作模式。陶伟认为,"联合的难点在内容制作上,各省台有各省台的做法,所以 CSPN 专门花巨资在北京建了'中央厨房'——数字影视制作基地,占地 3000 平方米。各省台的精英团队集中到北京来轮岗,让他们取消台籍、建立岗位,把节目报道口径、呈现形式、编辑手段、制作工具都标准化起来。"[1]这一"中央厨房"式联合制作模式也使地方体育频道的设备和技术得以提升,由神州公司出资 800 万元打造 600 平米大型现代化演播室创造了若干项国内之最,满足了联播平台全天候直播诉求。

(二) 联合购买、集中利用赛事版权资源,加大赛事直播场次,提升直播赛事级别

体育电视媒体之间的较量,最核心的就是赛事资源,随着赛事版权费的大幅上升和央视的垄断性占有,北上广三家以外的地方体育频道几乎已经拿不到什么赛事版权了。CSPN 成立后,神州天地公司通过与欧洲知名综合传媒集团等"国际战略合作伙伴"渠道,整合各台预算,统一采购 NBA、欧锦赛、英超等国际顶级赛事。"2008 年,神州公司整体预算为 2.3 亿左右,其中节目经费预算高达 1 个亿,大大超过单个频道的购买实力。"[2]

由于联合效应及神州公司的资金注入,CSPN 平台突破了资金和版权瓶颈,顶级赛事播出的场次和级别迅速提高。一是在国内赛事上,逐渐取得了中超、CBA 等国内赛事超过 60% 的主场赛

---

[1] 李靖:《CSPN:寻找垄断行业的"生长点"》,载《中外管理》2009 年第 9 期,第 89 页。
[2] 张进伟:《省级电视体育媒体发展新模式——以 CSPN 为例》,载《体育科研》2008 年第 29 卷第 2 期,第 78 页。

事转播资源；二是在国际赛事上，不但拥有了英超、西甲、欧冠等欧洲顶级足球赛事，还获得了欧锦赛全部赛事电视转播权；三是通过购买ESPN节目版权，拥有了温网、美网等多项国际重大体育赛事转播权。在丰富赛事版权基础上，加大NBA和中超、CBA等重点赛事转播力度，平台打造《NBA直播赛事》、《巅峰赛事》和《精品赛场》3个赛事板块，年转播赛事2200余场总时长达3500小时，平均每天超过9小时。并创立了"直播日"，每周日从早上9点半至凌晨4点进行19个半小时赛事直播。

（三）2008围绕奥运会和欧锦赛，着力打造重大赛事整体报道专业水准

1. 2008欧洲足球锦标赛

作为CSPN平台正式亮相后的首个重点大赛，在报道上投入重兵、精心策划、创新节目与播出，赢得了观众的认可，取得了很好的品牌效应。第一，提前策划与预热。3月30日，CSPN特派记者12人分成5个小组前往欧洲杯16个决赛国家体验采访，从欧洲杯倒计时15天开始，每天播出一集大型原创欧洲人文地理足球杂志《欧罗巴春天行》；第二，依托赛事重新编排，围绕欧洲杯设计新闻、专题、赛事系列节目。将《体育早报》、《体育午报》、《体育时报》全部延长为一小时，并在晚间21:50推出《欧锦赛快讯》。每日22:45特别推出《亮剑欧罗巴》评论专题，囊括赛事观点、争议瞬间、赛事前瞻等环节，特邀众多嘉宾共话欧洲杯。第三，加大技术和人员投入，强化"第一现场"实时报道。CSPN在6月2日再次派出包括辽宁、山东、江苏、湖北和新疆五家成员台在内的11名报道组成员，飞赴欧洲分别对8个比赛场馆的赛事进行现场报道。前后26天报道中，"CSPN前方报道组共实现视频对播25次，制作新

闻专题节目 140 余条,电话连线 39 次。"①第四,采取"黄健翔等明星＋技术分析系统"方式,强化赛事解说、评论魅力。CSPN 力邀原央视著名足球主持人黄健翔担纲解说欧洲杯,还力邀米卢、陆俊、董路、李承鹏等人走进演播室。在赛事转播中还首次引进国际最先进的皮埃罗赛事分析系统,借助 3D 体育图像系统,使观众可以从传统摄像机无法捕捉到的角度更形象直观地观看比赛,赛事解说和分析更加专业、精准。第五,建立跨媒体报道联盟,扩大节目覆盖和品牌影响力。4 月 2 日,CSPN 正式携手新浪网、《体坛周报》,在记者资源、内容资源、活动策划、品牌优势互补等方面展开深度合作。6 月 8 日至 6 月 30 日,CSPN 欧洲杯节目首次实现全国联播,覆盖 20 余省市,具体联播台包括当时的 7 个 CSPN 成员台外,还包括 10 多个 CSPN 欧锦赛合作台。

2. 2008 北京奥运会报道

北京奥运会期间,CSPN 再度发挥联合制作与播出优势,从各成员台抽调数百名精兵强将组成强大制作团队,北京主演播室和各地分演播室紧密结合,共享前后方采访报道资源,实现了奥运报道的现场感、延续性和立体化。第一,成立平台"奥运项目组",精心策划整体奥运报道。在欧锦赛基础上着力品牌提升再度进行跨媒体合作,通过搜狐网同步网络直播 CSPN 在奥运开幕前推出的大型奥运娱乐节目《欢动 2008》(7 月 24 日—8 月 7 日,共 15 期),邀请众多体育明星、娱乐圈影视明星以及运动宝贝共同呈现多元化、娱乐化的奥运会,并在 7 家成员台的基础上联袂 10 多家地方电视台体育相关频道,联合播出覆盖近 20 省市;第二,奥运前期报

---

① 杨毅:《体育联播平台 打造强势品牌——从报道 2008 欧洲杯决赛看 CSPN 联播平台的节目优势》,《当代电视》,第 46—47 页。

道丰富多彩,全面预热。1月1日起在晚间《体育时报》、《体育晚报》内开设奥运资讯专版,周一至周六18:15—18:45时段率先推出《奥运黄金档》专题节目。2月起安排多项"好运北京"系列奥运测试赛直播。3月24日起推出《圣火接力》新闻专栏和《圣火耀九州》大型专题,跟踪报道奥运火炬传递。进入奥运倒计时一个月,每天晚间黄金时段播出为观众提供服务和关注点的奥运手册式栏目《奥运活页》,在《奥运黄金档》增加播出30期《奥运前瞻》小专栏;第三,奥运期间搭建合理节目架构:"赛事+新闻+专题+娱乐"。CSPN在北京奥运会期间,精心推出"1个直播日、1档奥运娱乐节目、4大奥运专题、8档奥运新闻",搭建了合理的大赛报道节目架构。在娱乐节目上着意创新,CSPN重点打造娱乐访谈节目:《大眼美女看北京》,于8月9日至8月24日每晚22:30—23:10播出,邀请名记李承鹏、名模李艾与美女主持李蓓组成"三李"团队,每天一字(如"和"、"首")妙评当日赛事,以娱乐化贴近受众收视心理;第四,以"大联合、大编辑、大混切"制播理念,全力打造奥运16天"直播日",每天7:20—00:20共17个小时大直播播出。[1]

CSPN北京奥运报道尝试了许多地方电视台过去无法做到的创新,平台大赛策划与报道能力超越单一频道,也取得了很好的收视效果。平台7家体育频道收视率都有明显提升,内蒙古文体娱乐频道在呼和浩特的收视提升170%,新疆体育健康频道在乌鲁木齐的提升也超过了100%,《奥运晚报》在沈阳、呼和浩特还创造了频道当天最高收视率。[2]

---

[1] 这里的"直播",与单场赛事直播不同,是指以总演播室为全天串连的广义奥运会直播状态,期间串连起赛事直播、新闻、专题、演播室访谈等多种节目形态。
[2] CSPN:《CSPN:主打联合牌、专业牌》,《广告人》杂志,2008年第10期。

（四）整合资源，突出娱乐、时尚特征，在新闻、专题等自制节目上着力创新

CSPN 在新闻上着力资源整合，开设 5 档新闻：《体育早报》、《体育午报》、《体育时报》、《体育晚报》、《体育快报》，全天 4 档（《体育快报》后被取消）共 7 次体育新闻播出，"占所有播出时间的 11.8%"。为充分体现了体育新闻的全面性、权威性，与路透社、SNTV、CSN、NBA DAYLY 建立新闻素材支持，遇重大赛事特派记者奔赴全球赛场连线报道，以背景介绍、赛事分析、深度报道、人物特写等报道形式体现了平台强大的新闻采制实力。

CSPN 创办了不少让观众眼前一亮的专栏节目。2008 年创办之初有 4 大专题：《奥运开讲》、《大篮板》、《神州话体育》、《魅力体育》。后来黄健翔等明星主持人、运动员加盟，又先后成功推出《绿荫集结号》、《天下球》、《菲菲带我飞》等品牌节目，确立了自己娱乐、时尚、生活化的体育节目风格。

（五）发挥区域主场地缘优势，以足球、篮球为特色，强化国内常规赛事报道

CSPN 的一大特色还在于对各成员电视台覆盖区域的地方赛事资源的共享，拥有国内联赛一流球队的省份，发挥区域主场优势，深挖本地主流球队赛事，成员台之间互动，强化了国内常规赛事特别是中超、中甲与 CBA、乒超等联赛的报道，并形成了足球、篮球两大赛事为主的报道优势。同时，CSPN 还极为重视赛事直播的主持解说和嘉宾评论，解决了地方台嘉宾资源劣势，常常请来最具知名度的专家和明星，权威性和娱乐性兼顾；此外，CSPN 赛事转播非常重视演播室的电视呈现效果，精美包装颇具国际化时

尚风格。这些都使得国内赛事报道成为频道主流内容，取得了较好收视效果。

《绿茵集结号》是2008年10月黄健翔加盟CSPN后担任制片人、组建制作团队的一档重头足球专题栏目。节目于2009年初开播，每周一18:45—19:40首播，时长55分钟。虽然后来黄健翔带着制作团队离开了CSPN，但《绿茵集结号》一直得以保留和延续。

总之，我们看到，CSPN中国体育电视联播平台的推出，开创了一个新的产业化合作与扩张模式，在体育报道的专业化上进行了诸多创新，主打"明星牌"、"本土牌"、"独家牌"、"差异牌"，形成了自身更为娱乐化、时尚化、生活化的节目风格。

这一模式推出对中国体育电视产业有着重大意义，它探索了现有制度下体育频道与商业资本进行跨界、跨区域联合的可能，推动中国体育电视媒体进行产业扩张与竞争创新。事实证明，地方电视体育频道结成联盟能有效提升频道覆盖面积和收视人口，弥补自身在人员、资金和技术上的劣势，扩大优质体育节目资源，体现出1+1＞2的整体优势，是解决地方体育电视频道发展困难的有益尝试。

然而，联播平台发展的过程中还存在着种种问题，制约着CSPN的发展。"赛事资源有限，难以突破央视的封锁垄断；广告覆盖相对较小，广告招商后劲不足；品牌宣传略显滞后，品牌系统不够完善；成员权责难明辨，利益分割成隐患；工作人员归属感缺乏，专业评论员水平偏低；电视画面质量亟待提高。"[①]最重要的障碍，还在于这种松散联盟难以形成长期的合作利益与目标，体制外的商业资本投入大、产出小，也难以主导联播平台更深入的扩张与

---

① 周绍彬：《区域联盟：地方体育频道发展之路——以CSPN为例》，《视听界》，2010年第2期。

创新。北京奥运后体育的低迷更加深了困难,随着2009年江苏、2010年辽宁加盟频道的退出,CSPN前景堪忧,它的历史意义将更多在于勇于尝试。

第五节 北京奥运周期发展规律与动力

从2001年开始的这轮中国体育电视发展热,取得了辉煌的成就,创造了发展的高峰。中央电视台体育报道在北京奥运推动下,赛事资源占有、公用信号制作、采编专业水准等方面成功跻身国际一流体育媒体之列。地方台也在新一轮激烈竞争中,强弱分化、合纵连横,北上广体育频道和CSPN联播平台都以自身特色和创新,成为产业强有力竞争主体。

一 整体来看,这一时期展现出了许多与以前阶段大有不同的特点

(一)大赛报道手段更丰富,规模更宏大

奥运、世界杯、亚运会等国际大赛和国内的全运会,都成为这一阶段体育报道重中之重,往往拉长周期、充分预热,以多种报道手段,实现大赛报道的最大规模和最好收视效应。北京奥运会的成功报道,更是成为中国体育电视大赛报道能力提升的一个里程碑。

(二)技术应用能力大幅加强,公用信号制作与国际接轨

随着数字、网络、传输、编辑等技术的迅速进步,中国体育电视

在采编过程中加以大量运用,给体育节目表现带来许多新的变化。通过逐步参与到赛事国际公用信号制作,在北京奥运会上承担了7个项目的国际信号制作,赛事信号制作能力完全与国际标准看齐。

(三) 节目创新速度加快,专业化程度全面提升

随着一大批体育频道开播和成功运作,中国体育电视加大了新闻、专题、栏目、活动等系列节目的创新速度,在报道手段上也将现场直播、演播室总串、访谈连线、包装互动等常规化,在策划、解说、主持等方面的专业化程度上有了全面性的显著提升。

(四) 适应受众趣味细分变化,关注和报道更多赛事类别

足球报道在2001—2002因中国队成功进入韩日世界杯决赛阶段,激发了观众收视热情,NBA、CBA篮球赛事也因姚明等因素成为这一阶段最为重要的报道项目。随着观众兴趣的进一步细分,在传统乒乓球、羽毛球、排球项目外,新兴的赛车、网球、高尔夫、斯诺克以及冬季运动赛事也赢得了特定受众的喜爱,加大了报道量。

(五) 在传统金牌意识外,娱乐化、人文性和欣赏性一面也得到了强化

举国体制下金牌意识在奥运等大赛中仍然得到突出体现,但同时在体育节目中也越来越强调娱乐化,湖南卫视以《国球大典》、《奥运向前冲》、《谁是英雄》等引领了娱乐化体育创新。在体育频道的常规栏目中,体育的欣赏性及运动员背后的人文精神也得到

了强化,更加贴近了受众。

(六) 经营意识强化,体育电视产业化加大探索步伐

各电视台产业经营意识得到强化,体育节目因政治宣传控制性内容少,产业化运作空间相对较大,在广告经营、品牌运作、跨界联盟、数字新媒体等领域加大了产业化扩张步伐。如北上广体育频道的广告联合经营、CSPN联播平台的推出、赛事版权的垄断与分销、数字付费体育频道的创办等等。同时,产业经营意识的强化,也推动体育节目内容适应市场和客户需求,进行相应调整与创新。

二 在体育电视发展出现一系列新的变动特点背后,是特定历史语境下新的动力因素在发生作用

(一) 北京主办奥运会的大力推动

自2001年7月13申办成功至2008年8月24日闭幕,北京奥运周期历时长达7年。在北京奥运推动下中国体育事业发展迅速,在各项国际大赛上展现出体育大国实力,激发起国人对体育收视的高度热情,这些极大地推动了体育电视节目的整体繁荣,推动了中国体育电视的规模化、多元化、现代化和国际化。

(二) 体育频道品牌化运作推动

体育媒体进入频道化和品牌化运作阶段,体育节目形式和内容得以极大丰富,推动体育电视节目的整体性和系统化创新。体育专业频道发展进一步成熟,竞争加剧,强弱分化,CCTV-5强化

了自身作为市场垄断者的地位,同时北、上、广体育频道也通过成功的品牌整体运作,确立了自身特点和区域强势地位。

(三) 围绕赛事版权的竞争推动

赛事版权作为体育节目核心资源地位突出,围绕赛事版权的竞争也就是市场话语权和影响力的争夺。一方面央视强化了自己对奥运会、世界杯、亚运会等国际重大赛事版权的垄断优势,另一方面,以上海电视台为主的一些实力地方台在中超、英超版权上,与CCTV展开了排他性竞争。

(四) 参与产业竞争的资本推动

随着产业竞争的升级,新的体制外资本积极参与进来,在广告代理、节目制作、赛事推广、品牌运营方面与电视台深化合作,进行产业化新尝试。如上海元太广告公司统一代理北、上、广为主的都市体育频道,神州天地公司主导成立CSPN体育联播平台,天盛公司巨资买断英超版权,青海卫视在体制外资本介入下转型体育卫视,以及众多体育赛事运作公司纷纷成立,推动了体育媒体体制和运营创新。

(五) 新的消费与休闲方式推动

这一阶段也是中国"入世"后第一个十年,中国经济在全球化市场红利下快速发展,经济上"大国崛起"引发新的消费与休闲潮流,体育消费和体育收视成为迅速发展的"城市化"生活方式的时尚特征,从而推动体育电视节目进入更多家庭日常生活之中,新的受众趣味也推动了中国体育电视的节目发展和转型。

第二编
专业分析：节目，频道，管理

节目专业化

频道专业化

管理专业化

第五章　体育电视节目生产的专业化发展策略

在新闻业,普遍存在着特定的媒介组织、特定的专业环境、特定的工作能力、特定的工作岗位角色、特定的职业意识形态,正是这些工作"操作"层面的特殊性,决定媒体从业者将自己视为专业人员,按照特定的规则和技巧工作,并赢得作为知识工作者的地位和尊重。布鲁斯·加里森在《体育新闻报道》一书中明确提出了体育新闻的专业化潮流:

> 毫无疑问,体育新闻给公众提供了一项独特而又日渐必需的服务。抛开基本的写作不谈,它对知识技能的依赖日渐加强。……这些新的或旧的组织正试图坚持这些规范(体育新闻行业行为自律标准),这预示着更进一步的专业化趋势。[1]

媒介专业主义一直是中国传媒业改革开放30年来发展的内

---

[1] 布鲁斯·加里森、马克·塞伯加克:《体育新闻报道》,华夏出版社,2002年,第344页。

在动力。对体育新闻业来说，这种专业性追求更为迫切也更为可能，成为中国体育电视行业、机构和从业人员的长期目标和内驱力。它基于中国体育电视报道的几点特性：第一，在宣传功能之外，强调体育报道的信息性、服务性、娱乐性，体育报道的专业规律性得以突出；第二，体育及赛事本身具有较强的专业性，种类细分的各具体体育项目有自己独特的专业性，这要求报道人员对体育项目具备专业知识；第三，体育电视报道需要掌握更多先进科技与专业报道技巧，如赛事直播等技术应用的专业化程度较高；第四，体育电视报道常常是多工种的分工配合的团队工作模式，对各岗位的专业性要求也较为明显；第五，体育电视在日益频繁参与国际大赛报道的过程中，与国际报道标准相接轨，也增强了全行业对专业性的要求。

第一节　体育新闻：专业化打造观众忠诚度

新闻节目是体育电视节目中承担新闻报道和信息服务的基本节目形态，而最新的国内外新闻内容也是体育观众最为需要的收视内容。体育新闻节目的专业化发展，主要体现在量的增长、时效和速度、报道内容与风格定位的变化上。

中央电视台最初的体育新闻节目只是和其他新闻节目一样，在《新闻联播》等综合新闻节目中少量播出。到 1985 年 CCTV-1 开辟《晚间新闻》栏目，体育新闻的播出数量才有了显著增加。1982 年体育新闻播出总数才 300 多条，到 1986 年就超过了 1000 条。中央电视台的第一个体育新闻栏目《体育新闻》于 1989 年元旦开办，每周一至周六晚间 21:55—22:00 播出 5 分钟，体育新闻报道量增长从此有了专门的体育新闻栏目这一播出空间的保障。1995年CCTV-5体育频道开播,体育新闻播出栏目化,一天多档播出,体育新闻首播量一天就能达到上百条,与八十年代初日均一两条,已经是天壤之别。此后,体育新闻的日常播出量稳定在这一高水平,大赛期间因为特殊编排,新闻播出量的增长更为明显。

上世纪八十年代初,体育新闻的报道基本上还是隔天的旧闻,后来CCTV-1《晚间新闻》开播后才可以报道当天下午以前的赛事和消息。当时对国外赛事新闻报道(如印度新德里亚运会)还要由飞机将录像带捎回播出,播出时甚至已经是3—4天之后了。CCTV-5体育频道上星播出后,《体育新闻》栏目逐步过渡到演播室直播方式,基本做到了"把刚刚在新闻播出结束前发生的事件及时报道出去",体育新闻的内容都是在24小时之内的全球体育动态。在奥运等大赛中的重大新闻,也可以通过字幕等特别方式在第一时间实现同步告知。

体育频道的开播,使新闻节目有了更大的扩张空间,新闻节目的播出安排也更为合理。全国各主要体育频道(如北京、上海、广州等电视台体育频道),都按照观众收视习惯与需求特征,不但实现了栏目化日播方式,而且锁定分布于全天早间、午间、晚间不同主要收视时段。如CCTV-5早间的《早安中国》、午间《体坛快讯》、晚间黄金时段的《体育新闻》及更晚时段的《体育世界》,全天四档新闻栏目在满足观众在不同时段的收视需求同时,也稳定了频道日常收视,锁定了观众。

CCTV-5频道《体育新闻》、《体育世界》等新闻栏目的播出采用了演播室直播的节目播出形态,主持人在演播室内实时播报和串连,增加了节目的实时性和亲和力,同时一些重点新闻的报道采用了记者外景出镜、实时连线报道、小视窗等现代报道方式,增加新闻报道的现场感、鲜活感和动态性。

在奥运会、亚运会、全运会期间和前后,为集中宣传报道这些在国际国内大赛,经常会在常规新闻报道之外,在《体育新闻》、《体育世界》等栏目中开辟一些固定小专栏,对赛事情况进行长周期的预热报道和跟踪报道,既丰富了大赛报道的形式、内容,也借赛事热点有效提升新闻栏目收视率。如2006年都灵冬奥会期间,《体育新闻》和《体育快讯》中开设了《冰雪都灵》、《都灵快递》、《冬奥精彩瞬间》、《都灵之星》等,而且这些栏目为联想、青啤、三星等赞助商所看好并冠名。

此外,体育新闻节目的专业化发展,还注重不同时期的不同编排策略。与工作日相比,一些体育频道在周末增加足球、篮球等赛事直播,以及体育新闻类栏目自身内容也相应变化,在周末增加关于体育赛事最新信息的报道,往往能明显提升新闻栏目的周末收视率。

正是因为长期的专业化发展,体育新闻始终是体育电视节目的一个主体组成部分。在各类体育电视节目中,新闻类栏目具有收视率稳定、到达率高、受众规模大的收视特征;体育新闻节目的受众也相对更加主流、更具价值,学历和收入相对较高;体育新闻节目也往往具有知名度高、受众忠诚度高的质化特征。如在2004年,《体坛快讯》、《体育新闻》、《体育世界》的观众忠诚度分列CCTV-5频道前三位。

第二节 专题栏目:从精品化到品牌化、产业化

电视节目存在的固定化、延续化的常规形态就是栏目,作为播出平台的频道一般由至少十多个甚至多达数十个栏目架构而成,

特别是其中的精品栏目,更是频道竞争力的集中表现,也是定期"约会"观众、形成稳定收视的重要手段。对体育电视节目的发展而言,"栏目精品化"也是重要的方向,但同时体育频道的栏目发展又有着不同于其他频道的规律。

体育电视栏目发展的一个总体特征首先就是越来越"少而精",在数量上经历了由少到多再到少的过程。到 1992 年,中央电视台的体育节目量还很少,只有 CCTV-1《体育大世界》和 CCTV-2《赛场纵横》两个固定栏目;1995 年 CCTV-5 体育频道开播,栏目成为主要节目形态迅速增长,一下创办了二三十个栏目;发展到 2009 年,真正的专题栏目(除新闻和赛事类栏目外)则只剩下 10 个左右(表 5-1)。这与频道开播初期赛事少、以栏目填充播出时间有关。随着频道的成熟,赛事播出越来越多,栏目发展日益遵循"少而精"的原则。

表 5-1:CCTV 不同时期体育栏目总数、除新闻及赛事类外专题栏目数①

年度	栏目数	栏　目
1994	2/4	《体育大世界》、《赛场纵横》
		《体育新闻》、《体育现场直播》
1995	26/40	新增:《体育沙龙》、《车王世界》、《足球俱乐部》、《体育广场》、《体坛精华》、《国内竞技场》、《中国体育》、《拳击台》、《网球世界》、《乒乓球》、《田径场》、《话说羽坛》、《中国象棋》、《棋牌迷宫》、《台球城》、《高尔夫》、《保龄球》、《运动休闲》、《体育空间》、《运动旋律》、《体坛光环》、《体育大百科》、《电视教练》、《健康城》
		新增:《体育商城》、《国际健身术》、《5 分钟健美》、《广播操》;《卫星赛场》、《实况录像》、《意大利足球集锦》、《荷兰足球集锦》、《南美足球集锦》、《欧洲足球集锦》、《全国足球甲级联赛》、《中国男篮甲级联赛》

---

① 参见 1995、1996 及 2010 年《中央电视台年鉴》,人民出版社,中国广播电视出版社。

(续表)

年度	栏目数	栏 目
2009	11/24	《足球之夜》、《天下足球》、《篮球公园》、《精彩F1》、《赛车时代》、《体育人间》、《运动空间》、《我的奥林匹克》、《奥运档案》、《城市之间》、《武林大会》
		《体育新闻》、《体坛快讯》、《体育世界》、《体育晨报》、《午夜体育报道》、《体育报道》;《实况录像》、《顶级赛事》、《直播周末》、《实况足球》、《巅峰时刻》、《现场直播》、《体育欣赏》

资料来源:《中央电视台年鉴》

  按照"坚持专业性服务,使品味不同的观众都可以在体育频道找到自己喜爱的节目"这一发展原则,体育栏目的定位也日益细分和准确。栏目定位一是与赛事紧密配合,如设置足球、篮球、赛车、拳击、网球等项目分类型栏目,足球、篮球类栏目长期收视稳定;二是与受众收视需求相契合,如设置《体育沙龙》、《体育人间》、《城市之间》、《我的奥林匹克》等受众期待性高的访谈类、故事类、娱乐类、热点类栏目,这些娱乐类、新兴类栏目也呈收视上升态势;三是设置了一些健身类等体育边缘相关性栏目,以满足观众关注自身健康的服务性需求。前两类栏目发展良好,但边缘服务类栏目因为收视原因逐步退出。

  从整体来看,中央电视台的体育专栏节目经历了由"以知识性的体育节目和赛事报道欣赏为主",到"以有深度的连续和系列体育专题为主",再到"杂志型的体育专栏节目"的发展历程。第一个杂志式栏目肇始于1991年5月成立的《体育大世界》,每期50分钟,"开辟多个子栏目,集新闻性、知识性、欣赏性、娱乐性于一体,满足普通受众的多方面需求。"[1]此后,这一杂志式专题栏目形式得到发

---

[1] 刘习良主编:《中国电视史》,中国广播电视出版社,2007年,第230页。

展,如《足球之夜》《篮球公园》等,都融多种节目形式于一体,吸纳了更多受众。同时,由于这种杂志式专栏长度大多在50分钟以上,也促使专题内容朝深度化发展,如《足球之夜》常常采用对热点事件的跟踪报道和深入调查,以深度报道赢得权威性和独家性优势。

此外,体育专题栏目的发展特征之一是形态的日趋多样化,访谈类、人物类、娱乐类、纪实类、演播室综合类专栏都取得了发展。如1995年1月6日开播的国内第一个大型直播体育谈话节目《体育沙龙》,2月17日《久违了,朗平》面对面挖掘了郎平作为体育人物的故事性;再如创办于2002年的《体育人间》人物纪实类栏目,以纪录片形式报道了体育明星的真实人生和平常百姓的体育情结,人性化、人情味十足。栏目的娱乐性、互动性也日趋得以强化,如先后开播的《球迷世界杯》《城市之间》《全明星猜想》等,以鲜明的娱乐性和广泛的大众参与特征诠释了体育除竞技夺牌外的另一面。《篮球公园》栏目还与赞助商一起开展"361娱乐篮球全国大赛",吸引各城市青少年展示街舞、花样篮球等娱乐性体育元素。以娱乐性赢得年轻受众的栏目通常竞争力优势明显,像《篮球公园》《赛车时代》《城市之间》等栏目的年轻受众集中度较高,栏目成长趋势良好。一个突出例子是:《天下足球》栏目从《足球之夜》脱胎而出,"青出于蓝胜于蓝",以其时效性、快节奏和轻松活泼风格迅速赢得年轻观众,栏目的收视率和观众规模很快就超出《足球之夜》。

任何栏目都有自己的生命周期,使栏目保持长期鲜活的主要方法就是改版和创新。如2005年《足球之夜》《天下足球》两档栏目联合行动,启动了一系列创新:第一,创新推出《我爱世界杯》整合式全新足球节目板块。从2月份开始启动《我爱世界杯》板块,在《足球之夜》中侧重于进球集锦和世界杯预选赛出线形式介绍,《天下足球》则以历史沿革、风土人情、德国筹备情况以及重量级人物访谈为主;第二,对资源进行整体全新包装。如将 2005 年夏季足球赛事资源整体包装为"夏季足球攻势",突出"中国之队"比赛,赛事转播外,《足球之夜》还会推出相关专题进行深度报道;第三,突出商业足球比赛的年轻、时尚化特征。2005 年夏天,曼联、皇马、拜仁和巴塞罗那四大豪门到访中国进行商业比赛,《天下足球》创新推出《豪门盛宴》系列节目,《超级队报》集中报道动态,开展"欧洲豪门中国魅力排行榜"评选。栏目改版等这一系列报道创新成功给栏目注入了新的活力。

在体育栏目发展的过程中,栏目制片人制发挥了重要的制度作用。中央电视台最早对制片人制的探索,是在 1991 年 5 月创建的《体育大世界》这一大型体育电视栏目,制片人马国力。在体育频道的创办之初,制片人制发挥了巨大的人员激励作用,马国力在 1994 年 11 月 1 日的频道开播任务下达会议上,一下子宣布了将近 20 名制片人,"谁的孩子谁抱走"[①]。正是这一"强化独立个人的作用"的制度推动,体育频道开创和成就了一大批知名栏目,也成就了一大批如张斌、刘建宏等职业化的制片人。到 2006 年 7 月 25 日央视体育中心推行频道制管理改革后,加强了频道层面的整体运筹、协调发展以及成本核算与经费统一管理机制,制片人的独立性有所限制,而对其职业化的合作精神则有了更高要求,以适应频道制整体协调发展的新竞争环境。

随着频道品牌化、产业化运营的整体发展,一些具备条件的栏目也走上了品牌化、产业化运作的轨道。CCTV-5 最具品牌化的栏目如《足球之夜》等,都有自己的标识、音乐、宣传片、知名主持人,并和出版社、杂志社合作出书、出杂志,进行市场化品牌推广。

---

① 苗炜:《五魁首:CCTV-5 十年纪实》,上海文艺出版社,2005 年,第 260 页。

通过社会合作与央视内部制播分离，一些栏目也成功探索了产业化运作，如2007年3月开播的《武林大会》栏目，由频道下属"中视体育推广公司"制作、运营，向国际输出中国传统武术类体育节目产品，打造体育电视立体化的全产业链，电视体育栏目专业化发展进入了新阶段。

第三节　赛事节目：从技术、包装到理念的突破

国际、国内赛事自然是体育频道和体育电视最重要的核心资源，赛事资源的利用除新闻报道、专题专栏外，又以赛事现场直播最为重要。可以说，自有体育电视节目以来，赛事实况直播就是其存在的首要基础，同时赛事直播也最能体现电视直观、生动的传播特性与效果。

在中国电视业的曲折发展中，体育实况直播一直坚持了下来，这其中最重要的原因还在于体育赛事直播符合电视传播规律。正如中央电视台副台长孙玉胜所说：

> 体育比赛离政治较远，所以体育比赛从开始到现在都一直坚持直播，即使"文革"期间和中国经济最困难的时候，体育赛事的直播也基本没有中断。这一体现电视本质和最接近国际化的节目形态，在体育节目中一以贯之地坚持了下来，在40多年的中国电视史上是绝无仅有的。[①]

[①] 孙玉胜：《十年：从改变电视的语态开始》，三联书店，2003年，第135页。

可以说,赛事节目报道技术、包装方式和报道理念的发展,更为集中地反映了中国体育电视所走过的专业化发展历程。

改革开放以来,随着我国参与和主办更多国际赛事,赛事实况直播作为赛事节目主体在播出量上迅速增长。1993年中央电视台体育节目包括新闻、专题和赛事的播出总量只有989小时;"1998年,中央电视台体育频道体育实况转播超过500场,加上重播节目播出的时间,每天可达10小时以上,约占体育频道播出时间的60%。"[1]2004年以后,CCTV-5频道全年直播赛事一般都在1200—1700场之间,每天都有三四场赛事直播。而到2009年,体育频道全年共完成"3210场次约5790小时国内、国际体育直播赛事以及录像节目制作任务。"[2]

在实况直播外,还有赛事录像播出、精彩剪辑播出等赛事播出节目。在播出形态上,不论直播或录播赛事,大都进行了栏目化包装,以体现赛事播出的延续性和固定性,同时实现收视的惯性。CCTV-5先后推出的常设赛事栏目有:《现场直播》、《实况录像》、《实况足球》、《顶级赛事》、《巅峰时刻》等。同时,还对周末密集播出的赛事进行整体包装播出,以演播室串连、打通播出,整体命名为《直播周末》,取得了很好的效果。2008年改版奥运频道后,将每天晚间黄金时段19:30—21:25近两小时打通进行赛事直播,整体包装命名为《黄金赛场》,现场直播热度最高的焦点赛事,包括CBA、排球联赛、乒超联赛、中超联赛等国内重大联赛、世乒赛、汤尤杯、ATP上海大师赛等国际顶级赛事。从此体育频道有了一个最为强势的赛事直播时段类品牌栏目,实现每晚黄金时间与观众

---

[1] 陈国强:《中国体育电视转播的历史与现状》,见《奥林匹克的传播学研究》,中国传媒大学出版社,2009年,第86页。

[2] 参见《中央电视台年鉴(2010)》,中国广播电视出版社,2010年。

的直播赛事观赏约会。"黄金赛事＋黄金时段"使得《黄金赛场》成为频道覆盖观众最多的收视带(表5-2)。

表5-2：CCTV-5《黄金赛场》2009年收视数据

黄金赛场 19:30—21:25	平均收视率%	市场份额%	到达率%	总收视人数
	0.73	1.79	74.7	8.3亿

数据来源：CSM，45城市，4＋，2009年1—11月

体育赛事的实况转播是高度技术化的系统工程，从现场机位的选择布置、音响灯光技术、导播、摄像、慢动作、字幕等现场制作环节，到卫星电视传输、后期数字在线编辑和包装系统的应用，无不与最新传播技术的进步相关联。正是这些技术的进步，推动了赛事节目的发展，同时也通过赛事节目的首先应用起到了传播技术的扩散效应。中央电视台的很多传播技术应用突破，是在实况转播国内外重大赛事时实现的(表5-3)。

表5-3：中央电视台历次赛事转播实现的技术突破[①]

	时间/赛事	技术突破
第一次远距离实况转播	1973年10月21—27日 武汉全国乒乓球比赛	成功将赛事实况和微波跟踪传回北京，再从北京向全国播放。
第一次现场直播海外比赛	1978年6月25、26日 阿根廷世界杯半决赛、决赛	第一次通过国际通信卫星回传信号到北京，现场直播海外体育比赛。
第一次直播奥运会实况	1984年 第23届洛杉矶奥运会	通过卫星直播了开闭幕式和女排决赛等10场实况。
第一次在国外建立制播中心	1994年10月 第14届广岛亚运会	在广岛设立自己单独的播出制作中心，租用一条单独的卫星通道，所有亚运节目从这里直接播出。意味着中央电视台制作技术的成熟。

---

① 参见《中央电视台的第一与变迁》，东方出版社，2003年，第55—58页。

(续表)

	时间/赛事	技术突破
第一次采用单边多点报道	2001年11月广州九运会	第一次成功应用虚拟演播室直播;第一次使用"单边多点"报道方式;首次推出交互电视。

赛事节目一个不可或缺的组成要素就是对赛事的解说与点评,随着赛事节目的发展,体育解说与评论也在不断追求自身的专业化。从新中国的第一位体育解说员张之开始,到宋世雄,再到后来的孙正平、韩乔生、黄健翔、刘建宏,对赛事解说的专业化追求从未间断。中央电视台在赛事解说和评论的专业化追求上,一是不断对赛事项目解说进行细化分工,如黄健翔和刘建宏、段暄3人主要负责足球,于嘉主要负责NBA等篮球赛事,蔡猛主要是乒乓球,等等;二是举办"主持人大赛"选拔新人,如2005的"谁来主持北京奥运"就从3000多人中,选拔出10多人来培养;三是邀请奥运冠军、退役运动员、体育专家等参与奥运会等大赛的现场解说工作,突出了解说的专业性和权威性。四是引进虚拟信号制作和赛事实时分析系统,实现技术性突破。如在2001年世界游泳锦标赛上,就使用了悉尼奥运会时美国NBC奥运报道中首次使用过的虚拟信号制作技术,在电视画面的泳道上制作出泳道运动员代表国家的国旗图案。此后在更多赛事中出现了更多虚拟信号制作形式,2008年北京奥运会上虚拟制作技术也引入到公用信号制作当中。赛事实时分析系统也是一项技术突破,利用先进的计算机技术,可以在比赛进行的同时提供实时的比分、成绩和分析系统,使得现场评论更详细、更专业。在2008年北京奥运会上这一系统的应用,从田径、体操等项目扩展到拳击、柔道等十多个项目的现场报道中。

此外，赛事信号制作能力的强弱是衡量体育电视媒体专业水准高下的重要标尺，而且这一标准是国际化的。中国体育电视在大量参与国际赛事报道的同时，也一直追求信号制作的专业化，特别是在北京奥运的推动下，与国际标准接轨，并最终在北京奥运会上承担了乒乓球、羽毛球、排球、网球、篮球等七个项目的公共信号制作，赢得国际体育界认可与尊重（表5-4）。"在标准面前，要求我们对运动项目有更深入的理解，不犯常识性的错误，不遗漏比赛的任何信息，摒弃狭隘的民族情绪以及个人利益，以世界化、发展化的眼光去呈现比赛。"[1]在与国际接轨的过程中，这种"标准化"的赛事制作要求和意识也逐步渗透到CCTV-5对国内外各项赛事的转播中，从理念到设备、操作技术、人员分工配合上都有了显著进步。

表5-4：2004年与2008年奥运会中央电视台承担赛事国际公共信号制作时长比较

	2004雅典奥运	2008北京奥运
乒乓球	CCTV首次参与奥运会公共信号制作，两个制作组共完成：166小时	115场：170小时
羽毛球		106场：83小时
现代五项		两天：15小时
篮球	无	76场：215小时
排球		56场：180小时
网球		27场：74小时
武术		9场：41小时
备注：羽毛球和现代五项由一个制作团队兼任；武术为2008年新增特设项目；2008年共完成778小时（含武术41小时）信号制作，是2004年的4.69倍。		

资料来源：《中央电视台年鉴》

---

[1] 任金洲、马国力：《体育赛事：电视公用信号制作标准研究》，中国传媒大学出版社，2005年，第13页。

公用信号只是赛事转播的前端部分,从公用信号到电视播出,中间还要采用一系列的包装和编排加工,从而体现出报道的个性化、立体化和深度性。中央电视台对一些大赛的报道大都采用了演播室和主持人总串、融汇多种节目形态、整体包装播出的方式。从1990年北京亚运会报道首次采用演播室直播报道,到2000年悉尼奥运会的全频道包装直播,以演播室为框架总串的赛事立体报道得到了广泛应用(表5-5),成为体育频道规范性大赛报道模式。

表5-5:中央电视台历次赛事转播实现的整体包装报道突破[1]

包装报道模式	时间/赛事	具体播出情况
第一次采用演播室直播为节目框架	1990年北京亚运会	中间穿插赛事直播、录像、专题、采访、新闻、评论等多项内容,每天14小时直播16天。
第一次建立后方演播室来重新包装节目	1992年巴塞罗那奥运会	连续播出90小时,成功解决了时差问题。
第一次运用"大杂志式"赛事报道模式	1997年上海八运会	使用了当时世界最先进报道方式,全天16小时播出全运会赛事,18:00—24:00整体编排,包括直播、新闻、采访、现场报道、评论和花絮,节目包装采用演播室主持人和节目预告相结合的方式。
首次采用整频道包装报道体育赛事模式	2000年悉尼奥运会	CCTV-5整体包装为"奥运频道",播出节目584小时,直播赛事160场,录播30场,加强赛事评论深度。

中央电视台大赛报道的发展主要体现在:第一,报道规模的快速增长。无论在报道人数、播出总时长、投入报道频道上看,从

---

[1] 参见《中央电视台的第一与变迁》,东方出版社,2003年,第56—57页。

1984年到2008年发生了巨大的变化(表5－6);第二,注重提前进行报道整体策划,赛前-赛中-赛后节目一体化;第三,更加注重整体包装和精心编排,除演播室整体包装外,还多使用总片头、栏目片头、各类宣传片、预告片等,强化全天时段及新闻、专题、赛事的配合;第四,创办各种专题节目,加强赛事报道的娱乐性和观众互动性。如悉尼和雅典奥运期间的《悉尼猜想》、《雅典猜想》,世界杯期间的《球迷世界杯》;第五,贯彻"体育大片"式报道理念。"就是做到比赛的故事化,我们要用各种手段去强化悬念"[①];第六,制作理念从注重专业竞技到注重"人文关性",赛事中人的情感、人的反应、人的故事等大众性元素得到更多呈现;第七,在传统电视报道之外,数字、网络、移动等新媒体手段日益受到重视,注重多媒体、跨媒体的报道整合,并将网络调查、网民反馈等融入电视赛事节目之中。

表5-6:中央电视台历届奥运会报道规模增长情况[②]

年	前方报道人数	播出总时长	播出频道
1984	5人	不到100小时	央视一套、二套
1988	18人	100小时左右	央视一套、二套
1992	25人	200小时	央视一套、二套
1996	59人	超过500小时	央视一套、二套、体育频道
2000	108人	超过584小时	央视一套、二套、体育频道
2004	162人	超过1474小时	央视一套、二套、五套,两个数字付费频道(共5个频道)
2008	超过2000人	超过2796小时	CCTV-1,2,3,奥运,7,12,高清,奥运足球,奥运网球(共9个频道)

[①] 任金洲、马国力主编:《体育赛事:电视公用信号制作标准研究》,中国传媒大学出版社,2005年,第17页。
[②] 参考张兴:《中国的奥运会电视转播(1984—2004)》,载《电视研究/2007.6体育频道业务专刊》,2007年,第12—15页。

在重点赛事报道规模和理念突破之外，2005年以来，体育频道对赛事资源的利用出现了新的"分类赛事"报道和包装方式。就是将分散于全年的同类项目赛事进行整合打包，以便明确报道重点、有效分配报道力量、科学进行节目编排，从而创造整体收视最佳效果。同时可以规划不同类别赛事整体宣传片，强调不同赛事项目之间的内在差异化气质和魅力，在营销上也便于青睐于某类赛事的赞助商在体育频道可以有更好整合营销效果。像"无界篮球"、"荣耀国球（乒乓球-羽毛球）"、"风云足球"、"时尚网球"、"优雅斯诺克"等都已成为有品牌标识的分类赛事，赛事特性得以彰显。同时，在时间概念时还突出了"赛季"的编排理念，在某一赛事集中时期，围绕此赛事进行主题式的集中、连贯编排，从而达致优势赛事资源集中使用的强化效果。

总体而言，我国体育电视节目的发展是在专业化力量的大力推动下实现的。无论是体育新闻、专题栏目还是赛事节目，都随着我国体育事业的迅速国际化，采取相应的专业化策略，取得了巨大的进步。回顾这一专业化进程，可以从中发现中国体育电视节目生产的根本性规律所在。

第六章　频道专业化：机构、品牌与技术

　　电视频道专业化，是指"电视媒体经营单位根据电视市场的内在规律和电视观众的特定需求，以一频道为单位进行内容定位划分，使其节目内容和频道风格能较集中地满足某些特定领域受众需求。"[①]也有学者将专业化频道定义为："电视媒体根据市场规律和受众分群化媒介消费习惯，针对不同的目标受众对信息的特定需要组合成内容定位专一的电视频道。"[②]不论怎样定义，频道专业化的两个基点得到普遍认同，就是对内容与受众这两个传播基本要素的专门定位与细分。它与市场营销领域的产品定位（Positioning）与市场细分（Segmenting）理论相关，是目标市场营销策略在电视产业竞争中的应用和体现。

　　频道专业化的发展与中国电视业的竞争状况相关。在广电总局推动有线与无线合并后，2001年全国电视频道数量出现了激增，达到2194个，相比2000年的1206个几近翻倍，到2002年全国电视频道数量为2124个。[③] 这一规模远超美国、日本的电视频

---

① 张海潮：《电视中国——电视媒体竞争优势》，北京广播电视出版社，2001年，第38页。
② 陈刚：《从亚运会的直播看电视专业频道的立体运作》，《视听界》，2003年第1期，第19页。
③ 金鹰电视节组委会、CSM、北京广播学院：《中国电视市场报告2003—2004》，第23页。

道数。如此庞大的中央、省、市、县各级频道群大多内容重复,办出个性、特色与效益的很少。伴随着全国电视有线与无线合并和频道整合大潮,各种专业频道如雨后春笋般地涌现。但是这些频道虽有了各种专业名称,也不过是出于行政整合和跑马圈地的需要,在内容的专业化和受众的分众化上难以名实相符,"专业频道不专业"仍是普遍现象。

  电视频道专业化大势所趋,但现实中却面临诸多困难,实践起来成功者少,倒是像"阳光卫视"这样的失败案例让电视从业者深感困惑。有人甚至说"中国实际上走频道专业化道路的条件还不成熟,电视频道专业化一定要慎行。"理由是"专业特色不明显、频道风格简单化、盈利模式单一化、付费电视不乐观、专业频道营销难、资源整合矛盾多"。[①] 事实上,这反映的更多是实践中的问题和困难,并非电视频道专业化自身劣势。

  中央电视台在频道专业化上推进力度大,引领了频道专业化的步伐,并取得了明显成功。在明确提出"频道专业化、栏目个性化、节目精品化"的战略之下,中央电视台在 CCTV-1 综合频道之外,到 2000 年,已经成功开办和整合形成了一系列专业频道:2000 年 7 月 3 日,CCTV-2 大调整后定位为"经济生活服务"频道;CCTV-3 定位为综艺频道;CCTV-5 体育频道 1995 年即已创办,2000 年 12 月全面改版后专业性进一步强化;CCTV-6 电影频道,独家拥有和播出建国以来拍摄的数千部故事片;CCTV-8 电视剧频道 1999 年开播,收视率和广告收入增长迅速。此后,又先后开办 CCTV-10 科教频道、CCTV-少儿频道、CCTV-新闻频道、CCTV-12 社会与法频道以及 CCTV-音乐、CCTV-戏曲频道。这

[①] 马嘉、海燕:《电视频道专业化要慎行》,原载《新闻传播》,2005 年第 3 期。

一系列专业频道的开办,强化了中央电视台在各细分专业收视领域的竞争优势,也在 CCTV-1 收视份额逐步下滑的情况下,确保了中央电视台整体长期占有中国电视市场 1/3 左右的收视份额。

中央电视台"频道专业化"策略的成功,以及地方台的困惑与无奈,形成了巨大反差。这其中一个主要原因,在于中央电视台的专业化频道是面向全国受众的特定收视兴趣的细分,即使是分众也是大众化的分众,仍有着庞大的受众基础。如 CCTV-5 体育频道等各专业频道在全国覆盖、影响力、专业资源掌控、资金、人才、广告与市场运营上的巨大优势,不少专业频道甚至形成了市场垄断。

第一节　CCTV-5 体育频道的发展由来

从体育节目发展到体育专业频道,这中间走过了近 30 年的曲折道路。1958 年中央电视台前身北京电视台成立以来,体育赛事直播和《体育爱好者》等体育专栏就是电视节目的一个重要组成部分。1963 年,中央电视台成立了社教部,确定专门人员主办体育节目。作为 1961 年世乒赛实况转播导演的张家成,成为最早的体育电视专业报道人员。

文革之后的 20 世纪 70 年代末,随着体育节目的恢复和增加,中央电视台开始重视体育新闻和体育专栏的发展,从编制上也开始成立了专门的体育组,由专人进行体育方面的采编报道。1979 年,中央电视台在专题部下设立了专门的体育报道组。1983 年 2 月体育组升格为体育部,至此中央电视台体育部正式成立,承担全台体育新闻和各类体育节目的采访、报道工作,主任张家成,员工

9人。1984年,长期担任体育赛事解说工作的宋世雄正式调入中央电视台体育部,成为中国首位电视体育评论员。

1984年洛杉矶奥运会只有5个人去洛杉矶前方报道,与香港TVB电视台合作,和一家新西兰电视台共用机房,赛事以录播为主,《新闻联播》播出少量新闻报道。1985年体育部还只有少量体育栏目《体育大世界》、《世界体育》、《体坛纵横》等,每周播出时间总共不过两小时。到1986年,体育节目报道量有了明显上升,一是因为《晚间新闻》的开播,使体育新闻有了更充分的播出空间;二是因为汉城亚运会增加了体育报道量;三是体育部转播和录播了当年墨西哥足球世界杯的全部比赛。

1988年12月30日中央电视台成立新闻中心,体育部是新闻中心下设5个处级单位之一。1989年,马国力开始主管体育部。这期间体育节目开始谋求突破:(一)1989年元旦开播了每天5分钟《体育新闻》栏目。体育部从此有了自己每天固定的新闻栏目,对体育报道的发展是一个很大的推动;(二)1990年意大利世界杯中央电视台体育节目开始着力"做大"。一套节目晚间7点半到8点每天播出30分钟专题《意大利90足球集粹》,专题内容丰富,尝试了多种节目形态,包括播出比赛剪辑、"罗马热线"由前方记者通过电话实时报道、赛后新闻发布会画面、请知名足球教练做比赛评论、推出"意大利之夏"足球MTV等,体育部还第一次演练了决赛之夜的全程节目直播;(三)1990年北京亚运会的成功报道。中央台体育部第一次直播在北京举办的重大国际比赛,在技术、人才、经验都不具备的前提下面临了巨大挑战,创新式采用"框式播出模式",将16天亚运期间的第1套节目全部直播。许多节目和信号被亚运顾问委员会和国际同行评为最佳。

在北京亚运会的巨大成功后,体育部的信心受到激发,专业水平和报道能力得以快速提升。1991年5月,推出了当时全国惟一的大型体育电视杂志式栏目《体育大世界》。1992年巴塞罗那奥运会前方记者达到28人,北京后方报道近50人,早间、午间、晚间3个时段滚动报道,报道时间增加到250小时左右。《奥运沙龙》每天都有马国力的几分钟评论,这是电视评论节目的最早试验,"这个评论节目替《东方时空》先走了一步。"①

1994年广岛亚运会标志着中央电视台体育专业报道的成熟。中央台几乎是在广岛建立了一个中小型电视台,有了自己的演播室和卫星专线,前方记者54人,连续报道16天,每天播出18小时。至此,创办体育专业频道的条件基本成熟。马国力说:"(1992年巴塞罗那奥运会之后)就有了开办体育频道的最初想法。我是觉得当时的体育部人员可以做一些大事了。"②在1993年9月向台里正式递交创办体育频道报告之时,马国力真实想法是先"跑马圈地",频道开办后再"精耕细作",体现了那个时代创业者强烈的扩张精神。

在对北京地区的33频道资源的争夺中,中央电视台体育频道于1994年12月1日试播,1995年1月1日中午12:00正式开播。马国力认为,"刚开始的时候,体育频道像是做给我们自己看的,只在北京地区播出,没有多少人知道。每天4个小时录像没有多少内容,节目内容陈旧,没有多少吸引力。"③

1995年11月30日,体育频道和电影、文艺以及少儿军事科技农业一起共4个频道作为加扰卫星电视频道播出,这是当时广播电视系统深化改革、加快发展的一项重大举措。这几套节目采

---

① 苗炜:《五魁首:CCTV-5十年纪实》,上海文艺出版社,2005年,第105页。
② 同上书,第255页。
③ 同上书,第259页。

用了世界先进的数字压缩编码技术传送,广电部组建了中央卫星电视传播中心,实施全国卫星电视有线电视联网工作。专业频道作为一种特殊服务,"更具娱乐性、知识性、专业性",因此对各地有线电视网实行了有偿收费。

至此,一个全国性覆盖、体现国家电视台权威,拥有奥运会、世界杯、亚运会、各类世界锦标赛和各单项比赛电视报道权的国家级体育频道已经成型。此后十多年,它迎来了自己的高速发展和扩张期,垄断了中国体育电视市场80%左右的份额,拥有全球几乎所有重要赛事的电视报道权,成为中国乃至全球体育电视业一个"巨无霸"式的竞争主体。

第二节 体育频道的机构和人才

1994年底体育频道开播前,体育部正式职工只有27人,下设新闻转播组、专题组、特别节目组,主任马国力,副主任冯一平、岑传理。1994年,中央电视台体育部第一次面向社会招聘,王京宏、张虹、黄健翔、罗刚等一批社会人才成为台聘人员进入体育部,加上此前调入体育部的张斌等人,体育部专业人才队伍得以迅速扩充。到1995年,在体育频道开播、体育栏目大量创办、体育节目时长大幅增长的推动下,体育部正式职工达到47人。当年体育部下设部门调整为竞赛组、栏目组和节目规划组。

1998年5月,在原来体育部的基础上正式成立新的体育节目中心,负责规划、选题、采编、创新和播出国内外体育节目,管理、编排第五套节目及其他频道有关体育的节目播出工作。下辖综合部、体育新闻部、体育竞赛部三个处级部门。正式职工达到69人。

到1999年,体育频道每天播出16小时以上,其中首播近10小时的全方位专业频道。主要栏目有《足球之夜》、《体育新闻》、《中国体育》、《康乐年华》、《五球夜话》、《体育大世界》、《世界体育报道》、《篮球公园》、《体育大放送》、《假日体育》等,1999年的赛事现场直播超过650场。三个部门的分工也明确、具体化。

1. 综合部:负责落实体育节目中心的节目播出方案,宣传、包装体育节目;承办《城市之间》、《经典时刻》、《康乐年华》等栏目并组织协调特别节目;协助中心领导管理日常行政及文秘和其他交办的工作。另有体育节目信息互联网,1998年10月开通。168体育热线在全国200多个城市开通。正式职工11人。负责人杨斌。

2. 体育新闻部:主要负责日常体育新闻事件的报道,并制作有关的专题节目。设有6个栏目:《体育新闻》、《体育大世界》、《中国体育》、《世界体育报道》、《五环夜话》、《足球之夜》。正式职工29人。负责人张兴、程志明。

3. 体育竞赛部:主要负责国内国外重大体育赛事的转播和有关体育竞赛节目的编播。设有11个栏目:《篮球公园》、《周二大放送》、《假日体育》、《纹枰论道》、《棋牌乐》、《卫星赛场》、《国内竞技场》、《德甲联赛》、《意甲联赛》、《跟我学系列》、《实况录像》等。下设国内节目组、国际节目组和播音组。正式职工25人。负责人岑传理。

到2005年,体育节目中心除担负体育频道策划、选题、采编、制作和播出任务外,还负责制作播出两套付费电视——风云足球频道和高尔夫·网球频道(2004年元旦开始商业播出)。2005年,由于马国力出任国际奥组委BOB首席执行官,江和平接替马国力担任体育中心主任,副主任岑传理、周经、张兴、杨斌。9月5日体育频道改版,强化赛事与新闻两条主线,实现了常年24小时播出。至此,在体育频道成立十周年之际,CCTV-5在组织机构和分工上已经完备,下设综合部、体育新闻部、竞赛部、体育编辑部(表6-1),台聘正式职工82人,企聘人员300人,着手进入2008北京奥运报道临战阶段。

表6-1:2005年9月体育频道改版后下设部门分工与人员情况[①]

部门	成立日期	工 作 内 容	员工人数
体育编辑部	2004年8月	体育频道的整体编排、策划、包装和宣传任务,担负频道所有足球节目的采访、编辑、制作和播出,承担付费电视风云足球频道的编排、制作和播出,拥有《足球之夜》、《天下足球》、《实况足球》、《巅峰时刻》等栏目。	台聘10人 企聘85人
体育新闻部	1998年5月	负责国内外重要体育赛事的新闻专题报道和体育题材纪录片的策划、制作与播出,有11个栏目:《体育新闻》、《体育世界》、《体坛快讯》、《体育晨报》、《午夜体育新闻》、《体育人间》、《北京2008》、《精彩F1》、《赛车时代》,以及新闻频道《体育报道》、一套《晚间体育新闻》。	台聘37人 企聘156人
体育竞赛部	1998年5月	下设信号制作、播出、栏目、播音4个组,主要负责国内外重大体育赛事的转播和有关体育竞赛节目的编播工作。有《现场直播》、《实况录像》、《健身房》、《棋牌乐》、《NBA赛场》、《全明星猜想》、《顶级赛事》、《直播周末》8个栏目,还负责高尔夫·网球付费频道的节目制作。	台聘27人 企聘82人
综合部	1998年5月	2005年改版调整后,综合部不再负责节目制作和播出,成为中心的综合管理部门和日常办事机构,主要负责组织协调和公文、档案、预算等行政管理工作,下设制片组负责中心大型体育报道活动的后勤保障工作。	台聘2人 企聘5人 借用1人

---

① 参见《中央电视台年鉴(2006)》,中国广播电视出版社,2006年。

2005年中央电视台提出"专业频道品牌化"发展战略,实行从频道专业化向专业频道品牌化、从节目中心制向频道制管理的"两大转变",建立"扁平化"运行管理架构,强化频道核心竞争力。2006年7月25日,体育节目中心推行了频道制管理改革。

实行频道制后,对外仍保留"体育节目中心"呼号,频道设总监、副总监、总监助理、编辑部主任等管理岗位,撤销原有综合部、体育新闻部、体育竞赛部、体育编辑部,"新闻、竞赛、栏目三个系统成为频道支柱",同时成立频道编辑部,频道编辑部下设频道策划组、频道包装组、编播组、播音评论员组、经费管理组、文秘组6个公共职能组(表6-2)。原有"中心-部门-科组-栏目"四级管理体制精简为"频道-栏目"的二级管理体制,有利于频道内容的整体运筹、频道形象的统一包装,也有利于成本核算与经费统一管理。同时建立起频道综合考评、栏目绩效考核与末位淘汰、节目预算标准等量化体系,为专业频道下一步推进品牌化建设、制播分离、产业化提供了良性制度保障。

表6-2:2006年7月频道制改革后CCTV-5下设部门分工与人员情况[①]

部门	下设部门	工作内容	负责栏目	负责人
体育频道编辑部	频道策划组 频道包装组 编播组 播音评论员组 经费管理组 文秘组	体育频道职能管理部门。除体育编辑部原有的频道整体策划、节目编排、频道包装等职能外,还承担播音评论员管理、经费管理、文秘行政管理等工作。	《北京2008》 《我的奥林匹克》 大型特别节目: 《体坛风云人物》	方 钢 冉素霞 郁 洁

---

① 参见《中央电视台年鉴(2007)》,中国广播电视出版社,2007年,第78页。

(续表)

部门	下设部门	工作内容	负责栏目	负责人
新闻节目制作系列	体育新闻制作团队 足球节目制作团队	承担体育频道5档和新闻频道2档共291分钟的国内外重要体育赛事的新闻专题报道和新闻节目制作，以及两档足球类节目的采访、编辑和制作，付费节目风云足球频道每天24小时节目制作和播出。	《体育新闻》 《体育世界》 《体坛快讯》 《午夜体育新闻》 《足球之夜》 《天下足球》	张　斌 张　伟
竞赛节目制作系列	竞赛一组 竞赛二组 竞赛三组 竞赛四组 摄像组	负责国内外主要体育赛事的信号制作、收录、编辑和播出工作，以及部分栏目的编辑制作工作。还承担付费电视节目高尔夫·网球频道每天18小时左右的节目制作任务。	《现场直播》 《实况录像》 《顶级赛事》 《巅峰时刻》	程志明
栏目制作系列	各栏目	频道制改革后新组建栏目制作系列，主要负责5个周播原创栏目的制作和播出。	《全明星猜想》 《体育人间》 《篮球公园》 《赛车时代》 《运动空间》	许伟

体育频道总监:江和平，副总监:岑传理、周经、张兴、杨斌
总监助理:许伟、张伟、程志明、郁洁、张斌;频道编辑部副主任:方钢、冉素霞

组织的专业化在很大程度上依赖于组织中个人的专业化程度的提高。在经济学家杨小凯和黄有光看来：

> 一个企业的专业化水平是该企业中个人专业化水平的函数。[1]

---

[1] 杨小凯、黄有光:《专业化与经济组织》,经济科学出版社,1999年,第26页。

> 当企业内所有个人的专业化水平以及生产不同产品的个人数目同时增加时,一个企业运作范围和它的分工水平能够同时增长。①
>
> 人们能够通过生产不同产品的许多专业化生产者之间的分工,实现产品种数和专业化水平的同时增长。②

纵观中央电视台体育节目机构的发展,我们看到的就是这样一个专业化的成长故事。人的专业化与组织的专业化紧密相关,正是专业化人才的大量增长,才推动了中央电视台体育节目的发展,以及 CCTV-5 这一专业化频道的产生和强势发展。

从创办之初,体育频道的工作人员就有各自的工作领域和明确分工。从制片人角度来说,如擅长大赛报道与导演的岑传理、张兴,赛事信号制作的程志明,足球节目的张斌和刘健宏,纪录片"大师"师旭平;从主持人和解说员角度,有足球解说的黄健翔、段暄,有体育新闻主持宁辛、沙桐,有篮球主持与解说于嘉,有体育娱乐类节目主持甄诚;从记者角度,则从一开始就从项目角度进行了划分,有足球记者,有篮球记者,有乒乓球记者,等等。正是这种分工,实现了体育报道和体育节目在"产品数量和专业化水平的同时增长",产生了 CCTV-5 体育频道这一专业化组织和专业化经济。

在《媒体组织和职业中对控制权的博弈》一文中,传播学者玛格丽特·盖勒格对"专业人员"这一概念提出了三种定义:"第一,他是一名'专业'而不是业余爱好者;第二,他是理性、官僚和有效

---

① 杨小凯、黄有光:《专业化与经济组织》,经济科学出版社,1999 年,第 27 页。
② 同上书,第 196 页。

率的——有为'客户'或公众'服务'的意识;第三,这样的人的工作使得组织具有一套道德观念和行为模式。"[1] 按这三个标准,以马国力为首的 CCTV-5 体育频道的主要创业者们,无疑都是符合条件的真正"专业人员",他们有着明确的专业化追求和很高的效率与成长性,也确实开创了一套激情化的道德观念和行为模式。

第三节　品牌化目标下体育频道编排与包装的发展

从节目竞争、栏目竞争发展到频道竞争,这一电视媒体竞争发展趋势,也意味着生产平台、营销平台以及竞争平台的升级。早在 2000 年前后,中国电视媒体的竞争已经上升为频道和电视台层面的整体竞争。自 2005 年央视深化增强频道核心竞争力的综合改革,提出"频道品牌化"战略,推动了专业频道的进一步发展,即"以频道为一个基本单位来经营,重在频道品质、品位和品格,节目酝酿、策划、推销与播出的各个环节都在统一目标下运作,栏目和节目都融入到频道的品牌创造和总体利益中,从而提高媒体的整体竞争力和核心竞争力。"[2]

考察"频道品牌化"战略,重点之一应是频道围绕自身形象塑造在整体策略层面的发展,特别是应具体分析频道整体上的编排与包装、宣传策略,以及在互联网络、移动手机等新媒体快速崛起情境下的适应性变化。目前来看,对频道整体品牌的研究尚有待于在具体的日常编排、包装环节进行深入分析。

---

[1] 利萨·泰勒、安德鲁·威利斯:《媒介研究:文本、机构与受众》,北京大学出版社,2005 年,第 111 页。
[2] 赵化勇主编:《中央电视台品牌战略》,中国广播电视出版社,2008 年,第 40 页。

一 "品牌化"的频道编排策略

频道编排是一种从内容设计到时段播出编排的艺术,有其客观规律,是电视频道和观众之间实现良好契合的节目安排策略。随着频道数量的激增和受众的饱和,中国电视市场进入了"份额竞争"的零和竞争时代,频道编排的重要性日益强化。既不同于下一层级的栏目编排,也不同于上一层级的电视台频道群之间的整体编排,频道编排是指"根据观众的作息时间和收视心理,在合适的时段安排合适的节目,以求频道整体收视的最大化,同时巧妙配置广告资源,实现最大化的社会效益和经济效益。"[1]

因此,合理的频道编排以受众研究为出发点,以满足受众需求和频道整体效果的最大化为目标,以节目资源在"空间的整体性"和"时间的延续性"这两个维度的合理配置为手段。它必须要有全局视野和长远眼光,同时还要有动态的灵活性和差异性。大体来看,一个频道的发展总体上可分为三个阶段,即从最初的频道结构搭建到资源竞争,再上升到品牌打造。而频道编排则自始至终贯穿这三个阶段,是解决好这三个层面问题的关键。

有学者提出了频道编排的"观众流"理论,把观众的收视过程视为一个流动的过程,频道编排的策略就是在关键时段配置最合适、最具竞争力的节目进行"卡位",对观众流实施"加压"和"牵引"战术,保持频道观众流的顺畅流动,最大可能地实现"顺流"和"入流",防止"溢流"。[2] 具体来看,频道层面的电视编排策略有很多,

---

[1] 徐立军、袁方:《电视播出季——频道编播创新前沿》,中国传媒大学出版社,2007 年,第 53 页。

[2] 同上书,第 57 页。

已经总结成基本规律的常有"板块策略"、"带状策略"、"棋盘策略"、"吊床策略"、"帐篷策略"等①。

以 CCTV-5 体育频道为例,为强化频道的品牌特性在频道编排上经过多次改版,形成了频道鲜明的编排特色。和其他地方电视台体育频道相比,有一些比较突出和明显的共同性编排策略。一是全天不同时段的"板块化编排策略",从而以大时间段形成频道节目的品牌特征。因赛事资源丰富,所以 CCTV-5 体育频道的板块化特征表现在上午、下午和晚间的赛事播出板块,基本时长都超出了 90 分钟,以特定赛事在一个较长时间板块内将受众留住。二是新闻节目全天重点时段"卡位式编排",强化频道的新闻采集这一重要品牌优势,建立品牌信任度和忠诚度。CCTV-5 常年在早间、午间、晚间的关键收视时段,全天安排有四档体育新闻节目(《早安中国》、《体坛快讯》、《体育新闻》和《体育世界》)进行时段"卡位",从而让体育节目受众锁定体育频道,在关键时间点流入频道。三是突出"周末特别编排"和"节假日特殊编排",从而在重要时间节点的品牌竞争中以集中的资源优势赢得受众,建立强势品牌。如 CCTV-5 自 2003 年 3 月底改版后,常年对周末节目进行特别编排,将周六、周日全天打通播出,除保留几档新闻节目外,其余时间都安排赛事直播,并冠以《直播周末》的整体架构,由主持人在演播室进行串连,随时播报最新消息,增大了节目的信息量和时效性,拉长了周末收视。此外,每年五一、十一、春节假期,体育频道也根据频道特点进行特殊编排。安排一些如奥运、世界杯等精彩赛事重播,或者围绕期间重点赛事进行编排,如五一前后的世乒

---

① 于丹:《形象·品牌·竞争力——电视包装实战攻略》,中国广播电视出版社,2006 年,第 162 页。

赛、十一的 F1 上海站。没有重点赛事就打破原有栏目设置，对频道重新整合包装，推出一系列更加贴近观众、贴近生活的节目，常常能有效拉动节假日收视上升。

在以上一些共性编排策略外，CCTV-5 近年来特别是 2008 北京奥运前后，围绕自身品牌优势，强化品牌特性，发展了一些新的有效的频道编排策略，值得地方台体育频道借鉴。

创新一：晚间黄金时段的"带状编排策略"。每晚 19：30—21：30，是频道收视激烈争夺的阵地，和其他频道的电视剧、综艺节目相竞争，体育频道每晚安排不同赛事和精彩栏目，《天下足球》和《足球之夜》两档足球栏目每周一、周四固定播出，CBA 和 NBA 篮球节目安排在周三、周五和周日，而周二则安排收视忠诚度较高的拳王争霸赛。从而以每周固定播出的精品栏目和精品赛事，打通形成了一个晚间黄金时段收视带，确保了这一重点竞争时段的收视优势。

创新二：优质赛事优先编排的"灵活动态编排策略"。2007 年体育频道新一轮改版后，强化赛事资源的核心地位，按照"赛事优先"、"直播优先"、"大众优先"的原则改进频道编排，同时新闻节目和专题节目也尽可能围绕赛事这一核心资源来制作。频道并将晚间 19：30—21：25 近两小时的黄金时段进行统一编排，推出每晚赛事播出大型平台《黄金赛场》。同时，频道编排更加强调灵活性和动态性，当有重要赛事直播时，在播出时间安排上可以打破常规，将栏目或其他节目播出计划打乱、延后播出，实现赛事收视价值最大化。在刘翔以 12 秒 88 成绩破纪录当晚，频道打破常规进行了临时性节目安排，体现了极大的灵活性和快速反应性，为频道品牌赢得了口碑。

创新三："赛季式整合编排策略"。近年来，国内电视频道借鉴美国"播出季"概念,开始根据观众数量的季节性增减而作出相应节目投放策略的调整和安排。体育频道的收视"播出季"有自己特殊的规律,就是根据"赛季"而动。如夏季作为足球收视季特别火热,10月后NBA进入收视季。体育频道根据一定时期特定赛事集中播出的特点,进行"赛季"式整合编排,强化"赛季"特征与吸引力,拉长收视周期,集中吸引观众收视,获得品牌增值效应。如在2006世界篮球锦标赛期间,体育频道打造了"无界篮球季"概念,将先后举行的中美男子篮球对抗赛、巴美男子篮球对抗赛、斯坦科维奇洲际冠军杯篮球赛以及世界男子篮球锦标赛、世界女子篮球锦标赛等5场不同篮球赛事,在一个风格下统一包装制作,形成了持续两个多月的篮球收视热潮。

创新四:"赛事分类编排策略"。到2006年前后,体育频道一年直播赛事近2000场,如此丰富的赛事资源如何进行轻重缓急、科学取舍的编播安排,特别是如何充分发挥众多中小赛事的收视效益,实现频道整体收视的最大化,需要很大技巧。为此,体育频道创新了赛事分类编排的原则:一是支撑资源,特别编排。包括有中国国家队参加的男子足球、乒乓球、篮球、女排、羽毛球、游泳、体操等项目世锦赛、世界杯赛,田径世锦赛,斯诺克中国公开赛,冬奥项目中的花样滑冰、短道速滑,NBA等。此类赛事是频道资源的支撑点,也是频道收视的贡献点,CCTV-5突破常规进行针对性编排,确保此类赛事的完整性;二是亮点资源,重点报道。包括在中国境内举行的中国奥运优势项目的公开赛、大奖赛或洲际比赛,如乒乓球、女排、男子足球、羽毛球、田径的个别项目,中国女选手参加的中国网球公开赛,上海F1大奖赛等等;三是基础资源,常规编排。包括足球中超联赛、中国乒超联赛,篮球的CBA、CUBA联赛,德、西、法、意足球联赛,世界一级方程式锦标赛,中国女排联赛等。

二 频道在播包装的系统化

在频道层面进行整体包装,是频道品牌化策略的重要方面,也是出于应对竞争、谋求专业发展的需要。频道包装强化了品牌的视觉和价值识别特征,也强化了与竞争者相区别的频道特色和品牌个性。频道包装从CI设计和系列品牌标识设计开始,包括频道识别系统和节目预告系统。这是一项看似简单实则非常复杂、细致的系统工程,需要长期的专业化运作,为此电视频道要投入一定财力,建立专业的全天候运作团队,与外部专家机构进行合作。

在中央电视台所有频道中,CCTV-5频道包装和宣传意识觉醒较早,对频道包装和在播宣传有较好的实践,成功推动了频道品牌的发展。中央电视台第一次在体育节目里做包装,是在1990年意大利世界杯决赛的那天。当时的包装就是在前面加一个片头,中间加一段演播室,韩乔生和两个顾问解说,然后编了一个片子在结尾播出。此后,加片头、演播室、解说主持人包装、片尾精编宣传片花,这些包装手段开始在一些大型赛事报道时得以应用。

体育节目包装的常规化应用和频道包装的肇始,则要到1995年体育频道开播以后。体育频道开播后,频道应用了呼号、片花、栏目包装、栏目宣传片、赛事宣传片等简单形态包装。在播包装和宣传逐渐得到了重视和强化,采用了越来越丰富的手段和技巧。2002年前后,体育频道开始组建专门的包装组。到2004年,已经发展到"正式工作人员八名,副组长一名,非线编辑三名,编播人员四名"[①]

[①] 于丹:《形象·品牌·竞争力——电视包装实战攻略》,中国广播电视出版社,2006年,第250页。

的不小规模。2004年围绕雅典奥运会,进行了有计划、分阶段、多类别的包装尝试,探索了奥运赛事整体包装的策略。在2005年9月的频道改版后,CCTV-5在频道包装上的个性进一步突显,无论频道整体形象、演播室还是重点栏目,都在片头、版式、风格、宣传片上下功夫,强化视觉冲击力,频道形象更具现代感、时尚感和国际化。到2006年,无论对频道、赛事还是栏目的包装都有专人负责,一般一两小时就能把包装做好,奥运会等大赛包装更是大规模和专业化。

CCTV-5体育频道的在播包装和宣传已经形成了自己鲜明的特色,有利于频道整体品牌的建构与维护,表现为常常重视以下手段的采用:

特点一:以频道整体形象包装强化品牌的体育个性。CCTV-5在频道整体形象上采取了色泽鲜明、简洁有力的形象包装,以红色为频道主色调,频道呼号以5为醒目表现,简洁、大方、极具冲击力,体现出运动的激情与活力。在演播室与主持人的包装上,也采取了同一色调,突出体育的内涵。对频道的整体形象进行强化,如连续多年拍摄频道整体形象片,以汪正正演唱的《超越梦想》等MV歌曲形式传播频道"运动·激情·梦想"的精神特质,深入体育受众的心灵。对音乐元素的运用,在CCTV-5的在播宣传中占据了特殊的位置,从2002年韩日世界杯期间《我爱世界杯》以及《天下足球》栏目音乐到雅典奥运会期间的《世界之巅》,这些"体育音乐""跟体育血脉相连气贯相通",表达了"对体育的真诚",强化了频道"运动和激情"的感觉和整体氛围。[①]

特点二:以即时化的宣传片和导视系统增添频道品牌活力。

---

① 王泓超:《陈吉浙:两亿人的DJ》,见《经济观察报》2005年9月5日,第57—58版。

CCTV-5频道在白天和晚间各播出板块都专门开辟有包装时段，平均每小时达到2—3分钟，每天都会播出大量的宣传片，包括频道整体形象宣传片、大赛提前预告宣传片、即将播出赛事宣传片，以及频道内众多栏目宣传片，还有针对广告客户的资源和招商宣传片。导视系统也几乎在每两个播出时段之间都会出现，有导视片花、标版和字幕多种导视形式。在方便受众收视的同时，也极大地增添了频道的品牌活力。

特点三：以重点栏目包装丰富频道的品牌内涵。体育频道的包装在重点栏目上也体现得较为充分，特别是在足球类栏目《足球之夜》、《天下足球》以及新闻类栏目《体育新闻》、《体育世界》中。在形式上，栏目一般有自己鲜明的栏目片头和片花，有自己的品牌标识和栏目品牌定位口号，丰富的栏目宣传片在频道内各时段反复播出，同时对演播室和主持人进行着力包装，在栏目内包装重视特定小板块、注重口播、字幕、音乐等包装元素的运用。这些不但树立了重点栏目的自身品牌，同时也作为子品牌极大地丰富了频道的整体品牌内涵。

特点四：以"大片式"重点赛事包装建构频道品牌权威。将重点赛事直播做得"像美国大片一样"来吸引非体育迷的大众，这是CCTV-5频道包装的一个重要策略，以贯穿赛程的赛前、赛中和赛后的整合式包装充分发掘重点赛事资源的收视价值，建构频道的品牌影响力和权威。如在赛事开始之前数周甚至数月就开始播出倒计时、收看提示等"日期特指宣传片"，赛中对频道进行以赛事为核心的整体包装，在各种包装要素上突出赛事内容。2004雅典奥运会期间，体育频道标志下方叠加奥运五环标志，以奥运频道的整体形象播出，奥运节目包装组制作了大量精美的节目宣传片、导视片，"制作总量超过90分钟，总条数超过150条，播出频道每60分钟2—3次。"[1]这些重点赛事资源的重点包装,明显强化了频道在资源上的优势和品牌影响力。

特点五:以挖掘运动项目特质方式延展了频道的品牌文化。近年来,CCTV-5出现了深挖特定运动项目内涵和精神的宣传片,以期在更深心理层面获得受众的文化认同。如在2006都灵冬奥会期间,频道精心制作了多个画面优美、音乐悠扬的赛事宣传片,突出冬季项目不同于夏季奥运的"冰上之美",表现了冬季项目的独特审美文化内涵。频道还从文化内涵层面开发了体操、赛车、斯诺克等特定赛事宣传片,加深了观众对原本较少关注的运动项目的了解与兴趣,获得更深层面的审美愉悦和文化认同,也进一步延展了频道的体育文化内涵。

特点六:以新包装技术的应用强化频道的国际化品牌气质。体育频道的包装形式受到编辑技术的很大影响,一些新包装技术的引进和应用不但丰富了节目的表现力,也彰显了品牌的国际化气质。在2006年德国世界杯和多哈亚运会的赛事报道包装中首次引入了"Vizrt包装系统"[2],利用虚拟演播室及在线实时包装等技术,丰富了包装表现形态,实时提供赛事信息、节目预告,强化了节目表现力和整体感,与国际化标准相同步。

美国一项针对黄金时段节目在播宣传研究表明,"宣传节目至少平均为电视公司提高了5%的收视率"[3],足以改变频道在激烈

---

[1] 参见《中央电视台年鉴(2005)》,中国广播电视出版社,2005年,第61页。
[2] 参见百度百科:维斯(Vizrt)公司是全球最大(市场占有率第一和年营业额第一)的、为电视广播行业提供高端三维虚拟演播室系统、在线三维图形包装软件和媒资管理系统的软件研发企业,目前全球有超过70%新闻、体育和财经直播频道,近1600多家电视台和3600个电视频道,在日常的节目中使用Vizrt的虚拟演播室系统、在线图文包装软件和媒资管理系统。
[3] 伊斯特曼、比林斯:《体育节目中的宣传以及对体育节目的宣传》,见《媒介宣传研究》,中国传媒大学出版社,2008年,第163页。

市场份额竞争中的排名。相对于其他节目形态,体育频道的在播包装与宣传更为有效。"提升预期理论"和"兴奋转移理论"解释了体育宣传片效果明显的原因,"体育比赛提高观众的兴奋度,同时放松警惕性,从而使他们更易于受到广告的影响。……这种关系也应该存在于体育比赛内容和其他相关节目的宣传片之间。"[1]体育频道系统的在播宣传体系不但有效激发观众兴奋感,提升短期收视率,而且还必然强化了受众的心理卷入和情感反应,由此提升对频道的忠诚度和满意度,导致受众主动和重复收看行为,从而有利于实现频道长期性的品牌目标。

三 频道离播包装的多元化

除在播包装与宣传外,频道的包装与宣传还包括所谓"离播包装",即利用各种平面报刊、户外媒体、在线网络、宣传印刷品以及宣传性活动进行宣传,离播包装是否有效需要注意保持与在播包装的一致性和连贯性。随着频道竞争的加剧,各频道都开始具备了明确的对外品牌宣传意识和跨媒介的 IMC 整合营销传播手段。CCTV-5 因为频道占有众多品牌性赛事资源,而且进行离播包装能够带来巨大的广告营收效益,所以也发展了相当完善的多元化的离播包装手段。

强化与平面、网络、新媒体跨媒介联运,加强品牌的媒介整合传播。CCTV-5 充分利用体育赛事的话题性、其他媒体对体育赛事的关注度,与各平面媒体、网络媒体的体育内容部门互动,提供

---

[1] 伊斯特曼、比林斯:《体育节目中的宣传以及对体育节目的宣传》,见《媒介宣传研究》,中国传媒大学出版社,2008 年,第 164 页。

赛事节目预告和内容信息，起到日常的品牌提示作用。同时，将相关赛事视频内容与中国网络电视台及 SINA、SOHU 等网络互动，以内容传播渠道的扩张增加品牌的覆盖。此外，频道还办有《第五频道》平面杂志、在中国网络电视台开办"5＋体育频道"，和巴士在线合作将节目视频覆盖到全国各主要城市的公交、飞机及机场，这些举措在品牌延伸的同时，也都有效强化了体育频道的品牌整体形象。

利用奥运、世界杯等大赛影响力，进行整体市场推广活动，加大各区域市场渗透力，扩大频道品牌影响力。每到奥运会、世界杯、亚运会等大赛举办前后，独家拥有赛事播出版权的 CCTV-5 就会引起格外关注。为进行有效市场招商，中央电视台往往都会在北京、上海、广州、福建等全国主要城市进行市场推广活动。这些市场推广活动不仅针对各地的广告客户，同时也会吸引当地媒体关注，大量报道扩大了体育频道在当地受众中的品牌影响力。

加强对主持人的品牌打造，强化品牌的人性化表现。电视是一种"主持人媒体"，体育频道的解说员和主持人资源较为丰富，老一代有宋世雄，稍后有孙正平、韩乔生，年轻一代有张斌、刘建宏、段暄、甄诚、于嘉等。虽然央视对主持人打造整体力度不如凤凰卫视、湖南卫视，也不够市场化，但体育频道主持人、解说员与奥运会、世界杯、NBA 等重大赛事节目的结合程度较深，从而在观众中形成了深刻印象，也强化了 CCTV-5 作为频道品牌的人性化特征。

举办特定活动，与全国各地城市受众互动，提升品牌亲和力。体育频道有一些受众互动活动，如世界杯互动节目《球迷世界杯》，奥运会互动节目《悉尼猜想》、《雅典猜想》，还有频道主办的"解说员主持人大赛"、"街舞大赛"、"361娱乐篮球大赛"等。特别是体育频道从法国引进的大型娱乐类活动《城市之间》更是广受全国受众欢迎,以其新颖的娱乐性、互动性、国际性,赋予了体育频道新的品牌内涵和亲和力。

主办体育界有影响力评奖活动,提升体育界品牌权威性。为提升频道在体育界的整体品牌影响力和权威性,中央电视台还联合国家体育主管部门以及首都主要媒体,开展了系列体育评奖活动。如从上世纪80年代初每年联合首都媒体牵头举办的"全国年度十佳体育新闻"评选,与国家体委共同举办的"体育星光奖"、"中国电视体育奖",以及近年来每年举办的"CCTV体坛风云人物盛典"年度大型活动。这些也构成了频道离播宣传的重要组成部分。

此外,在线宣传随着网络影响力的普及也成为频道离播宣传迅速发展的一部分。"对于电视台宣传,特别是对于吸引广告商(因此也是电视台)希望获得的年轻观众来说,互联网的重要性很快就会赶上(或超过)传统领域,其中的关键因素是它的互动性。"[1]今天来看,美国学者道格拉斯·A.弗格森1999年做的这一预言早已实现。体育频道推进"台网联动"的积极主动性一点不差于影视剧、娱乐频道,在线宣传也成为频道增加受众信息沟通、进行民意调查、培养受众忠诚的重要手段。

总体来看,在频道品牌化战略目标下,电视体育频道逐步发展了专业化的编排策略和包装宣传技巧,并加以制度化、系统化、日常化。这是我国电视体育频道专业化发展的一个重要特征,也是体育频道作为竞争主体、竞争平台崛起的一个标志;同时,频道层面专业化的编排、包装也一步步推动了体育频道品牌

---

[1] 道格拉斯·A.弗格森:《在线节目宣传》,见《媒介宣传研究》,中国传媒大学出版社,2008年,第284页。

化的发展历程。

第四节　专业技术应用与创新

如麦克卢汉所言,"媒介即是内容",这一传媒技术主义宣言不无夸张,却也说出了媒体发展严重依赖于现代技术进步的历史事实和根本规律。报纸与印刷术,广播与无线电传输技术,电视与摄像、显像及有线、卫星传输技术,以及互联网与计算机网络技术,都是在技术进步的推动下,传媒发生剧变的实例。体育节目内容特别是赛事转播的生动表现性,也在相当程度上依赖于先进电视技术系统的应用。很多最先进电视技术的应用都是从体育节目中开始的,体育节目与电视技术之间呈现出双向推动作用。

一　连线报道与单边注入点

在体育电视新闻报道中,连线报道可以第一时间带领观众接触新闻现场,以演播室为中心,单线、复线或放射线与其他分直播点的记者相互串联,共同完成现场新闻即时报道。电视连线报道的进步得益于在微波、通信等技术领域的革新,这一打破时空限制的报道方式得到了越来越普遍的使用。单边注入点技术的使用,大大提升了连线报道的强烈的现场感和高度的时效性,中央电视台首次使用这一技术是在1997年第八届全运会的游泳、田径、乒乓球、举重等比赛现场,此后成为央视大型赛事报道不可或缺的手段。

到北京奥运会,单边注入点报道方式进一步发展为单边综合制作方式，就是在国际奥委会提供的国际公共信号的基础上，还加入自身的制作系统共同完成的电视信号制作方式。这一制作系统包括转播车或转播机房、单边摄像机、独立演播室等，以达到突出中国元素、讲述观众感兴趣故事的报道效果。

二　现场直播与卫星传输技术

由于现场直播在体育电视报道中的重要地位，因此直播传输技术对体育电视报道的发展起着特别的推动作用。1958年6月19日中国体育电视史上的第一次实况转播，就使用了当时非常先进的日本在北京举办展览时留下的一辆两讯道转播车。1973年10月对武汉举行的全国乒乓球比赛的实况转播，是使用微波跟踪技术的第一次远距离实况转播。1978年6月对阿根廷世界杯决赛的现场直播，第一次使用国际通信卫星从海外回传信号到北京。此后依赖于不断进步和普及的国际卫星通信技术，通过租用卫星通道，中央电视台对在海外举行的国际大赛进行了越来越多的现场直播。1993年9月，在北京申办2000年奥运会报道中，中央电视台首次使用卫星双向传送直播。

2000年以后，卫星信号传输功能得到了极大的扩充，从而在大赛报道时可以实现多频道有选择性地同时直播不同赛事。马国力感叹，"1996和2000年，我们当时都要提前3—4年预订这些卫星通道的使用，而现在预订一个小时以后就能满足需求，这完全归功于数字传输技术。"[1]2001年中央电视台设计引进了一套16讯

---

[1] 马国力：《从雅典奥运会看技术创新对电视报道的巨大影响》，见《体育记者谈体育新闻》，人民体育出版社，2006年，第332页。

道大型电视转播设备,由两辆可集联的电视转播车组成。在 2003 年 8 月 3 日举行的北京奥运会会徽揭幕仪式报道中,中央电视台在天坛公园主会场首次使用了这一"10+6"大型转播制作系统,第一次使用了移动演播室和高空遥控摄像机进行直播。在北京奥运会上,又成功完成直升机上航拍主持人与地面演播室的对接,首次利用数字技术完成空中音视频信号的实时传送。

三 信号制作与高科技摄像机的应用

现代奥运会报道在 1992 年出现了一个大的变化。巴塞罗那奥运会与 1988 年汉城奥运会相比,有轨道摄像机和水下特殊角度摄像机等新的摄像和传输技术的发展,使电视画面中动感成分表现更为突出,动感、情绪、视觉角度等表现因素越来越多。2004 年的雅典奥运会的公用信号制作技术再次突破,田径主会场上有 20 多道挂置摄像机的专用钢索,地上有很多可与人百米跑速度一样快速移动的高速摄像机。摇臂技术也在现代排球、篮球、足球赛事报道中大量应用。到北京奥运会前,遥控摄像机、微型摄像机如"鹰眼技术"、"电兔子"、"自由落体"等技术也得到了逐步应用。

马国力认为,"总的来说,在公用信号制作的领域一直都是技术作主导,只有技术的不断创新和发展才能给电视制作人员提供创造的空间,满足各国电视机构的需要。"[1]在这里,虽然马国办说的是体育赛事的公用信号制作,其实在满足国内观众的体育电视节目制作与播出时,同样,技术也一直是发挥主导作用的发展推

---

[1] 马国力:《从雅典奥运会看技术创新对电视报道的巨大影响》,见《体育记者谈体育新闻》,人民体育出版社,2006 年,第 331 页。

动因素。

四　硬盘摄像与远程数字编辑技术

硬盘摄像技术的运用也是一大进步，可以实现非常快的素材调取编辑速度，在5秒钟左右就可以对刚刚过去的场景进行慢镜头回放，而以前的磁带录像机回放的准备时间要长得多。在雅典奥运会上刘翔夺得110米栏冠军之后就应用硬盘摄像技术，在5—10秒内进行了多个不同角度的慢镜头重放。研究表明，观众在比赛结束20秒后就会失去兴奋点，提前5秒回放就满足观众对于电视画面与赛场情绪相结合的需求。

2003年12月体育频道电视远程编辑系统投入使用，这一技术在2004年雅典奥运会上得以大规模应用。在雅典奥运会报道办公现场设置占地4平米的系统存储器，将现场多达24—25路公用信号全部输入其中，在后方北京则有30多个编辑终端可以第一时间看到这些画面，选择素材进行编辑，可以远程编辑达到快速直播标准。

五　虚拟信号制作和赛事实时分析系统

虚拟信号制作技术是一项在1998年前后开始应用并得到发展的电视新技术，运用这一技术可以在实体和赛事场地上制作出不存在的符号，融为一体后在电视上播出。比如，在2001年世界游泳锦标赛上，就使用了悉尼奥运会时美国NBC奥运报道中首次使用过的虚拟信号制作技术，在电视画面的泳道上制作出泳道运动员代表国家的国旗图案。这项技术当年曾得到国际奥委会大奖,此后在更多赛事中出现了更多虚拟信号制作形式,2008年北京奥运会上虚拟制作技术也引入到公用信号制作当中。

赛事实时分析系统也是一项技术突破,利用先进的计算机技术,可以在比赛进行的同时,提供实时的比分、成绩和分析系统,这一系统的应用可以大力帮助体育赛事评论员,使得现场评论更详细、更专业。在2008年北京奥运会上这一系统的应用,也从田径、体操等少数项目扩展到拳击、柔道等十多个项目的赛事现场报道中。

六 数字传输与高清电视技术

1998年前后数字压缩传送技术得以发展和应用,也推动了体育电视报道的进步。数字传输技术使得过去1个传输通道现在可以传送8路信号,一条光缆也从过去只能传送机1路达到现在的6—8路信号。信号传输能力的极大提升,使得在奥运等大赛报道时电视台在公用信号的选择上成为可能,从而可以安排在不同频道同时播出多种赛事,电视观众在观看赛事时可以有更多的选择性。数字传输在央视悉尼奥运会报道中已经投入使用,但当时只是作为模拟传输技术的备份,到2004年雅典奥运报道时数字传输已基本取代模拟传输,从雅典同时传回4—6套节目同时播出,极大地满足了观众对不同赛事的收视需求。此外,高清技术的应用也推动了高清电视的普及,国际奥组委就曾明确要求北京奥组委达到百分之百高清电视传播水平。高清电视的制作和传输需要带宽和格式都不一样,势必引导体育电视制作报道的巨大进步。

七　网络视频、手机视频和 IPTV、CMMB 等新媒体技术

近年来传媒技术进一步发展,出现了电视与网络等新媒体融合的趋势,电视技术进步还与计算机、网络、无线通讯等技术紧密相关。北京奥运报道已经不仅是电视媒体报道,观众可以通过网络、手机视频同步观看,IPTV 和 CMMB 手持电视也得到了应用。这些新的视频与多媒体技术,使得体育电视报道的传播渠道和环境发生了巨变,同时它也进一步推动体育电视报道在内容、形式和运营上的变化,极大地丰富观众的收看体验。

第七章　管理、激励与运营机制

自推进频道专业化、品牌化发展以来，中国电视媒体在管理与运营机制上也进行了相应系列创新，体现出了专业化媒体运作的进步。具体对CCTV-5体育频道的管理与运营机制进行考察，其管理与运营上的机制创新大致体现在以下几个方面：

第一节　灵活有效的人才机制

一　制片人制

制片人制在中国的最早应用是在电视剧和电影机构中，1985年中国电视剧制作中心任命了第一批电视剧制片人。在电视台栏目生产中率先引入制片人制，并显示其巨大效应的是在1993年初推进的《东方时空》的栏目承包的市场化改革中，此后为全国电视媒体纷纷仿效，制片人制在中国电视事业的市场化改革进程中发挥了重要的制度性突破作用。

栏目制片人的重要，是建立在栏目是构成频道不间断播出的基本元素这一基础之上。制片人制的核心就是强化了栏目主管者的权力与责任,制片人集中拥有人员、经费和行政权,真正成为栏目创作、组织和支配核心。《东方时空》创办时总制片人孙玉胜认为:

> 有竞争力的频道首先必须确保其大部分的栏目有吸引力,而一个电视栏目的优劣在很大程度上取决于这个栏目的组织者和支配中心——制片人。所以说电视是一个制片人媒体,电视机构的一切改革的落脚点就应该是调动制片人及其所属人员的积极性,从而创造出优秀的栏目。①

中央电视台体育部最早对制片人制的探索,是在1991年5月创建《体育大世界》这一大型体育电视栏目时,当时的制片人是马国力,直到1994年10月他才不再兼任这一栏目的制作人。当时马国力向体育部人员这样解释这一新名称,"他是一个栏目或者一个节目的直接管理者,他决定这个栏目或节目的方针,决定参加工作的人选,掌握这个栏目的预算开支,在英语里称为'Producer',就是'制作人'、'生产者'的意思。"②

在体育频道的创办之初,制片人制发挥巨大的人员激励作用。在当时只有两个月操作期、体育部正式员工只有不到30人的特殊情况下,借鉴于"包产到户"的现实经验,马国力在1994年11月1日的频道开播任务下达会议上,一下子宣布了将近20名制片人,每个新创栏目一个制片人,"谁的孩子谁抱走","我只把节目的大

---

① 孙玉胜:《十年:从改变电视的语态开始》,三联书店,2003年,第382页。
② 苗炜:《五魁首:CCTV-5十年纪实》,上海文艺出版社2005,第260页。

致内容和预算告诉他,其他的事情全部由他自己决定,成了他真正的'孩子'。"①虽然当时这些制片人没有正式的级别和奖金待遇,但这一制度突破极大地激发了体育部人员的生产原动力。

此后,体育频道多年来一直延续了栏目制片人制,正是因为这一"强化独立个人的作用"制度的推动,体育频道开创和成就了一大批知名栏目,也成就了一大批如张斌、刘建宏等职业化的制片人。在马国力的管理与权力哲学里,这一内部制片人制就是"在实际操作中'制造'了一些可供分配的权力,使得在体育部想干事的人们都有着比在其他部门多一点干事的权力。"②而也正是因为这一点多分出来的、下放的权力,使得体育部在10多年高速发展中保持了旺盛的活力。

到2006年7月25日体育中心推行频道制管理改革后,加强了整个频道的整体运筹、协调发展以及成本核算与经费统一管理机制,制片人的独立性有所限制,而对其职业化的合作精神则有了更高要求,以适应频道制整体协调发展的新竞争环境。

二 人力资源机制

体育频道是高度专业化、知识密集型的运作机构,在其发展过程中,专业人力资源的吸纳、培养、优化发挥着重要的作用,也是频道资源优势和专业竞争力的体现。

现代企业理论在将企业看成是一种生产与管理的组织的同时,也将它看成是一种资源的集合体,这种资源集合体既包括有形

---

① 苗炜:《五魁首:CCTV-5十年纪实》,上海文艺出版社2005,第260页。
② 同上书,第259页。

的物质资源,还有可用的人力资源。

中央电视台用人制度的第一次重大改革在1993年12月,为满足创办刚半年的《东方时空》栏目迅速增长的人员需求,经国家广电部批准,央视在新闻中心下成立了新闻评论部,面向社会公开招聘编辑、记者和主持人。"这是中央电视台第一次面向社会公开聘工作人员,开创了中央电视台人员使用聘用制,即'第二用工制度'的先河。"[1]

这一制度缓解了事业单位用人指标有限与节目量不断增长之间的矛盾。在这一制度的突破下,1994年体育频道创办之际,体育部也打报告经台领导批准,对社会公开招聘了一批专业人员,拉开了此后专业人员扩张的序幕。还针对解说员这一复合型人才,每四年举办一次解说员大赛,从社会中寻找。从1995年的员工27人,到2003年400人,不到十年间,体育频道的专业人员已经扩充了十多倍。此后,在2001年,中央电视台被列为国家广电总局人事制度改革试点单位,目标是逐步实现全员聘用制,到2002年5月底,全台聘用合同签约基本结束,实现了事业单位人事管理由身份管理向岗位管理的转变,也从此结束了过去颇受异议的从正式工、台聘、部聘、部门聘到临时工的"三六九等"式用工制度。岗位人员积极性得到了进一步提升。

体育频道在专业人员的培养上倾向于"边干边练",每年的最新电视制作技术培训固然重要,但更多的专业人才的培养是通过在工作中尽力完成任务实现的,成熟的频道工作人员如师傅般地"传帮带"新进的年轻人,一次次高难度大赛转播任务的完成,也是体育频道一批批年轻人积累专业性知识的成长过程。此外,由于

---

[1] 《中央电视台的第一与变迁》,东方出版社,2003年,第241页。

体育频道采取了细化的专业分工，按运动项目对记者、解说员进行分工，按不同栏目进行人员管理，这种职能细分伴随着频道节目扩张中的权力下放。

> 在成长的过程中，企业的管理结构发生了变化——越来越多的职权开始被"下放"，从而产生了越来越多的在一定领域内有权采取行动的负责人员。足以产生一支有效的、互相之间充满信任感的工作队伍。……在这一必然的逐步发展过程中，新招募人员和企业现有职员获得了更多的经验。不仅技能和效率可能得到普遍提高，而且一些新的专门业务也发展了起来。①

体育频道的权力下放式管理方式，完全符合伊迪丝·彭罗斯这一理论，从而在频道的发展过程中，迅速推动了频道工作人员整体专业化水平不断提升，领先于国内同行。

第二节 激励创造的团队文化

一 团队管理文化

中央电视台体育频道不是企业，但在一定程度上按企业规律组织生产、资源、市场营销和管理；虽然不能称之为企业家，却有着企业家式的优秀管理者。很长时期内，中央电视台体育节目的管

---

① 伊迪斯·彭罗斯：《企业成长理论》，格致出版社，2007年，第58页。

理者是马国力,虽然在台领导层面还有分管副台长或副总编,但作为体育节目的创业者,马国力有着特别的权威。从1989年主管体育部开始,到后来任体育节目中心主任,在2005年离开央视去BOB任职前,他一直是中央电视台体育频道和体育节目的主要管理者和决策者。可以说,作为创业者,中央电视台体育节目报道和体育频道的发展,与马国力作为领导者的个人推动息息相关;在一定程度上,体育频道的团队和文化也烙上了他鲜明的管理风格和个性特征。

(一) 强化"目标管理"

马国力在体育部门推动的管理就是"目标管理",以节目质量提高为唯一目标,充分运用利益和权力两个杠杆,激发工作人员尽力实现节目目标。

(二) 注重"创造环境"

在马国力看来,电视节目要靠集体创作,作为管理者的任务就是尽力为大家创造出一种能够最大限度地发挥每一个人创造性的环境,包括心理环境(心情舒畅地做事)、生理环境(生活水平要比一般人高些)、生存环境(每个人要认识到自己的价值和位置)、竞争环境(使体育部从整体上总有一个直接的外部竞争威胁,以及内部竞争和激励机制)。[①]

(三) 分权放权,"以人为本"

马国力推行内部制片人制,就是一种适度分权、放权的管理

[①] 马国力:《脚印》,见《五魁首:CCTV-5十年纪实》,上海文艺出版社,2005年,第255—256页。

方式。"要用自己权力使手下人也有权力,要把本属于自己的权力分出去一部分,给每一个人一个大小不等的带有栏杆的舞台,然后让他由着劲在里面跳,才能使你当官的理想得以实现。"①这种分权放权确保了体育节目的不断扩张,也标志着正确、合理的企业家行为。此外,马国力的管理特征"以人为本",作为领导者关怀员工,为屡犯禁忌者充当"挡箭牌",同时信任人才、无为而治,给做事者更大的成长空间,具备了领导者强大的个人魅力和凝聚力。

(四)倡导事业激情和素质操守

马国力是一个视事业为生命的人,因此非常重视激情在团队中的作用。他视《足球之夜》为体育频道的"梦之队",是因为这个创作集体每个人都把自己干的事当成生命一部分的激情。他同时极为关注人才素质的提高,认为制作人的素质决定一个频道一个电视台的质量。对下属业务放权但操守要求却严,特别是对中央电视台要忠诚,将尽力维护中央电视台的利益作为员工的基本职业操守。

(五)强调专业化追求

马国力对体育报道质量有着苛刻的要求,对专业化水平尽快与国际标准接轨有着追赶的焦虑和激情。1996年从亚特兰大奥运会报道回来后,着力于专业提升,定下了"全运会练兵、亚运会实战、奥运会完善"的3年人员培训计划,在2000年悉尼奥运会上,中央电视台的专业制作报道水平已经基本与国际水平一致。"凡

---

① 马国力:《脚印》,见《五魁首:CCTV-5十年纪实》,上海文艺出版社,2005年,第259页。

事只要投入就有意思。"对2008年北京奥运会,马国力最关心的也是中国体育电视制作水平的进一步提升。

领导者特别是创业时期的领导者,会给企业文化赋予很强的个人色彩。马国力的管理风格对中央电视台体育报道团队无疑影响极深,特别他的激情、执著的事业追求、以人为本的管理作风、强势的谈判风格,这些都在一定程度上塑造了这个团队的灵魂。

2005年年中,江和平接替马国力出任体育节目中心主任和体育频道总监。至此,一个时代结束,另一个时代开始。在管理风格上也面临了巨变,江和平作为管理者,其风格更为程式化、规章化,创业时代的激情已经难再,接下来的是一个专业主义和官僚主义不断得以强化的管理时代。这也是必然的合理转折,因为"随着企业的成长,管理团队变得更大,'性格'和个人态度的影响趋于下降,而'集体行动'的重要性则上升。"[1]

二 团队激励机制

激励机制是企业理论的重要组成部分,特别是代理经济学更是强化对企业高层管理者的激励。体育频道非市场化企业,无法应用与所有权、产权相关的股票或期权的激励机制,但激励机制仍将在频道成长与发展中发挥重要作用。激励有货币报酬激励与非货币报酬激励,前者主要是工资和奖金等货币形式,后者包括诸如权力、地位和荣誉等非货币奖励。

体育频道的激励在中国电视现有机制内不可能采取国外同行的激励体制,尽管也有岗位工资、绩效奖金等货币奖励,但在很大

---

[1] 伊迪斯·彭罗斯:《企业成长理论》,格致出版社,2007年,第66页。

程度上依赖于非货币激励。用马国力的话说,"我给能干、想干的人以更多的节目和更多的权力,对不能干但想干的人找到合适他的位置,对不能干又不想干的人随他去,对能干而不想干的人是晓以利害后也随他去。好在后两种人极少,所以我也不是很在乎。"①

此外,由于中央电视台在1983年作为全国第一个事业单位开始试行大包干财务管理试点工作,从1991年开始,又进行了新的一轮3年承包,并一直延续至今,实行"全额预算管理,定上定支,以收抵支,定额拨款,包干使用,减收超支不补,增收节支留用"的财务管理办法。还争取到了较优惠的承包政策,如对年度预算执行结果形成的经费包干结余,可按年收入提取5%奖励基金,8%的集体福利基金,其余部分可作为事业发展基金。2006年,贯彻文化体制改革总体要求,进一步支持中央电视台发展,财政部、广电总局提出了中央电视台财务管理改革方案,新的财务管理办法实行"事业单位财务企业化管理",在自负盈亏前提下有利于电视台实现自我积累、自我发展。

正是在这一基础上,体育频道在台内也争取了特殊的"频道广告超额提成"政策,按照5%标准提取当年频道实收广告经营额超出频道广告任务差额部分,以用作频道工作人员的奖励。由于当时频道年广告任务定额一般不到5亿,而到2003年左右频道实收广告已经近10亿,所以每年提取的"频道广告超额提成"十分可观,体育频道工作人员在台内相对收入较高。这一政策在2005年后由于频道任务大幅提升到10多亿,差额缩小,提成大幅缩水,激励作用不再,此后的体育频道面临了激励短缺、激情消退的困境。

---

① 苗炜:《五魁首:CCTV-5十年纪实》,上海文艺出版社,2005年,第256页。

第三节　专业化的市场与广告机制

一　制播分离机制

制播分离机制的改革是广电系统在1999年"网台分营"以来一直推进的重要改革措施,但遗憾的是,长期以来,除电视剧节目实现较为成功外,其他电视节目的制播分离尚有待大力推进。制播分离的进展缓慢,无非有这么几个原因:第一,在新闻等意识形态宣传色彩较重节目领域,对制播分离与导向正确之间矛盾的担忧;第二,国有电视台与民营社会制作机构之间巨大的实力差距;第三,电视台过去的业务模式一直以节目生产为主,对节目制作与播出的分离动力不大,甚至抵触;第四,一些新的制播分离的网络视频业务等没有好的盈利模式;第五,国内电视主管部门没有如英国那样有明确的社会制作节目配额等制播分离法制。在体育电视领域的制播分离,还有一个困难,就是体育赛事资源的垄断性和排他性明显,社会制作机构根本没有实力去从事体育核心资源——赛事直播。

尽管有这些困难,制播分离的改革却是电视媒体发展的一个主流趋势,只有推进制播分享,吸纳更多的社会性制作公司参与到节目制作中来,才能发挥更好的竞争效应,提升电视节目的质量,增加电视节目的多样性和可选择度。

民营电视机构光线传媒总裁王长田在2000年就认为:

> 制作公司将业应该提供电视市场最起码50%以上的

节目,而且在两三年之内,是有这种可能的。……电视越来越回归到它的本质属性——首先是娱乐功能,然后才是信息传递的工具。表现最明显的是湖南卫视率先将娱乐性频道向商业化运作转化,带来了很好的社会效益与经济效益。①

现在看,这一估计明显太过于乐观。但王长田对电视娱乐功能的本质强调,却指出了制播分离体制下民营社会制作机构可以发展的空间。体育节目的制播分离,也更多可能在娱乐性的体育栏目或活动、娱乐性的民间体育赛事制作上。

频道品牌战略的推进,中央电视台开始尝试制播分离改革,采取由内而外的"两步走"计划:先行实行内部制播分离,有针对性地选择娱乐类、体育类、科教类、文艺类、纪录片等类型的栏目或节目,交由新影厂、科影厂、总公司等台属企业承担制作,发挥台属企业的资源潜力和制作能力;然后再推行社会化制播分离,引入市场竞争机制,实行节目制作市场招标采购,由中央电视台审查后播出。

在这一改革过程中,体育频道部分节目作为试点转化为企业制运营管理。如将《城市之间》、《武林大会》、《篮球公园》三个栏目和"体坛风云人物"评选颁奖活动,交由台属企业"中视体育推广公司"制作、运营。这种新的生产策略,降低了成本,提升了节目水平。同时,依托栏目和活动运营,尽可能建立立体化的产业链,开拓未来体育产业市场。

---

① 王长田:《制播分离——电视业市场化改革的景气指数》,载《商业文化》2000年第4期,第23页。

二 专业经营机制

体育频道的广告收入一直位居中央电视台各专业频道前列，2003 年已经过 10 亿元大关，2008 年整体达到 20 多亿，在中央电视台各频道中仅次于 CCTV-1 综合频道。这与体育频道实行了专业化的频道广告经营机制有关。

体育频道自成立以来，广告一直由北京未来广告公司整频道承包经营。未来广告公司是中国国际电视总公司下的一家企业，是中央电视台的全资子公司。由于这一广告经营与节目部门相对分离、与台广告部相对独立的经营体制，确保了未来广告公司在频道广告经营中的专业性和独立性，从而实现了频道广告资源的较大化收入。

同属总公司旗下的"中视体育推广公司"也对体育频道资源进行市场运营，主要是就赛事资源进行推广、经营，以及制作、运营《武林大会》等栏目、活动。这样，在体育频道的市场经营中，就形成了一家频道广告专门经营机构和一家频道赛事资源推广、栏目制作运营的产化业专门机构，较好地实现了频道节目价值的最大化，也确保了频道节目部门对广告和产业运营的相对超脱。这一专业化运营分工，起到了一定的频道产业化促进作用。

但 2005 年后，经营广告的未来广告公司和经营赛事与节目制作的中视体育公司之间，也产生了一些业务领域的重叠和冲突，分工界限模糊化。如中视体育在满足客户需求的过程中，开发了许多软性广告类资源，对未来广告的客户与业务形成了一定程度的冲击。从未来趋势来看，两家资源和业务有合二为一的整合可能。

第三编

动因分析：制度，市场，文化

体育电视产业发展的制度动因
体育电视产业发展的竞技动因
体育电视产业发展的市场动因
体育电视产业发展的文化动因

分析中国体育电视的发展历程，探求其中的发展推动因素，对之作政治经济学的分析无疑十分必要。同时我们还要辅之以制度与产业经济学、媒体生态学和媒介产业研究方法，如此方能对中国体育电视50多年发展历程进行合理的解释，并对其在复杂历史语境中的动力因素有清醒的了解。并进而发见产业发展变迁与制度、环境的关联，以及合理与不合理之处，从而对中国体育电视的未来问题与趋势作出恰当的分析。

第八章 政治、经济与制度性动力

第一节 体育电视的政治性动力

体育和体育电视似乎远离政治。其实这不算现代社会的"神话",也算是一种似是而非的误解。在《电视的真相》一书中,加里·惠内尔谈到体育时说:

> 在国际性体育运动中,夺魁一直被认为是国家昌盛的象征。20世纪50年代一连串的赛场失利被认为是英国走下坡路的标志,以6:3负于客场匈牙利队的著名足球失败是英国地位发生变化的分水岭。同样1966年度世界杯的夺得又成为国家体育事业东山再起和自强不息精神的标志。国家队的爱国标志强烈地感染和动员着观众。英国参赛者和他们的胜利频频亮相,而我们则被冠以爱国支持者的称号。[1]

---

[1] 安德鲁·古德温、加里·惠内尔:《电视的真相》,中央编译出版社,2001年,第90页。

体育关乎国运,不只中国人这么看。体育在这里发挥着国家兴衰标志、政治动员、爱国主义教育乃至确认权力合法性等多项政治功能。

体育社会学认为,有组织的竞技运动长期以来就一直与政治、政府和国家紧密联系在一起。体育为国家服务,从来不是什么秘密;同时,体育运动的开展也需要政府在资金、场地、组织管理方面的支持。政府对运动参与的性质、形式和程度会随社会、社区的不同而有所不同,政府一旦参与运动,它的原因和目的一般在于:

1. 保证公共秩序;
2. 保持和发展市民的健康和体能;
3. 提高一个地区或国家在更大范围内的政治关系中的声望;
4. 提高市民的认同感、归属感和团结感;
5. 强调与一个社区或社会中的主导意识形态相一致的价值和取向;
6. 增加市民对政治领导人及其代表的政治结构的支持;
7. 促进地区或社会的整个经济的发展。[1]

政治意味着权力和控制。体育不可能存在于文化真空中,在体育的所有领域都不可能避开权力和控制问题。政治是人们生活的一部分,因而政治也必然成为体育的一部分。体育运动与政治以及政治过程密不可分。"政府的介入在计划经济的中央集权国

---

[1] 杰·科克利:《体育社会学——议题与争议》,清华大学出版社,2003年,第506—507页。

家尤为明显。体育运动的赞助是直接的;运动场馆为国家所有并且由国家运作;国家决定体育运动的规则和政策,以及开展体育运动的条件。市场经济国家的政府介入则没有那么直接,但其介入的范围往往十分广泛。"①

在社会主义的中国,因为体育的"举国体制",以及新中国成立后中国外交的特殊时期、与国际奥委会的特殊关系,从而体育与政治的关系更为紧密与复杂。无论共和国建国之初被迫退出国际奥委会席位,到六七十年代广泛开展的亚非拉国家之间的体育友谊赛、邀请赛,震惊世界的"乒乓外交",以及改革开放之初的1979年10月重返国际奥委会和国际体育舞台,"六四事件"后1990年北京亚运会的召开,直到北京两次举全国之力申办奥运会,成功举办2008北京奥运会,中国体育事业成为国家外交政策和"大国崛起"的重要组成部分,一路下来,政治色彩异常鲜明。

中国奥委会名誉主席、前国际奥委会副主席何振梁在一次关于"奥林匹克与中国"的讲话中说道:"我国与国际奥委会的关系完全可以说是我国对外关系的折射。""奥运会不仅使中国在现代化建设过程中获得了强大的催化剂,也对我们的社会进步、经济发展和体育发展都将起到很大的推动作用。"②中国人的奥运梦和体育梦的后面都有一个强国梦。它承载着自1840年以来中华民族从落后受辱到奋发图强、扬眉吐气、大国崛起过程中的诸多象征意义,以及国人爱国情感与民族信心的诉求。这些,在国家政治体系的运作中,成为强大的认同、团结和动员力量,在不同时期都发挥了重要作用。

---

① 杰·科克利:《体育社会学——议题与争议》,清华大学出版社,2003年,第541—542页。
② 何振梁:《艰难的起飞——奥林匹克与中国》,《见证奥林匹克》,新华出版社2007年,第6—20页。

对 50 余年发展历程的中国体育电视而言,政治同样作为基础性的推动力起着巨大的作用。建国后"新体育"的核心精神在于"增强人民体质"、"为人民服务,为国防和国民健康服务",同时特别强调体育的思想教育与政治宣传作用。1952 年 6 月通过的《中华全国体育总会章程》中就明确规定,"向广大人民群众进行体育运动的宣传教育工作"是中华全国体育总会的任务之一。1953 年 11 月 17 日,中央体委在《关于加强人民体育运动的工作报告》中指出,"应加强对体育工作者及运动员的政治思想教育,批判体育工作脱离政治的倾向。"1954 年 1 月 8 日,中共中央《关于加强人民体育运动工作的指示》中强调,"体育运动并且是培养人民勇敢、坚毅、集体主义精神和向劳动人民进行共产主义教育的重要手段之一。"[1]1954 年 3 月,政务院在《关于在政府机关中开展工间操和其他体育运动的通知》中也明确要求,"必须切实做好体育运动的宣传教育工作。"

正是在党和人民政府高度重视体育的宣传、教育、普及的方针下,各级各类媒体逐渐增加体育宣传的内容,新中国的体育宣传工作得以逐步发展起来。1958 年 9 月 1 日创办了新中国第一张体育专业报纸《体育报》,毛泽东题写了报头和"发展体育运动,增强人民体质"的号召。这些都为开创之初的中国体育电视事业的发展奠定了基础。也正是在 1958 年,中国体育电视报道得以肇始和开端,直播了体育赛事,开创了体育栏目。

"文革"期间,体育电视节目一度停滞。但在政治、外交需要下,体育电视节目很快得以恢复。1970 年春,朝鲜乒乓球队访华,停止多年的中央人民广播电台体育宣传重新打开局面。"1970 年

---

[1] 《中华人民共和国体育运动文件选编》,人民体育出版社,1957 年。

7月,北京电视台恢复播出《体育爱好者》栏目。之后,中央人民广播电台和北京电视台对在北京举行的亚非乒乓球友好邀请赛、亚非拉乒乓球友好邀请赛等赛事进行了新闻报道或实况转播。"[1]中美"乒乓外交"的开展,扩大了体育电视节目的进一步空间,同时也让中国电视体育从业者接触到美国同行的先进体育报道设备和技术。在"文革"后期,体育电视节目得以延续性开展,但体育宣传还基本停留在"政治化"、"革命化"的氛围中,真正符合体育电视规律、满足观众体育收视需求的节目还很少。

改革开放奏响了中国体育在国际体育竞技舞台争金夺魁、高歌猛进、为国争光的时代进行曲,随着"女排五连冠"等体育事件的推动,体育引起了全国人民的高度关注,激发了民族自豪感和爱国热情,成为当时鼓舞全国人民"团结起来,振兴中华"的旗帜和口号。在此形势下,国家体育主管部门高度重视加强和体育宣传工作。国家体委先后颁发了一系列意见和规定:1981年10月12日,下发了《关于加强和改进体育宣传工作的意见》;1983年5月6日,下发了《关于发布体育新闻的几点意见》;1984年5月7日,颁布了《关于统一发布重要体育新闻的规定》。中宣部也于1985年7月1日转发了国家体委《〈关于改进体育竞争宣传的意见〉的通知》。

进入九十年代,随着市场经济的发展和人民生活水平的提高,体育宣传工作围绕竞技体育与群众体育这两个中心同步开展。1991年通过的《中国体育发展与改革纲要》、《体育事业十年规划和"八五"计划》都列入了体育宣传的内容,强调"各级体育行政部门和体育社会团体应广泛运用传播媒介宣传体育。"这一阶段的体

---

[1] 《拼搏历程 辉煌成熟——新中国体育60年/综合卷》,人民出版社,2009年,第206页。

育宣传强调"以正面宣传为主","坚持正确的舆论导向",体育对内宣传爱国主义凝聚人心,对外展现实力塑造良好国家形象。国家体育总局局长刘鹏在一篇就体育宣传的文章中给记者朋友的几点意见中的第一条:"要从讲政治的高度认识体育宣传。体育宣传是加强社会主义精神文明建设的重要载体,是满足人民群众不断增长的体育文化需求的重要渠道,要坚持正确的政治方向,坚持正确的舆论导向,宣扬主旋律。"[①]

在1989年政治动荡之后举行的1990年北京亚运会,无疑带有强烈的政治色彩,对它的报道也体现了鲜明的体育爱国主义主题。赵月枝、郭镇之认为1990年北京亚运会的电视报道,对电视媒体宣传爱国主义进程起到了关键的推动作用:

> 亚运会为电视动员爱国主义热情提供了一个绝好的机会。从此,爱国主义成为中国电视压倒性的意识形态框架,通过将民族文化象征投射到中国家庭,通过上演种种政治和文化奇观,通过调动大众的民族认同情感,通过在重要时刻(例如香港回归、中国成功申办奥林匹克运动会、中国加入WTO等)将观众集合在国旗下的仪式,电视成为中国建构爱国主义话语和动员爱国主义精神的最有力场所。[②]

1995年6月先后发布了《奥运争光计划纲要》和《全民健身计划纲要》,8月29日全国人大常委会正式通过了《中华人民共和国体育法》,"体育强国"战略有了"一法两纲"的法制化保障。1993

---

① 刘鹏:《体育记者谈体育新闻·序》,人民体育出版社,2006年,第2—3页。
② 赵月枝、郭镇之:《全球化与中国电视》,见《第一媒介:全球化背景下的中国电视》,清华大学出版社,2009年,第9页。

年的北京申办奥运虽然失利,却拉开了中国申办与举办奥运会的序幕,体育作为国家战略的重要地位更益突出,体育与政治的关联也始终十分紧密。由此,中国体育电视也在"体育强国战略"、北京举办奥运会的现实政治需要以及"大国崛起"等民族主义话语推动下,加速了发展步伐。

第二节 体育电视的经济性动力

纵览中国体育电视的发展历程,从改革开放以来的30多年间,国民经济的增长以及市场经济的深入发展,无疑发挥了巨大的推动作用。简要而论,这种推动主要体现在对经济对体育事业和产业的推动、对电视事业和产业的推动,以及在商业体育、电视广告、赛事版权、受众消费水平等多角度对体育电视发展的多角度推动。

30年来,GDP等国家经济指标一路快速增长,国家经济总量和居民收入水平、消费能力同步增长,从而带动了体育事业和体育产业的快速发展(表8-1)。

表8-1:30年间我国GDP、人均GDP及城镇居民人均可支配收入增长情况

	GDP(亿元)	人均GDP(元)	城镇居民人均可支配收入(元)
1978	3645.2	381	343.4
1988	15042.8	1366	1181.4
1998	84402.3	6796	5425.1
2007	249529.9	18934	13785.8
2008	300670	3266.8美元	15781

数据来源:根据历年来《中国统计年鉴》整理

一 GDP 的快速增长,带动了国家对体育事业投入的增长,包括体育场馆、运动队、赛事以及群众体育健身设施等系统投资的增长

根据第五次全国体育场地普查结果数据,改革开放 30 年来,无论是标准体育场地还是非标准体育场地的投资建设有了极大的增长。"1949—1978 年 30 年间,全国共建设非标准体育场地 22802 个。改革开放后 1979—2003 年 25 年间,全国共建设非标准体育场地 272987 个,相当于前 30 年建设数量的 12 倍。"[1]以室外标准场地增长数据看,改革开放后的 25 年间比前 30 年建设增长更为明显(表 8-2)。

表 8-2:改革开放后全国室外标准体育场地建设增长情况[2]

场地名称	阶段内建设数量(个)		相差倍数
	1949—1978 年	1979—2003 年	
固定看台灯光篮球场	491	4538	9.3
篮球场	20289	293553	14.5
排球场	1651	33058	20
门球场	98	15074	153.8
地掷球场	5	1051	210.2
室外网球场	33	6236	189
室外游泳池	188	2793	14.9
高尔夫球场	0	162	—

[1] 国家体育总局编:《改革开放 30 年的中国体育》,人民体育出版社,2008 年,第 32 页。
[2] 同上书,第 35 页。

二 居民可支配收入的增长推动了体育消费的增长，从而带动了体育市场和体育产业的快速发展

根据西方发达国家经验，人均 GDP 从 800 美元到 3000 美元是一个国家国民经济快速发展时期，将在很大程度上推动居民消费更新换代，特别是推动休闲娱乐的旺盛需求。这些在推动体育市场和体育产业发展的同时，也极大地激发了人们的体育消费行为，包括体育电视在内的整个体育产业都从中受益，得到推动。从 1996 年到 2007 年间，体育消费的年均增长率与人均 GDP、可支配收入、消费支出三项指标的年均增长率基本同步持平（表 8-3）。从三次全国体育现状调查对比可以看出，我国经常参加体育锻炼的人数在此期间也保持了稳步增长（表 8-4）。

表 8-3：体育消费与人均 GDP、可支配收入、消费支出的同步增长关系[①]

	1996 年数值	1999 年数值	年均增长率 %	2007 年数值	年均增长率 %
人均 GDP(元)	5846	7159	+7.49	18934	+20.56
可支配收入(元)	4838.9	5854	+6.99	13785.8	+16.94
消费支出(元)	3919.47	4615.91	+6.56	9997.47	+11.80
体育消费(元)	328.83	539.73	+21.38	1175.95	+14.73

---

① 魏农建：《中国城市体育消费构成实证》，上海财经大学出版社，2010 年，第 194 页。

表 8-4：三次全国体育现状调查对比[1]

调查次数	时期指标	调查时间	经常参加锻炼人数（7—70岁）%	增长情况（百分点）
第一次	1996 年	1997 年	31.4	—
第二次	2000 年	2001 年	33.9	2.5
第三次	2007 年	2008 年	38.5	4.6

三 宏观经济的发展也大力推动了中国电视事业的整体发展，从而为体育电视的发展创造了基础性条件

从全社会电视机拥有率等数据可以明显看出宏观经济对电视事业发展的推动。1978 年全社会电视机拥有量只有 304 万台，拥有电视机的家庭占全国总户数的 2%，全国电视观众还只有 8000 万；到 2007 年，全社会电视机拥有量已经超过 4 亿台，电视观众总数 12 亿，电视人口覆盖率达到 96.6%（表 8-5）。中国无疑已经成为世界上最大的电视国家，这一发展过程，没有改革开放以后中国宏观经济的突飞猛进，是不可能实现的。

表 8-5：1978 年以来全国电视发展主要指标增长[2]

	电视台（座）	电视机社会拥有量（万台）	平均每百人拥有电视机（台）	电视观众数或人口覆盖率%
1978	32	304		8000 万
1979	38	485		—

---

[1] 《中国体育产业发展报告（2008—2010）》，社会科学文献出版社，2010 年，第 128 页。
[2] 综合参考历年来《中国广播电视年鉴》、《中央电视台年鉴》、赵玉明《中国广播电视通史》、刘习良《中国电视史》、郭镇之《中国电视史》和《第一媒介》等资料整理。

（续表）

	电视台（座）	电视机社会拥有量（万台）	平均每百人拥有电视机（台）	电视观众数或人口覆盖率％
1980	38	902	0.9	—
1981	42	1562	1.6	49.5
1982	47	2761	2.7	57.3
1983	52	3611	3.5	59.9
1984	93	4763	4.6	64.7
1985	202	6965	6.6	68.4
1986	292	9214	8.7	71.4
1987	366	11601	10.7	73
1988	422	14344	13.2	75.4
1989	469	16593	14.7	77.9
1990	509	18546	16.2	79.4
1991	543	20671	17.8	80.5
1992	586	22643	19.5	81.30
1993	684	25563	—	82.30
1994	766	27847	—	83.40
1995	837	25000	—	84.50
1996	880	—	—	86.20
1997	923	—	—	87.60
1998	347	30000	—	89.01
1999	352	—	—	91.60
2000	354	35000	—	93.65
…	…	…	…	…
2007	287	40000	—	96.6;超过12亿
2008	277	—	—	96.95
2009	272	—	—	97.23

数据来源：根据历年《中国广播电视年鉴》等资料整理

此外，随着宏观经济发展特别是1992年后市场经济改革的深入，大大推动了电视广告市场的增长和电视产业的发展。"截止到1991年年底，全国广播电视系统开展多种经营、实现各种预算外收入共16.39亿元，占总经费37.71亿（其中政府拨款21.32亿元）的43.46％。经营收入尚未超过政府拨款。"[1]但这一状况很快得到了改变，1992年中央电视台广告收入为5.6亿，1999年即达到44.15亿，2000年已经超过50亿元。2000年全国广播电视广告总收入达到了239.8亿元，其中电视广告营业额达到168.9亿元，上海、广东、浙江、北京、江苏、山东等6省市超过了10亿元。到2009年，全国广播电视创收收入1582.02亿元，同比增长17.18％。"2009年全国电视广告收入达到675.82亿元，同比增长了66.66亿元，增幅为10.94％，虽在一定程度上受到全球金融危机的影响，但仍然实现稳定增长。电视广告收入超过10亿元的省（自治区、直辖市）有16个。"[2]

由此可见，1992年后，随着市场经济的深入开展，以及各产业和消费的增长，电视广告收入持续迅速增长，从而推动了电视事业的整体发展。体育电视产业作为电视事业的一部分，也经历着同样的经济增长和市场推动。

第三节 体育电视的制度性动力

制度不是中立的，而是对经济发展产生重要影响的一种力量。

---

[1] 徐光春：《中华人民共和国广播电视简史》，中国广播电视出版社，2003年，第514页。
[2] 国家广电总局研究中心：《2010年中国广播电影电视发展报告》，新华出版社，2010年，第94页。

新制度经济学将制度看作是经济领域的一个内生变量,制度在长期经济增长的分析中至关重要。"制度是约束人们行为的一种规范,制度是一种'游戏规则'。同时,制度又是一种稀缺要素。"[1]此外,制度也是国家的一种政策安排,是国家发挥功能的重要方面。特别是在产权、激励、公共选择、创新与变迁等领域,制度分析发展了自己独特的对现实经济发展的解释能力。

因此,考察我国体育电视的发展和变迁历程,对制度性动力的分析是题中应有之义,特别是国家所实施的体育制度和电视制度。

一 体育制度

(一)"举国体制"

我国竞技体育实行的是"举国体制"。《辞海》中对"举国体制"的定义是:

> 我国在社会主义初级阶段所奉行的推动竞技体育发展的管理体制。即由国家集中相对的人力、物力和财力,最大限度地发挥国家、地方和社会等方面的积极性,在全国形成合力,利用好全国资源,提高竞技体育水平和国家竞争综合实力,力争在以现代奥运会为最高层次的各类国际体育大赛中夺取优异成绩,为祖国和人民赢得荣誉。[2]

可以看出,这一体制的特征是国家集中全国体育资源和支持

---

[1] 卢现祥、朱巧玲:《新制度经济学》,北京大学出版社,2007年,第9页。
[2] 《大辞海/体育卷》,上海辞书出版社,2008年,第2页。

力量,目的是在奥运会等国际大赛中赢得金牌和荣誉,表现出极大的行政干预性,是与粗放、集中统一的产品计划经济相适应的"集中型"体制。它表现为:一是政府行使全部的体育管理职权;二是国家承担全部的体育经济义务;三是行政手段是主要的体育管理手段。①

客观来看,由于新中国成立之初的薄弱经济、社会基础和较低体育发展水平,只有采取举国体制,才能有效集中有限的人力、物力和财力,在短时期内将中国体育从"东亚病夫"的零起点迅速推动到体育大国的地位。也依赖于举国体制与奥运战略的结合,中国的奥运成绩迅速上升,在2008年北京奥运会上夺得"金牌总数第一"这一辉煌的成绩。可以说,举国体制适应了中国竞技体育走向国际竞争舞台,迅速提升大赛成绩,促进中国体育事业全面发展、展现国家综合实力的时代要求。

当然,随着我国经济和社会的进一步发展,举国体制也暴露出许多问题,需要进行调整和改变,以主动适应市场经济的发展,逐步过渡到开放型的市场体制。

(二) 政府行业管理体制

从世界各国的实践来看,体育管理体制有着不同的性质、内容和结构。根据管理权力的归属特征,各国体育管理体制大致可粗略划分为三种形态:②

一是政府管理型。特点是由政府设立专门的体育管理机构,体育管理的政府权力高度集中,采用行政方式对从宏观到微观的

---

① 杨文轩、陈琦:《体育原理》,高等教育出版社,2004年,第199页。
② 参见孙克宜:《试论体育管理体制与中国体育管理体制改革》,载《北京体育大学学报》,1995年第1期,第6—13页。

体育各个层面进行全面管理。与此相应的是,各种社会体育组织的权限很小,很难行使实质性的管理功能。前苏联、古巴等社会主义国家主要采用这一体制。

二是社会管理型。特点是政府一般不设专门的体育管理机构,对于体育事务很少直接介入和干预,而常采用间接的立法或经济补贴方式。各种社会体育组织行使体育的管理权力,管理权力呈分散状态,所以也称分权型体制。美国是典型的社会管理型体制。

三是结合型。它的特点是结合了政府管理和社会管理,由政府和社会体育组织共同行使体育管理的权力。政府设有专门的体育管理机构或指派相关部门负责体育的宏观管理,发挥方针制定、协调与监督职能。而社会体育组织则负责体育的具体业务管理,包括开展大众体育、组织训练和比赛、体育市场和体育产业开发等。英国、德国、法国、加拿大、韩国等世界大多数国家采用这一体制。

我国的体育管理体制基本表现为政府管理型。社会体育组织的发育程度和参与权限还都相当有限。与竞技体育的举国体制一样,这一政府管理型体育管理体制在中国特定历史时期和特定体育国情下,发挥了"集中力量办大事"的优势,推动了体育事业的普及和发展。1992年,随着市场经济改革的深入,体育社会化和产业化水平逐步提高,各类社会体育组织的力量得以强化,政府管理型体育管理体制势必向结合型体制过渡和转型。

二 电视制度

1978年改革开放、恢复发展以来,我国电视制度随着社会经济改革的深入、电视事业发展的需要不得得以确立、调整和深化,以制度形式推动了我国电视事业的创新与繁荣。

(一)"四级办电视"的分散化与重新"集中化"

1983年3月31日至4月10日召开的第十一次全国广播电视工作会议,是中央广播事业局改为广播电视部后第一次召开的全国性广电系统工作会议。会议明确提出了广电系统的管理体制:各级广播电视机构具有新闻宣传机关和事业管理机关双重性质和职能,中心工作是宣传;各级广播电视机构之间实行上级广播电视部门和同级党委、政府双重领导,以同级党委、政府领导为主的管理体制。

第十一次全国广播电视工作会议的一大贡献是提出了"四级办电视"的事业发展方针,即在全国实行"四级办广播、四级办电视、四级混合覆盖",除了中央和省(自治区、直辖市)办广播电视外,有条件的省辖市(地、州、盟)和县(旗)都可以开办广播电台和电视台。这一重大政策调整,大大调动了地方兴办广播电视的积极性,加快了广播电视的发展。到1987年,全国电视台从1982的47座增加到366座,增加近6.8倍;电视人口覆盖率从57.3%提高到73%;电视机社会拥有量从2761万台,增加到1.16亿台,增长了4.2倍。是建国以来我国广播电视事业发展最快、形势最好的时期。

可以说,"四级办电视"方针是八九十年代电视业大发展的主要推动力。这一分散化的趋势鼓励了地方投资和节目制作,地方电视台在90年代的急速发展甚至已经超出了中央政府当初将权力和职责下放时的预料,中央台的节目并没有按规定得到转播,国家已经很难控制各层次的节目内容和质量。"因此,20世纪90年代,中央政府试图重新监管广播电视并减少电视台的数量。在中国准备入世时,集中化非常重要。"①这一重新"集中化"趋势体现在一是地(市)县广播电视播出机构职能转变,二是组建广播影视集团。

1997年广电部开始全面"治散治滥"行动。1997年11月,国务院第228号令发布《广播电视管理条例》,行业管理执法监督力度加大。1998年4月治理任务基本完成,全国实际存在广播电视播出机构总数从6937座缩减到2218座,缩减率为68.1%,全国电视台也由1997年最高峰时的923座下降到347座。

1999年,国家广电总局提出了地(市)县广播电视播出机构职能转变、有线电视网台分离、有线台和无线台合并的重大体制改革举措。这次改革着眼于"加强和扩大中央和省广播电视节目的覆盖",实行"中央和省(区、市)两级管理体制",地(市)县播出机构逐步转为"主要转播中央和省级台的广播电视节目",在此前提下,保留一定时段播出自办节目。这一改革由"四级办电视"基本调整为"两级办电视",强化了中央和省两级电视节目的地位和覆盖,体现出明显的重新"集中化"管理趋势。

在1996年1月的全国广播影视厅局长会议上,就作为远景目标提出过:"按照现代化企业制度的要求和走集团化、实业化、国际化道路的思路,通过改革、改组、改造,组建若干广播影视企业集团。"1999年6月,我国第一家广播电视集团——无锡广播电视集团成立。2000年12月17日,第一家省级广播影视集团——湖南广播影视集团挂牌成立,集团总资产30多亿元。此后,山东、上海

---

① 费多丽:《中国电视的内部市场化分析》,见《第一媒介:全球化背景下的中国电视》,清华大学出版社,2009年,第216页。

文广、北京、江苏、四川、浙江等省广播影视集团先后成立。

世纪之交的这一轮集团化改革大潮,在中国加入WTO、迫切需要做强做大面对国际市场竞争的大背景下,有其进步意义。集团化在推进中国电视产业"优化资源配置、结构合理重组、事业单位企业化管理、宣传与经营分离"等方面迈出了重要一步。同时,集团化也是重新"集中化"趋势的一个发展,它要改变的是"广播电视机构星罗棋布,各自为政,自成体系,互不相联,小打小闹,不成气候,低层次运作,小环境发展的状况。"[1]

(二)"事业单位企业化管理"与"财务包干"

中国的电视机构有着复杂的身份,既是新闻宣传部门,又是事业管理机关,同时仿照企业化进行管理和市场竞争。在改革开放以前的二三十年中,国家对广播电视进行计划管理和行政调控,全部经费由国家财政全额拨款。改革开放后,这一财经制度已经远远不能满足日益现代化和规模化的电视事业飞速发展需求,在实践中逐步得以调整和突破。

1979年1月28日,上海电视台播出了我国第一条商业电视广告。9月30日,中央电视台也播出了第一条商业广告。从此,电视广告业务量不断增长,到1991年,广告收入已经成为各电视补充政府拨款不足的主要资金来源。1983年4月,在第十一次全国广播电视工作会上决定的一系列举措中,出台了一条新的经济政策:"提高经济效益,广为开辟财源,以补充国家拨款不足"。从而为广播电视进一步开展经营活动提供了制度性保障。1992年6月,中共中央、国务院发布《关于加快发展第三产业的决定》,明确

---

[1] 徐光春:《在全国广播影视厅局长座谈会上的讲话》,2000年8月。

指出广播电视属于第三产业,同时强调"以产业为方向,建立充满活力的第三产业自我发展机制,现有大部分福利型、公益型和事业型第三产业要逐步向经营型转变。"至此,广播电视产业属性得以明确,广播电视产业经营的重要性明显突出。

1996年6月,中央电视台决定实行"栏目带广告、广告养栏目"的运作机制,即由栏目拿出10%时间用于招商和播出广告,将实际广告收入的50%用作栏目经费。从而形成了节目质量与经营创收共同提高的良性循环。中央电视台也实行了"预算包干"的财务管理办法。从1991年到2000年,经财政部批准,中央电视台实行了三轮预算包干,此后这一优惠政策得以延续。随着每年广告收入的大幅增长,这一政策为中央电视台留存和积累了大量资金,加速了中央电视台各项事业不断发展的步伐。

(三) 产权控制、年检审批与有限竞争

改革开放后,由于商业广告的开展和市场经济的深入,广播电视事业的产业属性和企业化管理逐渐在实践中得以确认。但在电视行业的准入制度、产权制度和竞争制度上,受"党的宣传喉舌"这一政治属性的约束,仍长期实行非市场的控制机制。

1988年10月召开的全国广播电视厅局长会议明确指出:"根据我国国情,以及广播电视的性质、任务和中央历来的规定,广播电台、电视台只能由广播电视部门集中来办,不能由其他部门、其他系统来办,也不能民办,更不能与外资合办。这一办台政策必须坚持。"[①]在这一"国有专办"、产权国有的办台政策得以进一步确认的同时,也提出广播电视部门"可以集资合办节目,实行有偿服

---

① 徐光春:《中华人民共和国广播电视简史》,中国广播电视出版社2003年,第330页。

务"，为进一步的商业化、市场化以至产业化预留了一定的空间。

1996年10月，广电部颁发了《关于对广播电视台（站）年检的规定》，并牵头与中纪委、中宣部、公安部、安全部、监察部、工商管理局组成联合检查组，对地面接收设施管理和各地转播中央电视台、中央人民广播电台节目情况进行检查。由此逐步建立了对全国广播电视机构强化统一管理的"年检制度"。1996年12月，中央办公厅、国务院办公厅发布了《关于加强新闻出版广播电视业管理的通知》（简称"两办"37号文件），规定"设立各级各类广播电视播出、转播机构，统一由广播电影部审批。国家无线电管理委员会划分给广播电视业务专用的频率、频道，由广播电影电视部规划和支配。"①由此进一步规范和强化了由广电部统一审批广电机构设置、规划和支配频率与频道资源的行业管理制度。此后不久，经报国务院领导批准，由国家无线电管理委员会下发了《关于委托广播电影电视部行使有关无线电管理职权的通知》，统一和强化了建台严格审批制度。

此外，由于20世纪90年代中期以来，随着实践中的不断探索，广播电视"产业属性"和"产业化"意识的逐步强化，广播电视产业化经营制度也得以初步确立和发展。电视的商业广告市场、节目发行市场、多元化经营市场都已形成。各级电视台之间广告竞争激烈，电视节目的收视率竞争也可谓惨烈。同时，在电视剧、电影、娱乐等节目市场，已经形成比较成熟的制播分离体制，社会化电视制作机构逐步成为电视产业化中重要的市场主体。这些都极大地推动了我国广播电视事业的发展。

但同时，广电行业的行政壁垒和产权壁垒，也使这种竞争始终

---

① 徐光春：《中华人民共和国广播电视简史》，中国广播电视出版社2003年，第540页。

只是有限竞争,一方面民营资金和业外资金很难进入获得竞争主体者地位,另一方面广电机构在跨行政区域和跨媒介、跨行业扩张中,也受到了诸多限制,做强做大困难重重。正如传媒学者赵月枝所指出,"虽然喉舌角色使得电视业在改革年代成为一个商业垄断体,并获得了巨大的经济利益,但这种角色也阻碍了中国电视经营者获得独立的公司法人地位,因此限制了它吸收外界资本或使用市场机制使产业结构更符合市场理性的能力。"[1]

---

[1] 赵月枝、郭镇之:《全球化与中国电视》,见《第一媒介:全球化背景下的中国电视》,清华大学出版社,2009年,第11页。

第九章　基础性动力:竞技体育与体育产业发展

改革开放以来,我国重返国际比赛舞台,竞技体育获得了快速发展。1993年后启动足球产业化改革,体育产业化也获得了巨大的成长空间。竞技体育和体育产业作为两股体育事业发展最重要的力量,从报道内容、节目收视到广告经营、产业竞争等多方面推动了中国体育电视的发展。

第一节　竞技体育发展的推动

一　我国竞技体育的迅速发展

我国竞技体育的快速发展,是以1979年10月重返国际奥委会为契机开始的。1984年第一次组成代表团全面参加洛杉矶奥运会,不但实现了奥运金牌"零"的突破,而且一举夺得15枚金牌,在奥运会这一最高竞技体育赛场,甫一亮相就展现了我国竞技体育的强大实力。综观从洛杉矶奥运会到北京奥运会,我国运动员取得的成绩（表9-1），可以一揽我国竞技水平的发展情况。

表9-1：历年来我国获得奥运会奖牌及排名统计

年	届别	金牌	银牌	铜牌	奖牌总数	金牌榜排名	奖牌榜排名
1984	第23届洛杉矶	15	8	9	32	4	5
1988	第24届汉城	5	11	12	28	11	6
1992	第25届巴塞罗那	16	22	16	54	4	4
1996	第26届亚特兰大	16	22	12	50	4	4
2000	第27届悉尼	28	16	15	59	3	3
2004	第28届雅典	32	17	14	63	2	3
2008	第29届北京	51	21	28	100	1	2

数据来源：《中国体育年鉴》

尽管第23届获得金牌榜第4名优异成绩有前苏联和东欧等国家抵制缺赛因素，但除汉城奥运会失常外，以后各届奥运会都保持了从第4名向前进位的趋势，到北京奥运会更是跃居金牌榜第一，奖牌总数第二。我国竞技体育实力已无可争辩地进入世界领先水平。

从亚运会来看，我国竞技体育的实力优势更为明显。从1982年以来，一直保持了金牌榜首位，且越来越大幅领先于亚洲其他国家（表9-2）。

表9-2：历年来我国获得亚运会奖牌及排名统计

年	届别	金牌	银牌	铜牌	奖牌总数	金牌榜排名
1974	第7届德黑兰	32	45	27	104	3
1978	第8届曼谷	51	55	45	151	2

(续表)

年	届别	金牌	银牌	铜牌	奖牌总数	金牌榜排名
1982	第9届新德里	61	51	41	153	1
1986	第10届汉城	94	82	46	222	1
1990	第11届北京	183	107	51	341	1
1994	第12届广岛	126	83	57	266	1
1998	第13届曼谷	129	77	68	274	1
2002	第14届釜山	150	84	74	308	1
2006	第15届多哈	165	88	63	316	1

数据来源：《中国体育年鉴》

从新中国成立以来截止到北京奥运前的2007年，我国运动员在参加各类国际性大赛中，"共获世界冠军2163个，其中改革开放以后获得2137个，占总数的99%；创超世界纪录1175次，其中改革开放以后创超1001次，占总数的85%"。[1] 我国竞技体育取得突出成绩是在改革开放后30年，这与经济、社会全面发展紧密相关。

二 竞技体育发展对体育电视节目水平、规模、收视及广告的全面推动

（一）中国运动员的竞技成绩提升推动了观众的收视热情

从80年代初的女排"五连冠"，到各届奥运会、亚运会中国运动员的夺冠比赛，中国运动员争金夺银的竞技优异成绩，都极大地

---

[1] 国家体育总局编：《改革开放30年的中国体育》，人民体育出版社，2008年，第89—90页。

推动了中国观众收看体育电视的热情,从而为我国体育电视的发展创造了观众需求的现实环境,推动了体育电视节目从规模、播出时间的增长到节目形态的丰富与多元化。

2003年中央电视台体育频道直播赛事收视率前20名赛事,基本都是中国队参加的且有望夺取冠军的赛事(表9-3)。中国女排这一年在世界杯女子排球赛上重新夺回世界冠军,再度激发了中国体育观众对女排的热情;中国女足进军世界杯女子足球赛,"铿锵玫瑰"的优异表现让女足这一以往被人遗忘的赛事也赢得了较高关注;中国男足国家队的一系列热身赛,因为挑战的都是世界强队,且有2002进入世界杯决赛的成绩,也取得了一系列高收视;世乒赛因为中国队一般包揽金牌,也为中国观众所特别关注;亚洲男篮锦标赛也因为有姚明等因素推动,有望取得佳绩,所以也在前20位收视榜上占据了多位。对观众收视热情高涨的赛事,体育频道也都极为重视,在报道和编排上优先对待。

表9-3:中央电视台体育频道2003年直播赛事收视率排行榜

排名	赛事名称	周天	日期	收视率%	市场份额%
1	红塔杯中西足球对抗赛(皇马对健力宝队)	周六	08-02-03	5.4	12.5
2	2003年世界杯女子排球赛(中国对日本)	周六	11-15-03	5.3	21.9
3	2003年中国之队国际足球赛(中国对巴西)	周三	02-12-03	5.0	9.3
4	第47届世界乒乓球锦标赛	周六	05-24-03	4.2	11.6
5	2003年亚洲女足锦标赛(中国对朝鲜)	周六	06-21-03	3.5	8.1

(续表)

排名	赛事名称	周天	日期	收视率 %	市场份额 %
6	第47届世界乒乓球锦标赛	周日	05-25-03	3.5	10.2
7	第22届亚洲男子篮球锦标赛（中国对韩国）	周三	10-01-03	3.4	9.1
8	2003年世界杯女子排球赛（中国对韩国）	周六	11-08-03	3.1	17.3
9	第47届世界乒乓球锦标赛	周五	05-23-03	3.1	9.6
10	第47届世界乒乓球锦标赛	周日	05-25-03	2.6	11.5
11	2003年亚洲冠军足球联赛（大连实德对阿尔艾因）	周六	08-30-03	2.6	5.2
12	2004年奥运会足球赛亚洲区预选赛（中国对叙利亚）	周三	09-17-03	2.3	9.4
13	2003年世界杯女子排球赛（中国对土耳其）	周三	11-05-03	2.2	14.3
14	2003年中国之队国际足球赛	周三	09-10-03	2.2	4.9
15	2003年东亚足球四强赛（中国对韩国）	周日	12-07-03	2.1	18.7
16	第22届亚洲男子篮球锦标赛（中国对叙利亚）	周二	09-23-03	2.1	4.5
17	第22届亚洲男子篮球锦标赛（中国对卡塔尔）	周二	09-30-03	2.1	4.2
18	2003年世界杯女子排球赛（中国对意大利）	周五	11-14-03	2.0	31.0
19	2003年世界杯女子排球赛（中国对阿根廷）	周日	11-09-03	1.9	15.8
20	2003年国际乒联职业巡回赛总决赛	周日	12-14-03	1.9	4.0

数据来源：央视-索福瑞媒介研究

（二）奥运会、世界杯、亚运会等大型赛事放大了电视观众规模

中国体育电视呈现出明显的所谓"大年"、"小年","大年"指有奥运会和世界杯的双数年，而"小年"指没有奥运会和世界杯的单数年。每逢大赛年，CCTV-5 体育频道的收视率、收视份额和观众规模都会得到较大增长，表现明显不同于赛事小年，由此可见，体育电视对国际大赛的依赖程度。

体育频道在 2006 世界杯年和 2008 奥运会年收视份额表现强势，而在之后的赛事小年收视份额明显回落（见下图 9-1）。

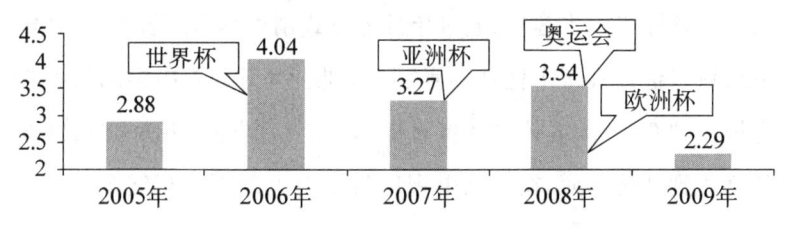

图 9-1:2005 年以来 CCTV-5 体育频道市场份额变化情况
数据来源：央视索福瑞（CSM）媒介研究

（三）参与大型赛事报道推动了体育电视节目专业报道水平的提升

中国体育电视可以说是在参与大型赛事报道中成长和成熟起来的。如前面章节所论述，1984、1988 年奥运会以及 1986 年汉城亚运会，推动了体育电视新闻节目的发展和体育节目总量的增长；1990 年北京亚运会，则极大地推动了中央电视台和其他地方省级电视台大赛报道综合水平的提升，国际大赛综合报道水平迅速提升，各类专栏专题节目得以发展；2000 后，在参与悉尼、雅典奥运会报道中，中国体育电视开始在信号制作专业水平上与国际接轨，

技术水平和专业能力得以提升；2008北京奥运会的准备与举办，更是大幅推动中国体育电视的专业报道水平。

（四）竞技体育和赛事推动电视体育节目中的广告投放增长

竞技体育的发展在提升体育电视观众规模和收视的同时，也大大吸引了广告主的商业广告投放。由于我国体育营销起步晚、专业意识不足，大多数广告主还是把体育营销等同于事件营销，从而将广告投放集中到奥运会、世界杯、亚运会等大赛期间。特别是每当奥运会和世界杯举办，中央电视台往往会吸引200—300家左右的中外知名广告客户，通过招标等方式销售热点广告资源，动辄取得数以亿计甚至十亿计的巨额广告收入，王老吉中标的《中央电视台2007—2008体育赛事直播》合作伙伴"单一招标项目甚至最高达到3亿多元，在中国电视广告史上也创下最高纪录（表9-4）。这些广告收入的相当部分投入到后续购买赛事版权和节目制作中，从而形成良性循环，推动体育电视节目发展。

表9-4：中央电视台2007年及2010年赛事等体育节目广告招标情况

2007年奥运相关标的物	条数	中标企业	中标价（万元）
《奥运倒正计时标版》独家冠名	1	联想	16201
《中央电视台"圣火耀星途"特别节目》独家冠名	1	伊利	8008
《我的奥林匹克》栏目独家冠名	1	中国银行	8266
《谁将主持北京奥运、奥运主持人选拔活动》冠名	1	伊利	4500
《中央电视台2007—2008体育赛事直播》合作伙伴（食品饮料、家电、体育服装各1家）	3	王老吉	30008
		海信	13009
		361度	12500

（续表）

2010年世界杯等标的物	条数	中标企业	中标价（万元）
2010年世界杯《射手榜》独家冠名	1	郎酒	3333
2010年世界杯全天赛事套播—赛中第一段指定广告位置	2	德尔惠	2608
		青岛啤酒	2233
2010年世界杯全天赛事套播—赛中第二段指定广告位置	2	雪花	2988
		中国移动	2666
2010年冬季奥运会《精彩瞬间》独家冠名	1	美的集团	2010
2010年世界杯全天赛事套播—赛前指定广告位置	2	耐克	3449
		雪花	3080

数据来源：北京未来广告公司央视黄金资源广告招标现场记录

第二节　体育产业发展的推动

从世界体育的发展趋势来看，体育与经济已经一体化，体育的商业化和产业化是世界体育大的潮流。奥运会正是因为与商业的结盟，才摆脱了政治的负面影响，成为全球化的重要力量。在欧美世界体育强国，体育已经成为国民经济的重要产业。我国体育产业的发展走过了一条曲折的道路。同时，体育产业的发展，也大力推动了体育电视节目与体育电视产业的同步发展，体育产业与体育电视产业也呈现出双向的相互影响。

一　我国体育产业的发展

总体来看，我国体育产业作为中国体育事业面向市场的适应

性改革举措,是1979年以来我国经济社会不断深化改革开放的产物。它的发展经历了三个阶段:

一是1978年底到1992年初的萌芽阶段。围绕体育产业的前期探索主要是鼓励体育系统内有条件的事业单位"以体为主,多种经营",由事业型向经营型转变,成立了一些体育经营实体;另外,吸引社会资金,以赞助或联办形式资助体育竞赛活动和高水平运动队。

二是1992年到2000年的起步阶段。随着市场经济体制改革的推进,1992年国家体委将体育产业问题作为深化体育改革的重要内容,1993年全国体委主任会议上制定了《关于培育体育市场,加快体育产业进程的意见》,提出体育事业要"面向市场,走向市场,以产业化为方向";1996年,国家体委下发了《体育产业发展纲要》,同年全国人大《国民经济和社会发展"九五"计划和2010年远景目标纲要》中也进一步明确:体育要走"社会化、产业化的道路"。至此,体育产业发展逐步上升到转换体制和转变机制等宏观层面,并推动了运动项目管理体制的改革和足球等职业化改革,体育产业逐步成型。

三是2000年到2008年的起飞阶段。进入新世纪,在中国入世和北京申奥成功等新形势推动下,体育产业快速起飞。同时,国家体育总局制定下发了《体育产业"十一五"规划》,各省市也出台了地方性加快发展体育产业的相关规定与政策。体育产业成为国民经济新的增长点,在扩大内需中作用突出,得到了各级政府的高度重视。在体育产业社会化、投资主体多元化程度得以提升的推动下,体育市场不断扩大,体育消费持续增长,产业规模得以扩大。根据国家体育总局于2010年4月公布的《2006、2007、2008年全国体育及相关产业统计公报》数据(表9-5),在这三年间有了较快增长。

表 9-5:2006、2007、2008 年全国体育及相关产业统计主要指标

类别	2006年 增加值(亿元)	2006年 从业人员(万人)	2007年 增加值(亿元)	2007年 从业人员(万人)	2008年 增加值(亿元)	2008年 从业人员(万人)
总计	982.89	256.30	1265.23	283.74	1554.97	317.09
体育组织管理活动	74.8	18.71	89.36	18.98	117.56	20.87
体育场馆管理活动	18.24	2.58	23.04	2.41	30	2.62
体育健身休闲活动	46.98	11.78	58.79	13.32	74.49	15.03
体育中介活动	2.02	0.87	3.00	0.96	4.46	1.35
体育培训活动	4.64	1.91	7.91	2.21	13.48	3.56
体育彩票	21.47	11.11	29.63	13.37	35.27	17.64
体育用品、服装鞋帽制造	705.12	195.44	898.10	214	1088.31	234.13
体育用品、服装鞋帽销售	76.45	11.13	110.77	15.2	141.79	18.54
体育场馆建筑	33.17	2.77	44.63	3.29	49.61	3.35

以 2007 年相关数据为例,我国体育及相关产业增加值较 2006 年增长了 22.83%(按可变价计算的增长速度),其中体育服务的增加值增长速度为 29.39%;而当年我国国内生产总值同期增长 12.35%,其中第三产业增长 12.69%。[1] 由此可见,我国体育及相关产业增加值的增长速度明显快于我国 GDP 总体及第三产业的增长,在北京奥运推动下,体育产业呈现加速发展态势。

尽管到 2008 年我国 GDP 总值已经跃居世界第 3 位,增长速度更是高居 GDP 排名前 15 位国家之首,但体育产业占 GDP 比重却只有 0.68%,和其他国家 2% 以上的比重相比非常落后。数据显示,美国体育产业 1995 年的产出和服务总值为 1520 亿美元,在所有产业中排在电话与电报通讯业之后位居第 11 位,1997 年则

---

[1] 《中国体育及相关产业统计》,人民体育出版社,2011 年,第 302 页。

已达 2130 亿美元,行业排名上升到第 6 位。① 这一数据比我国 2008 年体育产业总值还高出六七倍。这表明在人均 GDP 与主要发达国家还有十倍差距的现实情况下(表9-6),我国体育产业还有较大增长空间。

表 9-6:世界主要国家 2008 年 GDP 排名及体育产业占比情况②

排名	国家	GDP 总值(万亿美元)	增长速度%	人均 GDP(美元)	体育产业 GDP 占比%
1	美国	14.33	1.4	46859	2.86(2009年)
2	日本	4.844	0.7	38559	2.24(2007年)
3	中国	4.222	9.0	3315	0.68(2008年)
4	德国	3.818	1.7	44660	1.99(2008年)
5	法国	2.978	0.9	46015	2.85(2008年)
6	英国	2.787	1.1	43785	1.83(2005年)
7	意大利	2.399	0.0	38996	—
8	俄罗斯	1.757	6.0	11806	—
9	西班牙	1.683	1.3	35331	1.6(2005年)
10	巴西	1.665	5.2	8197	2.1(2008年)
14	澳大利亚	1.069	4.0	47400	1.5(2008年)
15	韩国	0.9535	4.9	19504	2.23(2005年)

二 体育产业发展对体育电视的推动

(一) 体育产业发展推动了赛事职业化、商业化,为体育电视节目提供更丰富报道内容

我国体育产业发展在 1992 年开始起步,当时一个重要动作就

---

① 李明、苏珊·霍华斯、丹·马宏尼:《体育经济学》,辽宁科学技术出版社 2005 年,第97—98页。
② 课题组编:《体育强国战略研究》,人民体育出版社,2010年,第 124 页。

是足球的职业化、产业化改革。此后,又启动了篮球、排球、乒乓球的职业联赛,形成了较为成熟的四大职业联赛体系。到 2008 年,足球职业联赛已经运作了 16 个赛季,篮球职业联赛运作了 15 个赛季,排球俱乐部联赛和全国乒乓球超级联赛也运作了 10 个赛季以上。同时,各项目的职业化体育俱乐部数量也有明显增长(表 9-7)。四大联赛之外,近年来棒球、网球、羽毛球、围棋、国际象棋、自行车、高尔夫、电子竞技等项目也开始组建和运作自己的俱乐部联赛。这些赛事的职业化,使得我国电视媒体可以转播的国内赛事场次大幅增长,电视体育节目报道内容也因此变得更为丰富。

表 9-7:截至 2008 年,我国四大职业联赛的俱乐部数量情况[①]

足 球		篮 球		排 球		乒乓球	
中超	中甲	男篮	女篮	男排	女排	男子	女子
15	13	35	19	16	16	10	10
28		54		32		20	
合计:134 家							

特别是 1994 年中国足球甲 A 联赛的启动,对中央电视台体育节目的发展起到了非常重要的推动作用。1994—1999 年,甲 A 联赛与中央电视台体育节目相互推动、共同发展,新开办的 CCTV-5 体育频道有了丰富的足球内容,而且成就了《足球之夜》这一名牌体育电视栏目。马国力谈到当初决定大力转播甲 A 联赛的原因时说,肯定了甲 A 联赛市场化对体育电视发展的推动作用:"我们这样做是出于自身的考虑。体育走向市场了,势必比赛要增加;比赛增加了,转播才会增加,体育电视才会吸引观众,才能发展。"[②]

[①] 国家体育总局编:《改革开放 30 年的中国体育》,人民体育出版社,2008 年,第 179 页。
[②] 马国力:《中国体育电视与体育产业》,载《电视研究》2003 年第 8 期,第 31 页。

此外,因为体育产业化的推动,一些非俱乐部职业赛事、非职业俱乐部赛事以及商业类赛事得以开展(表9-8),也进一步增加了体育电视报道的内容。此外,如"中国龙之队"与皇家马德里队、中巴足球对抗赛等商业赛事的举办,因此国际知名球队、球星的参与,可看性极强,也得到体育电视频道的重点报道。

表9-8:2009年国内非俱乐部职业赛事及非职业俱乐部赛事情况[1]

项目	非俱乐部职业赛事								非职业俱乐部赛事					
项目	射击	游泳	高尔夫	网球	滑冰	田径	拳击	台球	足球	篮球	登山	街舞健美操	乒乓球	跆拳道	排球
数量	9	9	8	8	8	7	5	2	14	10	10	7	6	6	4

资料来源:国家体育总局《2009全国体育竞赛计划(国内)》

(二)体育产业化发展激发了产业外围层体育电视媒体的竞争升级,推动了体育电视市场结构的合理化与行为绩效的优化

作为体育产业外围层的组成部分,体育电视媒体在体育产业化快速发展的推动下,也同步加快了产业化发展步伐,并围绕赛事版权购买进行激烈竞争,竞争者之间各自发挥自身优势,行为绩效得以优化,行业结构也逐步合理化。例如,因为国内乒乓球赛事版权为香港一公司取得,中央电视台被迫另辟蹊径自己组织"中国乒乓球擂台赛","这是一个完全由电视台主办和拥有的商业赛事,在主办初期是非常成功的。但正由于它是电视台单方拥有,注定会是一个临时性赛事,我们在比赛初期就有这样的准备。"[2]虽然"中

---

[1] 《中国体育产业发展报告(2008—2010)》,社会科学文献出版社,2010年,第94页。
[2] 同上书,第101页。

国乒乓球擂台赛"因为现实矛盾于2001年结束,但它是我国体育电视在产业化上迈出的成功一步。此后,中央电视台又与中国排球协会共同组织主办"中国排球联赛",由于双方目的较为一致,共同把这一联赛办好,拿出各自资源做大盘子,取得了较好发展。

(三) 体育相关产业层特别是体育用品、服装鞋帽制造业的快速增长,推动了体育电视广告投放的同步增长

体育用品、服装鞋帽制造和销售业在体育及相关产业总体中占据了绝大部分份额,以2008年为例,占比79.1%。同时,体育用品、服装鞋帽制造和销售业也在我国体育相关产业中市场化、产业化以及品牌化程度最高,在全国形成了以福建、广东、浙江、江苏为主的产业集群基地。特别是在福建地区,运动服装和休闲鞋生产厂家众家,而且在国内最早具备品牌推广意识,采取明星代言和加盟模式,在CCTV-5体育频道及奥运会、世界杯赛事中大量投放广告,赢得了品牌和市场优势。企业迅速做强做大,诞生了如七匹狼、安踏、利郎、匹克、柒牌、劲霸、特步、361度、鸿星尔克、乔丹、舒华等一大批知名品牌企业。这些企业因为市场竞争和品牌营销的需要,每年在中央电视台体育赛事及体育节目中集中投放大量广告,一度在CCTV-5投放的运动品牌达到30多个,最多时福建品牌广告额占据了CCTV-5年度广告总额的三分之一左右。同时,耐克和阿迪达斯等国际体育服装巨头也将飞速增长的中国市场列为其全球重点市场,并将与中国体育电视媒体合作进行长期体育营销传播作为其拓展中国市场的重要手段。

以国内最重要赛事全运会为例,2005年南京全运会市场开发总收入高达6亿元,可以明显看出全运会组织方产业化运作赛事

能力的大幅提升(表9-9)。同时,产业化运作赛事的发展也带来了明显的赞助、广告等收入增长,体育电视媒体分享了企业赞助赛事后相应配套增长的广告投放大蛋糕。

表9-9:近三届全运会广告、赞助等收入增长情况①

1997年上海第八届全运会经济收入					
收入项目	金额(万元)	所占比例%	收入项目	金额(万元)	所占比例%
广告收入	12308.82	73.27	其他收入	3287.04	19.56
捐赠收入	1204.87	7.17	合计	16800.73	—
2001年广州第九届全运会经济收入					
赞助、特许权收入	11561.54	56.97	其他收入	5524.99	27.22
捐赠	3207.89	15.81		20294.42	—
2005年南京第十届全运会经济收入					
赞助收入	37000	61.7	邮品收入	520	0.9
特许经营收入	1100	1.8	演出收入	1800	3.0
捐赠收入	1800	3.0	实物赞助	5000	8.3
电视转播权	1700	2.8	其他收入	7180	12.0
票务收入	3900	6.5	合计	60000	—

---

① 田雨普:《近三届全运会市场营销研究》,载《体育文化导刊》2008年第8期。

第十章　广告经营与媒介产业化动力

改革开放30年以来,中国电视媒体发展最重要的动力来自于商业与市场,特别是1992年以来电视媒体近20年的快速发展,更是市场化经营与产业化加速的结果。"自1998年始,传媒业的利税已经超出烟草行业,成为我国利税总额居第四位的行业。"[①] "2004年以来,中国传媒产业取得了巨大发展。2004年中国传媒产业的规模为2108.97亿元,而到了2008年,这一数字已经达到4220.82亿元,5年增幅达100.2%。"[②]

电视经营一般面对两个市场:节目市场与受众市场。节目的增长和广告的增长,是电视媒体经营的主要市场竞争领域,从这两个指标也可以看出电视产业的整体发展情况。改革开放30年来,我国电视节目的播出时间大幅增长,1978年平均每周播出时间只有1200小时,到1990年增加为22300小时,2000年达到83400小时,2001年猛增到183900小时,2007年高达279000小时,已经是1978年的230多倍。从节目制作时长变化来看,1985年只有3.81万小

---

① 喻国明:《"媒介管理译丛"总序》,2004年。
② 崔保国主编:《中国传媒产业发展报告(2009年)》,社会科学文献出版社,2009年,第8页。

时,到 1994 年达到了 28 万小时,2004 年达到了 211 万小时,此后基本平稳,2007 年 255.32 万小时。从我国电视产业广告额增长情况来看,1983 年仅 0.16 亿元,1990 年只有 5.61 亿元,到 1994 年就迅速增长到 44.76 亿元,1997 年顺利突破 100 亿元,2002 年又翻一番达到 231 亿元,到 2008 年已经突破 500 亿元大关,发展可谓迅猛。

可以看出,自 1990 年以来,我国电视产业无论是节目制作还是广告经营,都面临了快速增长,2005 年以后,增速放缓,但仍保持了平稳增长。正是得益于我国电视业改革开放以来特别是近 20 年来的市场化和产业化发展,中国体育电视产业也得到了良好的发展,逐步成型并具备了一定规模。同时,体育电视围绕广告等领域进行的市场化经营和产业化竞争也已日益成熟,并以其经济效益影响和推动了体育电视节目的发展和变迁。

第一节 媒体广告经营的推动

以时间为线索,将 CCTV-5 置身于中国广告和电视广告市场整体发展背景下,频道广告经营可以划分为四个阶段:平稳发展期(1995—2000 年)、快速发展期(2001—2005 年)、爆发期(2006—2008 年)和调整期(2008.10 以后)。

一 CCTV-5 体育频道广告增长史

(一) 平稳发展期(1995—2000 年)

在体育频道创办的 1995 年到世纪之交的 2000 年这一阶段,我国广告业总体处于高速增长后的整体快速增长阶段。CCTV-5

的广告经营在此五年间处于创业初期的探索发展、积蓄力量阶段,广告规模稳定增长,为此后的高速发展奠定了良好开端。

我国电视广告业在1995年收入总额65亿元,增长率高达121%,此后1996—2000年间,仍实现了40%、26%、19%和15%的总体平稳增长态势,2000年电视广告总额169亿元。

在1998—2000年,受宏观经济形势及电视媒体新的竞争形势影响,央视广告收入增速下降。特别是2000年,随着省级卫视全部上星、各地有线电视遍地开花,中国电视格局发生了深刻变化。1998年央视广告收入同比增长仅6%,2000年增速也只有9%(图10-1)。

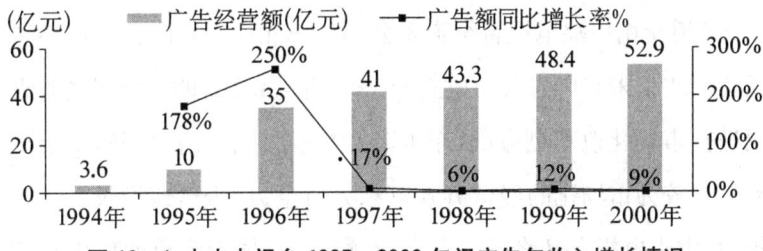

图10-1:中央电视台1995—2000年间广告年收入增长情况

自1994年11月8日中央电视台首创黄金时段广告招标以来,招标收入逐年上扬,从1995年3.3亿元上升到1998年的28亿元,但在1999年和2000年出现下滑,2000年甚至一度滑落到19.8亿元,比三年前的1997年还低(图10-2)。

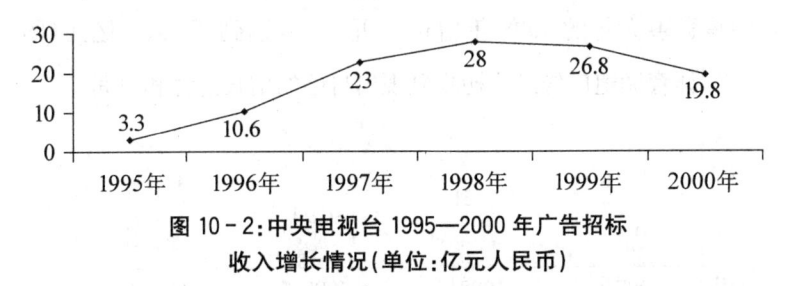

图10-2:中央电视台1995—2000年广告招标收入增长情况(单位:亿元人民币)

CCTV-5创办初期的广告经营总体外围环境并不乐观。频道1995年还只在北京地区播出,1995年11月30日才作为加扰卫星电视频道向全国播出。1996年是逐步树立全国影响的一年。而到1997年全国广告和电视广告整体增速已经渐趋平稳,央视这一阶段的整体广告经营也进入了个位速增长期,广告招标甚至出现严重下滑。这一大的环境和频道初创现实,使得CCTV-5在创办初期五年,广告创收处于艰难拓展期。

1995—1997年,CCTV-5体育频道广告由央视广告部统一经营,这三年频道广告经营较为松散,处于探索阶段,广告收入很少,1995年全年广告收入只有450万元,1997年广告收入4700万元;从1998年开始,体育频道广告经营出现了一个重大变化,CCTV-5全频道交由中央电视台全资子公司——北京未来广告公司整体经营。北京未来广告公司成立于1993年,成立目的是承担当时央视进行市场化改革创办的《东方时空》栏目广告经营任务,由于未来广告较为市场化的经营方式,《东方时空》广告迅速增长。1998年始,中央电视台又将第一个专业频道——体育频道的广告经营交给未来广告公司。

实践证明,这一市场化举措取得了成功。由于有法国世界杯的利好,1998年体育频道收入达到了1.31亿元,1999年相比同是小赛年的1997年增长了100%,2000年因为有悉尼奥运会的因素,又相比同是赛事大年的1998年增长了近80%,达到了2.35亿元(图10-3),体育频道广告经营初步显现出自己的增长潜力和空间。

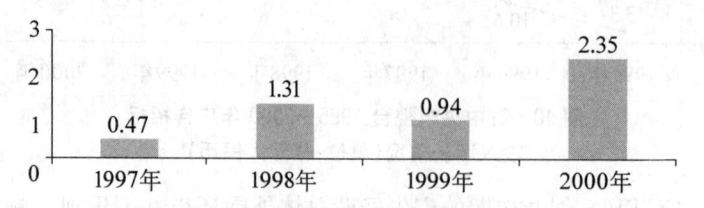

图10-3:1997—2000年体育频道初创期广告收入增长情况(单位:亿元)
数据来源:北京未来广告公司资料

（二）快速发展期（2001—2005 年）

从 2000 年开始，我国经济进入了新一轮发展周期，为广告业的发展提供了有力保障。2003 年，全国广告收入突破 1000 亿元大关，增长幅度达到 19.44%，中国广告市场已经成为继美国、日本、德国之后的全球第四大广告市场。2005 年全年广告收入 1417 亿元，占 GDP 的 1‰（图 10-4），从产业生命周期和国际比较角度来看，我国广告业至此成熟。

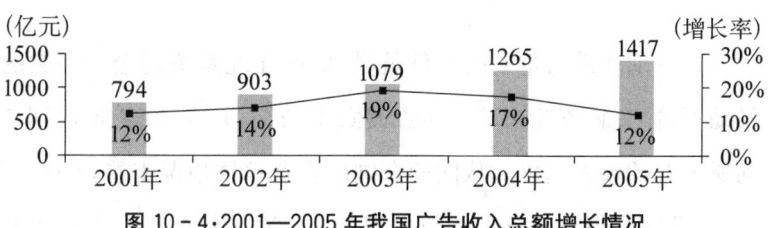

图 10-4：2001—2005 年我国广告收入总额增长情况

年份	收入（亿元）	增长率
2001年	794	12%
2002年	903	14%
2003年	1079	19%
2004年	1265	17%
2005年	1417	12%

2001—2005 年期间，CCTV-5 频道广告收入同步实现了快速发展，从 2001 年的 2.81 亿元增长到 2005 年的 9.11 亿元（图 10-5）。其中，2002 韩日世界杯年和 2004 雅典奥运年增长明显，增长率分别为 86% 和 96%。2003 小赛年收入虽同比 2002 年下滑，但若相比 2001 小赛年也有 56% 的增幅。这表明频道广告收入对奥运会和世界杯有着较为严重的依赖性。可喜的是，到 2005 年，频道广告收入同比 2004 赛事大年仍有 6% 的增长，相比 2003 年则增长了 108%。这与当年北京未来广告公司总经理易人，新任总经理强化了广告代理渠道开发和专业频道广告运营模式，从此走出了体育频道小赛年广告收入低迷的怪圈。同时，体育频道在央视整体广告收入中的份额也从 2000 年的 4% 提升到 2005 年的 11%，在央视频道系列中地位更为突出，专业体育频道的巨大营销价值开始为广大客户所认同。

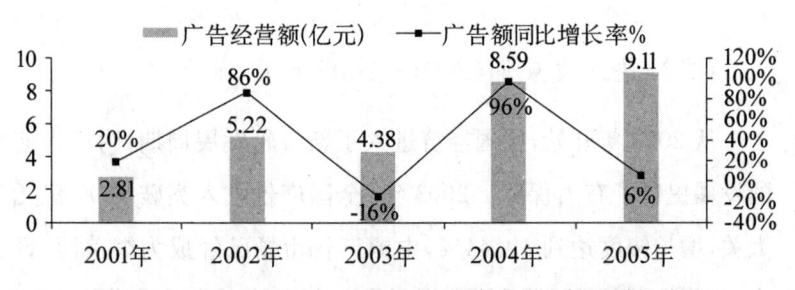

图 10-5：2001—2005 年 CCTV-5 体育广告收入额及增长情况
数据来源：北京未来广告公司资料

（三）爆发期（2006—2008 年）

这一期间最为重要的事件就是 2008 年北京奥运会。在它的推动下，体育频道迎来了三年爆发式增长期，并在 2008 年达到了前所未有的收入巅峰。从同期全国广告业总体情况来看，2006 年和 2007 年广告行业收入增长率为 11%，2008 年全国广告收入同比增长 9%，达到 1900 亿元，是广告业自 1978 年以来首次个位数增长（图 10-6）。

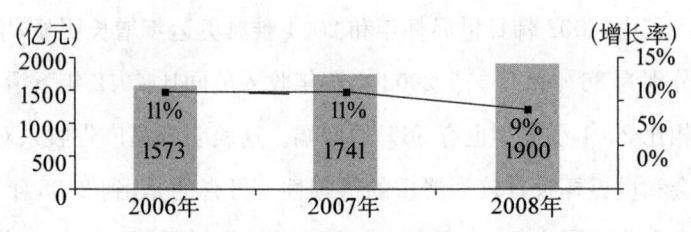

图 10-6：2006—2008 年我国广告业收入总额及增长情况
数据来源：《中国广告年鉴》（2006—2009）

市场增速的减缓引发了电视广告市场的洗牌。在这一场角逐中，央视继续借"马太效应"保持了"一家独大"，绝对额持续上升。2006—2008 年，央视广告收入从 92.7 亿元增长到 161 亿元；2008 年更是借助"奥运营销"广告资源的垄断性，全台广告收入达到 161 亿元，同比 2007 年的 110 亿整整增收 51 亿元，增长率也高达

46%,创造了央视广告史上的最高增收纪录(图 10-7)。

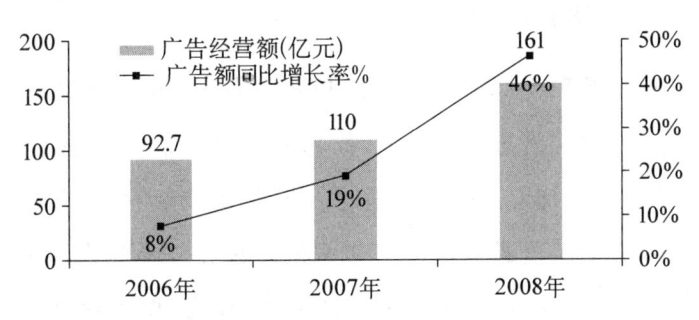

图 10-7:2006—2008 年中央电视台广告收入增长情况
数据来源:中央电视台广告部资料

CCTV-5 是央视"奥运营销"的主战场,也是央视这一阶段广告增收的主要贡献力量。2006—2008 年,CCTV-5 频道广告收入增长率分别为 29%、26% 和 67%,远远高出央视整体收入增长率。2008 年更是创造了单频道收入高达 24.6 亿元的新记录(图 10-8),频道广告收入在央视广告总收入中的份额也提升到 15%(图 10-9),CCTV-5 体育频道的广告价值至此实现了最大化。

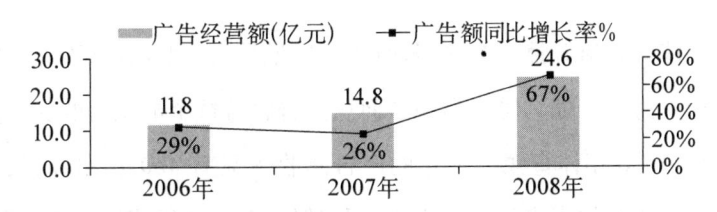

图 10-8:2006—2008 年 CCTV-5 频道广告收入增长情况
数据来源:北京未来广告公司资料

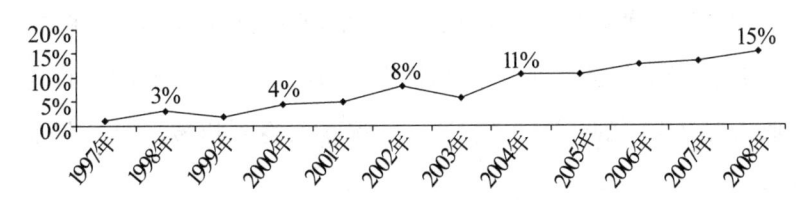

图 10-9:2006—2008 年 CCTV-5 频道广告收入占央视广告比重上升情况
数据来源:北京未来广告公司资料

（四）调整期（2008.10—2010年）

2008年下半年以来，受美国和欧洲爆发的国际金融危机影响，我国国民经济进入调整期，作为依附性产业，广告业也步入增长调整期。加上2008年"奥运透支"因素的影响，中央电视台在2009年更是遭遇了2000年以来最大的增收"挫折"。2009年全台广告收入与2008年持平。CCTV-5作为"奥运营销"先锋，承受着广告主营销策略调整带来的频道收入的严重下滑，2009年体育频道收入呈现萎缩状态，2010年虽有所扭转，仍未走出颓势。

二 广告规模增长对频道发展的推动

（一）广告收入的持续增长带来了频道自办节目经费和采编设备投入的增长

体育频道开播之初，广告收入可以说是入不敷出，并不能与频道投入持平。如马国力所说，"而从广告收益这个电视台的支撑点上看，1995年体育频道一年的广告总收入只有450万元，而仅在节目制作上的支出就超过1500万。但是在计划经济体制中，以上的因素完全可以不考虑。只要有命令，只要有能力，上就是了。任何体制都有优有劣，在任何社会形态中，都应该利用体制的优势。在那个时刻，谁能想到10年后体育频道的接收户超过1亿，广告收入超过10亿呢？"[1]当然，这一情况很快得到扭转。2000年前

---

[1] 马国力：《脚印》，见苗炜《五魁首——CCTV-5十年纪实》，上海文艺出版社，2005年，第262页。

后,"中央电视台体育节目全年的支出接近1亿元,承包体育频道的未来广告公司的定额是8000万。"①1998年体育频道广告收入即达到1.31亿,2000年为2.35亿,2002年超过5亿,2004年如加上当年世界杯部分与台广告部分账收入次年才到账,实际已经达到10亿元。

正是广告频道广告收入的持续快速增长,为体育频道期间多次改版、新创体育栏目、自办体育节目提供了经费基础。按照此后中央电视台实行的广告创收的50%留作节目经费的原则,确保了体育频道节目经费的逐年大幅增长。同时,也确保了体育赛事直播十分需要的昂贵采编技术设备投入,推动了体育报道采编技术升级。

(二) 确保了赛事版权引进和大赛报道投入,强化了垄断地位,形成了赛事资源与广告收入的良性循环

体育频道的相当部分投入是国际、国内赛事版权购买,绝大部分集中在奥运会、世界杯、欧洲足球联赛等国际大赛上。随着中国市场经济的发展和中国广告总额的增长,以及体育电视媒体间竞争的激烈化,一些赛事版权拥有方或销售方抬高了要价。好在一是因为马国力是赛事版权谈判高手,能拿中国市场的前景、受众规模压价。同时,在奥运会和世界杯赛事版权上,国内没有竞争对手,因此赛事版权费用远比国外媒体要低得多。但在奥运会、世界杯、英超等大赛版权引进上,绝对数额还是非常庞大,没有雄厚广告收入的增长支持,CCTV-5很难做到基本拥有了国内外重要赛

---

① 马国力:《脚印》,见苗炜《五魁首——CCTV-5十年纪实》,上海文艺出版社,2005年,第269页。

事版权。

　　同时,雄厚的财力也增加了央视在奥运会、世界杯、亚运会的投入报道和规模,进而拉动频道广告收入的增长,形成了"赛事版权和报道投入加大——赛事及频道广告收入增长——赛事及节目投入进一步加大"的良性循环。而地方电视台由于财力有限、赛事资源有限,却大多陷入了相反的恶性循环。CCTV-5 的垄断优势得以确立和强化。

(三) 广告收入增长强化了频道的品牌意识和品牌化运营

　　媒体品牌化运营是一项需要较大投入的发展战略,从 ID 标识系统到频道整体设计包装、宣传片制作、其他媒介宣传、受众互动,乃至针对受众、广告主进行大型推广、互动式活动等市场营销活动,都需要不菲的费用支撑。正是频道持续的广告收入增长,以及广告增长预期的实现,使得体育频道在央视频道系列中较早具备了品牌包装与推广意识,CCTV-5 无论是在频道标识、色调、音乐以及栏目品牌包装,还是在各类宣传片、形象片上都颇为时尚、前沿。频道广告经营方未来广告公司也从每年的广告收入中争取到 5% 比例的频道推广费用,从而制作了如《超越梦想》等系列频道形象片,在受众中强化了频道的品牌个性和品牌内涵。

(四) 广告收入增长使得频道产业化布局意识得以逐步确立

　　由于体育频道广告收入的大幅增长,日益让中央电视台各级管理人员认识到体育频道的创收增长潜力和空间,加快产业拓展意识得以确立和强化,推动了围绕体育资源和节目链条进行产业化布局与扩张。1996年,"成立了一个由体育部领导的体育推广公司,终于可以堂而皇之地跟上中国体育改革的步伐了。但是一个事业单位如何去领导一个公司还需要摸索。"[1]马国力很是感叹于中央电视台在产业化体制上的束缚。尽管于此,随着中视体育推广公司的成立,体育频道的产业化布局意识有了萌芽。此后,成立了两个付费体育频道:风云足球频道与网球·高尔夫频道。体育推广公司在2005年后承担了台内制播分离任务,制作了《武林大会》等栏目和活动,以及赛事推广和客户体育营销服务,尝试产业链运作,整体运作赛事市场,分销体育赛事版权,创办《第5频道》杂志,推广体育节目视频,取得了一定成效,公司营业额从2005年的3500万元"增长到2008年的3.5亿元"。此外,体育频道还与央视国际网络合作,在国家网络电视台开办了"5+体育频道",逐步实现体育节目资源的跨媒体扩张。

(五)频道广告收入的增长,在一定时期强化了节目人员的奖金激励机制,提升了节目专业性,广告与节目的结合更加紧密

由于在一定时期内,体育频道争取到台财经政策的支持,允许在每年频道广告收入中超出定额部分提取5%作为频道人员奖金,这一机制发挥了积极的激励作用,激发了节目人员持续专业创新和节目质量追求,并提升了与广告经营部门——北京未来广告公司之间相互配合的积极性,广告客户的需要能够最大可能得到满足,未来公司的广告产品创新也能得到最大可能的实现。从而实现了广告与节目的更紧密结合,新的广告形式的开发进一步

---

[1] 马国力:《我国体育电视的现状与前景展望》,载《电视研究》1996年第12期,第25页。

扩大了频道广告经营空间。但在2004年这一政策发生了很大变化,原来是在8000万元频道广告定额基础上进行超出部分奖金提取,总额非常可观。但新的政策却以每年台广告部下达的年度广告经营上交任务为基数进行提取,奖金提取总额一下由数千万下降到几百万元。频道节目人员积极性受挫,也影响到2005年接替马国力出任体育中心主任的江和平与未来广告公司领导层之间关系,频道广告经营和节目体系之间的关系不如过去和谐,体育频道转而大力扶持中视体育推广公司,频道广告经营生态有所恶化。

第二节　广告主投放行为变化及对节目变迁的影响

进入20世纪后,随着奥运与世界杯等国际大赛在我国影响的扩大,以及2001年7·13北京申奥成功后"北京奥运周期"的启动和影响,企业借助体育的广告营销活动逐渐活跃。CCTV-5体育频道是中国市场企业体育营销的主阵地,无论是奥运和世界杯大赛广告投放,还是常规赛事、体育栏目与时段广告投放,都反映出中国企业体育营销意识的提升和广告投放技巧的进步。同时,广告主在CCTV-5体育频道广告投放行为的变化,也深度影响了频道节目的发展与变迁,成为广告与媒介互动研究的一个前沿实践领域。

一　广告主投放行为变化和体育营销意识发展相一致

纵观中国市场企业营销的发展过程可以发现,我国企业体育营销意识的起步较晚。但在北京奥运推动下，自2001年北京申奥成功直到2008年北京奥运后召开，中国企业的体育营销热情高涨，众多实力企业纷纷尝试所谓体育营销，一掷千金。但大多收效低于预期，企业体育营销意识不够系统、科学是主要原因。

我国企业的品牌发展大致经历了四个阶段：一、90年代以前的品牌启蒙期；二、1990—1994年，自创品牌期；三、1995—1999年，品牌竞争期；四、2000年以来，品牌国际化期。[1] 由于企业体育营销受品牌意识影响较大，我国企业的体育营销也可分四个阶段：起步于1995—2000年的品牌竞争期；2001—2005年间在品牌国际化推动下得以快速发展；2006—2008年间在北京奥运前期及北京奥运年进入高峰期；2009年以来，随着北京奥运热退潮，进入转型规范期。分析这四个阶段，我们可以看到中国企业体育营销与中国体育电视媒体发展之间的互动关系，特别是CCTV-5的发展更是表现出与企业体育营销发展的相关性。

第一，1990—2000年间的体育营销起步期，1990年李宁运动服装赞助亚运会中国代表团，开创了中国体育用品品牌经营先例。而1995—2000年也正是CCTV-5的第一个五年初创期。

第二，2001—2005年间，CCTV-5获得快速发展，其间2001年的北京申奥成功、中国足球杀入世界杯决赛圈，2002年韩日世界杯，2004年雅典奥运会、亚洲杯，这一系列体育大赛与体育事件，更为中国企业体育营销的快速发展提供了舞台。

第三，2006—2008三年，北京奥运成为CCTV-5体育频道的发展主题，中国企业也在北京奥运鼓舞下纷纷投身体育营销，

---

[1] 何佳讯、卢泰宏：《中国营销25年(1979—2003)》，华夏出版社，2004年，第100—112页。

不但有一大批各类奥运合作伙伴、赞助商,还有众多企业参与到运动队、运动员赞助以及体育媒体合作之中,体育营销一时繁荣之至。

第四,2009 年以来,中国企业经历了北京奥运热的退潮,加之国际金融危机的持续经济不景气影响,又纷纷退出体育营销。剩下一批有志于长期坚守体育营销的企业,对体育营销策略进行系统和科学规划,体育营销由此进入相对沉寂的转型、规范期。与此同步,CCTV-5 体育频道也面临了北京奥运后的低谷效应,收视和广告都出现了大幅下滑。

具体分析企业在 CCTV-5 体育频道的广告投放变化,特别是在 2001 以来的一些变化特征,我们可以发现其中的一些规律:

(一) 频道投放品牌集中度提升,从注重广告频次到强调资源的选择性

2003—2005 年 CCTV-5 体育频道品牌平均投放时长分别为 2089 秒、3347 秒、4957 秒,带动频道总体广告时长从 2003 年的 1008949 秒增加到 2005 年的 2042097 秒。两年间,品牌平均投放时长和频道广告总时长都翻了一番(图 10-10)。这表明这期间广告主采取的还主要是增加暴露频次的投放方式。

图 10-10:2003—2005 年 CCTV-5 广告时长与品牌数量变化情况
数据来源:北京未来广告公司《媒介研究》

到 2006—2008 年,频道投放品牌数量继续下降,品牌平均投放时长略有减少。这表明,同期频道收入的增长主要来自奥运前

频道广告价格的上涨。体育频道以其高昂的价格,已经成为国内外知名品牌、强势品牌投放的集中地。2006年和2008年的频道品牌数量只有348个(图10-11),相比2004年的520个减少了三分之一。大赛年的价格上涨因素,对频道中实力稍弱品牌出现了"挤出效应"。频道总体广告时长同期略有减少,表明临近北京奥运前,客户体育营销专业性的进步,投放开始呈现出较强的资源选择性。

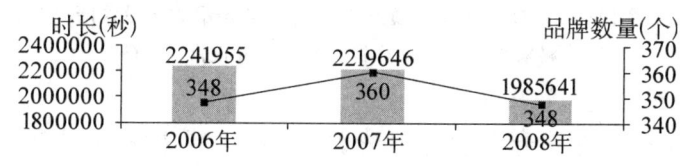

图10-11:2006—2008年CCTV-5广告时长与品牌数量变化情况
数据来源:北京未来广告公司《媒介研究》

(二) 广告投放形式多样化,从频道套装、栏目赞助到频道战略合作

从广告主投放选择项目、广告形式来看,从最早看重频道套装广告项目为主,到后来的重视栏目赞助,在栏目赞助项目之后又进一步发展到频道战略合作。广告主的投放趋势表现出与体育节目、体育频道品牌紧密契合度的日益提升。在广告主这一行为选择推动下,频道广告项目体系相应发生了较大变化:时段项目在2003年后基本退出频道广告体系;套装项目逐步减少和优化;栏目经历了由多到少再到多的过程,其中2003年5档精品栏目赞助逐渐成为频道最重要的支柱项目;赛事项目也由少到多,同时由最初的套装形式增加到赞助、特约等特殊形式。2007年又设计了两类频道深度合作类广告产品:频道合作伙伴以及分类赛事赞助合作(图10-12)。如耐克与频道全年宣传片结合,突出了其频道战

略合作伙伴的定位。

栏目赞助	套装	单签	赛事	新项目	奥运项目
第一档	年套	新闻栏目	重点大赛	合作伙伴	奥运资源
第二档	全天套		常规联赛	新编排	
	晚间套				
第三档	栏目赛事套	周播栏目	分类赛事	新技术	频道常规资源
	周末套		季节赛事		

图 10-12：CCTV-5 体育频道 2007 年广告产品体系设置情况
资料来源：北京未来广告公司 2007 年度推介资料

（三）青睐专业化体育资源，从重大赛事投放到分类赛事投放

从广告主在中央电视台的体育广告投放情况看，常常集中在奥运会、世界杯等大赛投放上，如 2002 韩日世界杯、2004 雅典奥运会、2006 德国世界杯，中央电视台的总体广告收入都在 6—8 亿左右，2008 年北京奥运会更是创造了约 40 亿元人民币的广告投放。因此，由于央视广告部以这两大赛事为导向的推动，企业更多是看重大赛事的"事件营销"价值。

在 CCTV-5 长期进行广告投放的企业对体育营销的运作更为科学，更加注重体育营销的长期性和系统性，也更为重视体育赛事与自身品牌、消费者的契合，因而会选择自身适合的赛事资源或是所赞助的运动项目进行专业广告投放。如安踏长期坚持 CBA 篮球赛事、劲霸长期赞助"世界拳王争霸赛"，2006 年推出的频道篮球赛事合作伙伴、乒乓球羽毛球、网球等分类赛事合作伙伴项目，整合频道分类赛事资源进行全年打包，吸引了广告主的投放（表 10-1）。

表 10-1:体育频道专业分类赛事广告项目与合作客户

分类赛事整合项目	足球类	篮球类	乒乓球类	羽毛球类	网球类	体操类
投放重点客户	红七匹狼	中国移动	中国联通	Fedex	Thinkpad	三星

资料来源:北京未来广告公司《未来传播》

(四) 植入创新增多,从常规广告形式到特殊广告形式

体育频道的常规广告形式最初就是包括在时段、栏目及赛事中投放单项广告及套装广告,但随着广告主对广告效果要求的提高,以及将广告与赛事、栏目紧密结合的要求,频道开发了越来越多的特殊广告形式。在满足客户需求的同时,也大大增加了频道的广告收入。如体育频道出镜服装、体育频道高清大屏幕、主持台电脑摆放、演播室背景板,以及节目和赛事中的角标、比分榜,甚至最新的虚拟广告形式,都得到了应用(表 10-2)。客户植入式投放热情增加,为频道在时间资源有限情况下广告增长提供了新的空间。

表 10-2:CCTV-5 频道开发的特殊广告形式体系

特殊广告类别	特殊广告表现形式
出镜人员:主持人、出镜记者、嘉宾、观众等	主持人和出镜记者的服装鞋帽;主持人和出镜记者的口播;节目现场观众的服装鞋帽和手持物;现场嘉宾的服装鞋帽和手持物等等。
节目包装	宣传片、节目片头片尾、片花、过场、角标、游飞字幕、肩图、虚拟包装等等。
演播室包装:栏目、赛事、活动的演播室	主持人台及其摆放物(如:桌牌、笔记本、饮用水、其他实物);嘉宾(评委)台及其摆放物;实体或虚拟背景;大屏幕及大屏幕播放;现场其他包装(如地标、立柱、家具)等等。

(续表)

特殊广告类别	特殊广告表现形式
赛事包装	赛事转播、集锦、报道的包装中出现的商业品牌元素;积分表、对阵表、射手榜;扫画、比分、时间、赛事转播虚拟包装等等。
虚拟广告形式	直播节目中:利用虚拟技术在演播室中加企业标识或虚拟观众席;直播赛事前:在未进入赛事直播前现场、场外实景虚拟广告,及现场出境记者身后背景;直播赛事中:随赛场情况合理出现。

(五) 行业客户聚集,广告投放表现出明显的行业性特征

体育频道广告投放呈现出非常明显的行业性特征:一是鲜明的男性消费品特征。投放行业集中于男装、交通(汽车)、手机通讯、娱乐休闲、家用电器、酒精烟草等;二是主要投放行业高度集中与稳定。从2004—2006年频道前几名投放行业来看,衣着、交通、邮电通讯贡献率和排名都非常稳定(表10-3)。2006年烟草基本退出了频道投放,这是因为国家政策的限制,同时娱乐及休闲大幅增长,主要是因为互联网和电脑企业的增长。到2009年,娱乐及休闲上升到第一位,以汽车为主的交通行业则在国内汽车市场高速发展推动下继续增长,而衣着则由第一高贡献率下降到第三。

表10-3:CCTV-5频道广告投放重点行业贡献份额

排名	2004年	贡献率	2005年	贡献率	2006年	贡献率
1	衣着	24.02%	衣着	38.38%	衣着	39.56%
2	交通	17.75%	交通	14.22%	交通	16.30%

(续表)

排名	2004年	贡献率	2005年	贡献率	2006年	贡献率
3	邮电通讯	9.71%	烟草类	9.91%	娱乐及休闲	13.24%
4	饮料	9.49%	邮电通讯	8.50%	邮电通讯	8.25%
5	家用电器	8.61%	酒精类饮品	6.24%	酒精类饮品	7.14%
6	烟草	8.59%	饮料	5.91%	家用电器	5.27%
7	酒精类饮品	4.59%	家用电器	5.37%	混合	3.94%

数据来源：北京未来广告公司《媒介研究》

（六）外资品牌广告投放，从北京奥运前大幅增长到北京奥运后迅速退出

2006年前国际品牌的体育电视广告投放，基本集中于上海元太广告公司经营的北京、上海、广州三城市电视台的体育频道上；或者在大赛年与央视广告部合作，投放在奥运会或世界杯等大赛期间；很少在CCTV-5进行大规模投放或常年投放，只是国际汽车品牌在新车下线前在《体育世界》等栏目中进行短期投放。

到北京奥运会前，这一惯例得以改变。2006年开始，一些长期坚持体育营销的国际性企业开始提前投资CCTV-5，大幅增加了频道广告投放力度。2006年频道投放量前5位大客户中，就有耐克、索尼和阿迪达斯三家，而在2005年频道投放前5名品牌中还没有一家外资品牌（表10-4）。但这一情况并没有维持多久，以阿迪达斯为例，2009年在体育频道的广告投放长度只有以前的十分之一，而在2007—2009年CCTV-5品牌投放总长度的排行榜上仅列11位，这还是在前20位中唯一的外资品牌。相比之下，外资品牌集中的BTV-6体育频道三年总投放时长的前20位中则几乎全部为国际品牌。

表 10-4:2005—2006 年 CCTV-5 频道广告投放排名前 5 位品牌

	1	2	3	4	5
2005 年	李宁	雪花	红七匹狼	爱都	太子龙
2006 年	中国移动	耐克	红七匹狼	索尼	阿迪达斯

数据来源:北京未来广告公司《媒介研究》

此外,2008 年爆发国际金融危机对外资品牌投放影响较大。2006 年以来对频道贡献较大的跨国品牌,受国际市场影响纷纷缩减和调整广告投放。据未来广告公司统计,2009 年共有耐克、可口可乐、松下、三星等 14 家国际品牌退出体育频道,仅 1—6 月同比 2008 年上半年广告投放净额减少了 1.5 亿元人民币。

二 广告主投放行为变化对节目变迁的影响

从我国媒介市场化与产业化发展角度看,广告在实践中成为了推动内容变迁和产业发展的重要商业力量。因为体育的商业化趋势、昂贵的赛事版权、体育电视媒体竞争的激烈程度、频道收入上对广告的绝对依赖,这些都使得体育电视对广告及受众市场异常敏感,广告主投放行为变化对体育频道节目的变迁起到了更为直接的推动作用。在市场经济中,传媒承受来自广告商的影响和压力显而易见:

> 大多数自由市场传媒会很自然地把最大限度满足广告商的利益作为常规的运作内容。"常规"所能造成的影响,可以一直延伸到根据目标受众的消费模式来设定的媒介内容的表现模式。传媒设计、布置、计划、安排都时常反映了广告商的利益。①

---

① 丹尼斯·麦奎尔:《大众传播理论》,清华大学出版社,2010 年,第 235 页。

当广告商就是广播节目的赞助商时，会形塑节目的内容。[1]

21世纪以来，中国电视媒体的竞争加剧，竞争激烈化程度和商业化利益追求几乎已经不亚于资本主义国家的大众传媒。在生存与扩张的压力下，电视媒体对广告利益的追求与竞争白热化，由此产生了内容的"唯收视率论"和"过度娱乐化"弊端。有研究者将其视之为"产业化'青春期'的必然现象"[2]。

广告投放对电视节目的影响是媒介市场化、产业化所面临的必然压力。"市场的力量要求尽量减少成本，在保护所有者和客户利益的同时还要最大化可以产生收益的受众。"[3]在最大化受众这一基点，媒体找到了自身利益、广告主利益及受众利益的结合点。中国传媒从意识形态工具回归传媒自身属性、逐步淡化政治控制的角度看，在内容上与广告商利益一致、寻求最大化受众的竞争，也具有特定的积极意义。在体育电视产业，这一结合更加自然、合理。体育电视媒体不断加大对奥运会、世界杯以及足球、篮球、乒乓球羽毛球等受众广泛赛事的报道，同时加强网球、赛车、高尔夫等时尚类类赛事的直播，在满足受众需求、实现受众最大化目标的同时，也赢得了节目市场的收视竞争，这些自然为投放体育频道和体育赛事的广告客户创造了更大利益，从而形成了一个"大众赛事——受众最大化——广告商利益最大化"的良性互动模式。

具体来看，广告主在频道投放行为的变化，对频道节目的积极推动作用主要表现在以下方面：

---

[1] 丹尼斯·麦奎尔:《大众传播理论》，清华大学出版社，2010年，第236页。
[2] 黄升民、丁俊杰:《媒介经营与产业化研究》，北京广播学院出版社，1997年，第60页。
[3] 丹尼斯·麦奎尔:《大众传播理论》，清华大学出版社，2010年，第236页。

（一）更加看重大众类、时尚类赛事

广告主出于自身营销目标，都极为看重可以抵达最大受众群的大众类赛事，以及体现品牌时尚、高端气质的时尚精英类赛事。2005年以来，CCTV-5体育频道在节目安排上"赛事优先"、"赛事直播优先"。同时由于频道拥有版权赛事资源的过剩，每天常常有着数场赛事直播，在具体播出时间安排上又强调"大众赛事优先"、"中国队赛事优先"原则。从频道播出赛事类别上看，在姚明加盟NBA的推动下，篮球的播出比重调整后甚至超过足球，在2007年成为频道第一播出比重赛事，满足了众多以篮球为赞助对象的广告客户需求；新兴项目台球作为时尚赛事，播出比重上升；而传统类排球赛事虽然有较好收视率，但广告客户投放意愿小，在播出安排比重上因而呈现出逐年减少趋势（表10-5）。

表10-5：CCTV-5体育频道主要节目类别收视与播出比重变化情况

2005年1—9月			2006年1—9月			2007年1—9月		
节目类别	播出比重%	收视比重%	节目类别	播出比重%	收视比重%	节目类别	播出比重%	收视比重%
体育专题	28.68	18.89	体育专题	19.84	16.17	体育专题	18.53	11.78
足球	16.55	14.71	足球	20.14	28.43	足球	8.56	11.93
篮球	11.30	19.00	篮球	10.19	14.19	篮球	8.58	13.24%
体育新闻	6.37	10.55	体育新闻	10.53	10.20	体育新闻	14.61	12.18
网球	4.46	1.87	网球	4.64	1.84	网球	2.13	0.88
排球	4.33	6.93	排球	3.79	4.12	排球	1.28	1.19
乒乓球	3.31	7.27	乒乓球	4.55	6.66	乒乓球	2.58	3.72
台球	1.16	1.83	台球	1.11	1.92	台球	2.84	3.93

数据来源：CSM媒介研究，35城市数据

(二) 在频道专题栏目数量减少同时,新闻节目得到了持续强化

从总体趋势看,体育频道的专题栏目数量逐步减少,从1996年频道初创时近40个栏目,逐步减少到2006年的10余个精品栏目,2007年因为奥运的临近,又临时新增了6、7个奥运栏目,但这些奥运栏目在2008年北京奥运结束后基本退出频道,由此频道专题栏目的播出比重也已从2005年的近30%下降到2007的不到20%。这一变化与广告主在频道内的投放逐步由栏目转向赛事趋势相关。

与此同时,频道新闻类节目播出和收视比重则呈现出持续增长态势。2005—2007年以年均4个百分点的幅度增长,播出比重增长率2006年和2007年分别达到70%和40%(表10-5)。这一是因为在奥运报道前受众期望了解到更多的体育最新动态,同时也因为频道内《体育新闻》、《体育世界》多档新闻类栏目收视率长期高位稳定,是频道广告主投放的重点。在频道所有栏目中,《体育新闻》和《体育世界》栏目单签广告客户最为集中、稳定,占了频道栏目单签广告投放的80%以上(表10-6);同时,在频道设置的栏目赞助项目体系中,《体育新闻》、《体育世界》为频道第一档赞助项目,赞助价格最贵,贡献收入最多(表10-7)。在这一广告创收结构下,频道新闻节目的播出时长和播出时间安排自然得以持续强化和优化。

表10-6:CCTV-5体育频道2003—2006年主要栏目单签客户数量

	2006年 截止7月31日	2005年	2004年	2003年
体育新闻	21	24	56	52
体育世界	36	31	39	40
天下足球	4	3	17	33
足球之夜	2	3	20	30

表 10-7:CCTV-5 体育频道 2006—2007 年主要栏目赞助项目设置情况

	赞助项目	2006 年价格	2007 年价格	客户数	2007 年收入
第一档	体育新闻特约播出	1780 万元	2136 万元	3 家	6408 万
	体育新闻提示收看			1 家	2136 万
	体育世界特约播出			3 家	6408 万
	体育世界提示收看			1 家	2136 万
第二档	体坛快讯特约	1367 万元	1640 万元	3 家	4920 万
	天下足球特约			3 家	4920 万
	足球之夜特约			3 家	4920 万
	赛车时代特约	1281 万元	1537 万元	3 家	4611 万
	篮球公园特约	—	1640 万元	3 家	4920 万
第三档	拳王争霸赛特约	1281 万元	1473 万元	3 家	4419 万
	全明星猜想特约			3 家	4419 万
	早间新闻特约	—	1100 万元	1 家	1100 万
	体育报道特约			1 家	1100 万

数据来源:北京未来广告公司广告产品设计资料

(三) 节目包装和板块环节设置日益迎合特殊广告形式创新的需求

在频道广告投放选择中,广告主行为趋势越来越看重节目中特殊广告形式,以避免陷身于其他客户的广告片包围中,从而一方面体现出差异性,另一方面借助与赛事、节目的紧密结合,确保了广告收视率,也体现了品牌的体育气质。在客户这一需求推动下,CCTV-5 频道广告经营部门强化了特殊广告产品的开发策略,与频道节目部门强化沟通、达成一致,在节目中加强包装、增设环节以增加软性广告回报的结合机会。这种特殊广告形式的开发实现了多赢:一是影响节目收视的频道硬广告相应减少;二是客户广告投放效果更加突出;三是在不增长频道广告时长的情况下,"以空间换时间",扩大了广告创收的增长空间。

在广告主的投放行为变化推动下,不但频道广告产品和经营策略发生了变化,而且进一步推动了频道节目的形态变化。以转播一场足球赛事为例,传统的广告形式只是赛前、赛中和赛事广告,以及少数几条特约播出形式。广告主对新的特殊广告形式的需求,却推动节目部门增设了更多细分的环节和新颖的播出形态(图10-13)。包括突出直播演播室的包装、赛前赛后的评球、球迷互动等节目设置环节,增加赛事看点、积分榜、射手榜、球场之星、赛事预告等节目小板块,以在赛事中增加特殊广告回报位置。在突出广告与节目契合效果的同时,也强化了赛事直播节目的专业性、趣味性、可视性和互动性。

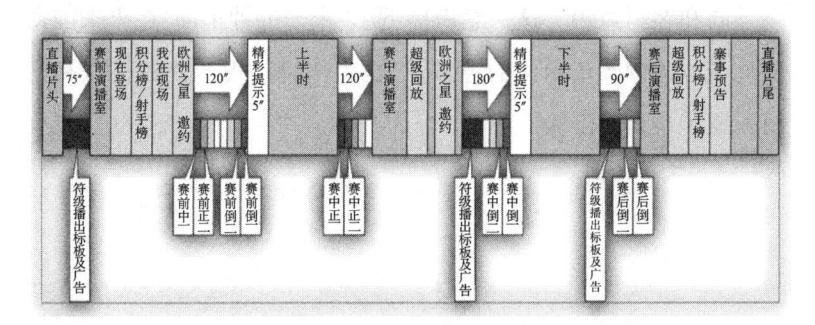

图10-13:CCTV-5足球赛事直播节目配合广告回报设置的多节目板块
资料来源:CCTV-5足球赛事广告招商书

(四) 在广告主需求推动下,频道节目架构中逐步增加了体育娱乐与活动类节目

2008北京奥运前后,体育电视节目也面临了娱乐化的总体市场压力。如缺乏赛事核心资源的湖南卫视在北京奥运前尝试的《国球大典》《奥运向前冲》等体育娱乐节目取得了收视、收入双丰

收。在此态势下，中央电视台体育频道也开始强化体育娱乐类栏目与活动的举办。如《篮球公园》和361度运动服装品牌共同举办"娱乐篮球大赛"，2006世界杯和青岛啤酒合作"激情成就梦想"世界杯竞猜活动，每年一届的"安踏体坛风云人物"，北京奥运前和蒙牛合作的"城市之间——激情08现在出发"，和海尔合作的"奥运城市行"，等等。这一系列娱乐性、互动性以及评奖类体育活动的举办，很多都是应广告主的要求量身定制。

这进一步证明了体育电视产业发展的一个核心结论：由于国际赛事版权和体育商业化的激烈竞争，我国体育电视节目的发展与广告主的投放选择和行为变化有着更为直接、紧密的互动关系；尽管这一产业总体呈现出央视体育频道一家独大的寡头垄断式结构，但在实践运营中却有着相比其他专业电视频道更为突出的市场导向和客户意识。这一意识播下了"未来的种子"。在未来国家文化产业体制改革深化的背景下，也为体育电视产业的扩张和创新积累了难得的经验。

第十一章　文化动力：受众特征与趣味、认同的变迁

受众市场无疑是媒体的最重要市场，媒体的竞争与发展也始终围绕受众市场进行，在此得以检验，从而使得受众成为媒体的重要推动力量。

第一节　体育电视受众特征及收视趣味的变迁

考察中国体育电视的发展历史，可以发现，受众力量通过作用于媒体从业者意识、广告主投放选择、赛事收视价值、频道节目编排、传播效果评估等方式，在体育电视的变迁史中发挥着直接或间接的基础性作用。

传播学者丹尼斯·麦奎尔认为："有能力让受众满意，本身就是一项重要的专业技能和目标，在激烈竞争的媒介市场中，这也可能是唯一最重要的'质量'标准。"[1]在此，受众在一定程度上扮演

---

[1] 丹尼斯·麦奎尔：《受众分析》，中国人民大学出版社，2006年，第140页。

了最终的裁决者角色,因为"市场上盛行的是大众化标准"。

如何研究体育电视受众的"大众化标准"？以及与之相关的受众群体特征与收视趣味的变迁？这对体育电视这一节目类型的发展来说尤为重要。一则体育电视节目和体育电视频道在受众特征、受众收视行为上,与新闻、电视剧、综艺等其他节目受众有着明显的差异;二是在体育节目中往往还涉及到复杂的受众收视趣味与文化认同问题,这种收视趣味及其背后文化认同的变迁分析,对我们从文化层面理解体育电视节目的发展历史有着重要意义。

一 CCTV-5体育频道的受众规模

体育频道自成立特别是上星播出以来,频道覆盖率和受众规模日益扩大。首先从决定频道受众规模的基础数据频道覆盖率来看,排名一直稳定在全国卫视频道前5名。从频道全国市场占有份额(图11-1)看,1997年以来基本保持了平稳上升态势,在2002、2004、2006、2008四个赛事大年频道市场份额也达到了高峰,分别为4.8%、4.23%、4.04%和3.54%,在所有频道中排名前列,如2002年在CCTV-1和CCTV-6之后列第3位。

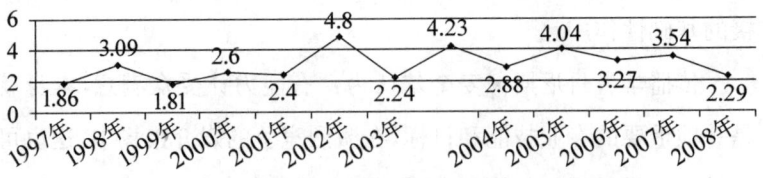

图11-1:CCTV-5频道占有率(市场份额)历年变化情况
数据来源:CSM数据,4+,1997—2009年(据北京未来广告公司整理)

从频道历年来在全国市场收视份额看,频道收视份额也稳定在全国所有卫视频道前列,其中 2002、2004、2006 和 2008 四个赛事大年,在奥运会和世界杯推动下,频道收视率和市场份额大幅上升,2004 年频道收视份额列全国第 2 位,2002 年收视份额高达 8.6%,成绩最好(表 11-1),最差排名也在第 6 位。

表 11-1:2002 年以来 CCTV-5 全国市场收视份额排名情况

	2002	2003	2004	2005	2006	2007	2008	2009
频道排名	3	4	2	6	4	5	4	6
收视份额	8.6%	4.8%	7.6%	5.3%	6.8%	5.3%	5.8%	4.0%

数据来源:CSM,《中国电视收视年鉴(2003—2010)》

从频道不同时期重点赛事、栏目收视率分析,我们可以更清晰看出频道的受众规模效应。2002 年除韩日世界杯外体育频道直播赛事前 5 名中,包括了 3 场足球比赛和羽毛球、女排各 1 场比赛,收视率在 2.7% 到 5.4% 之间。体育栏目中节目收视率的一期节目是《足球之夜》,达到了 2.8%,其他也在 1.3% 到 2.5% 之间(表 11-2)。这意味着,2002 年频道最高收视率赛事和栏目的当期受众数量在 1500 万到 6000 万之间(不包括韩日世界杯)。

表 11-2:2002 年 CCTV-5 频道直播赛事和体育栏目最高收视率节目排名情况

2002排名	直播赛事			体育栏目		
	日期	赛事	收视率	日期/首播时段	栏目	收视率
1	5月16日	中国之队国际足球对抗赛	5.4%	5月16日周四晚间	足球之夜	2.8%
2	4月27日	中国-韩国足球对抗赛	4.4%	6月9日周日午间	拳王争霸赛	2.5%
3	5月11日	韩日世界杯热身赛	3.8%	8月31日周六晚间	足球周末	1.8%

(续表)

2002 排名	直播赛事			体育栏目		
	日期	赛事	收视率	日期/首播时段	栏目	收视率
4	5月18日	汤尤杯羽毛球团体锦标赛	3.0%	9月23日周一晚间	天下足球	1.3%
5	8月31日	世界女排锦标赛	2.7%	12月6日比赛日	NBA赛场	1.3%

数据来源：CSM《中国电视收视年鉴(2003)》

选取 2004 年雅典奥运会、2005 年全国十运会、2007 年女足世界杯、2009 年第 50 届世乒赛这 4 个不同时期赛事，分析它们在体育频道直播时的前 5 位收视数据（表 11-3），可以发现，从世乒赛单场赛事的二三千万观众直到奥运赛事的上亿规模，各重点赛事在体育频道的直播都吸引了相当大规模的全国电视观众。

表 11-3：CCTV-5 频道不同时期直播赛事最高收视率节目排名情况

收视排行	2004 年雅典奥运会 CCTV-5 直播赛事节目			2005 年十运会直播赛事节目		
	日期/开始时间	赛事名称	收视率%	播出日期	赛事名称	收视率%
1	2004.8.22 20:16	女排比赛 中国VS俄罗斯	13.7	2005.10.19	田径比赛 周三	3.0
2	2004.8.19 20:46	女子双向飞碟决赛	13.5	2005.10.20	田径比赛 周四	3.0
3	2004.8.18 20:48	女排比赛 中国VS古巴	13.4	2005.10.22	田径比赛 周六	2.7
4	2004.8.23 19:09	乒乓球男单决赛 王皓VS柳承敏	12.4	2005.10.20	游泳比赛 周四	2.6
5	2004.8.24 19:26	女排1/4决赛 中国VS日本	12.4	2005.10.17	乒乓球比赛 周一	2.2

(续表)

收视排行	2007FIFA女足世界杯节目			2009年第50届世乒赛节目		
	日期/开始时间	赛事名称	收视率%	播出日期	赛事名称	收视率%
1	2007.9.20	中国 VS 新西兰	4.3	2009.5.3 18:58:01	男单1/4决赛	1.9
2	2007.9.15	中国 VS 巴西	3.7	2009.5.2 19:54:37	男单第四轮	1.6
3	2007.9.12	中国 VS 丹麦	3.4	2009.5.4 18:59:29	男双决赛	1.5
4	2007.9.30	德国 VS 巴西	3.0	2009.5.4 18:12:13	女双决赛	1.5
5	2007.9.23	1/4决赛 中国 VS 挪威	2.8	2009.5.3 17:24:11	女单1/4决赛	1.4

数据来源:根据CSM《中国电视收视年鉴》整理

2002年韩日世界杯和2008年北京奥运会期间,体育频道作为主播频道更是实现了创纪录的体育节目收视高峰,达到了仅次于央视春晚的最大规模受众到达,不但在中国乃至在全世界的电视节目收视史上都可称为"奇观"。除开闭幕式高收视率外,在CCTV-5的直播赛事也取得了令人叹为观止的极高收视。(表11-4)。

表11-4:CCTV-5频道2002韩日世界杯和2008北京奥运会
直播收视率排名情况

收视排名	2002韩日世界杯		2008北京奥运会	
	赛事名称	收视率%	赛事名称	收视率%
1	巴西 VS 中国	23.0	乒乓球男团决赛	12.3
2	德国 VS 巴西	20.6	乒乓球女单决赛	11.9
3	德国 VS 韩国	17.3	女排预赛:中国 VS 美国	11.3
4	巴西 VS 土耳其	16.6	女排1/4决赛:中国 VS 俄罗斯	11.0
5	韩国 VS 土耳其	16.3	男篮小组赛:中国 VS 德国	10.6

二 体育电视受众特征明显区别于其他电视类型受众

相比其他综合频道和专业电视频道,体育频道的受众特征最为鲜明。首先最为突出的就是它的男性特征,体育电视节目的男性受众比例远远超过其他任何电视节目。在年龄、收入、职业、教育、阶层等人口统计特征上也不同于其他电视频道。此外,不同运动项目的"体育迷"沉迷于赛事直播之中,表现出极高的关注度、忠诚度、卷入度和主动性特征。

(一) 体育电视栏目和频道的目标受众集中度突出

选取北京奥运后、非大赛年的 2009 年全年 CCTV-5 频道受众集中度数据分析,可以看出:频道男性受众基本是女性受众的 2 倍,男性特征在国内频道中最为突出。同时,15—24 岁、高中和大学以上、干部/管理人员和初级公务员/雇员、2000—5000 元和 5000 元以上受众集中度也较高(图 11-2)。由此可见,CCTV-5 体育频道受众表现出颇具价值的鲜明特征,为追求高消费能力的广告市场看重。

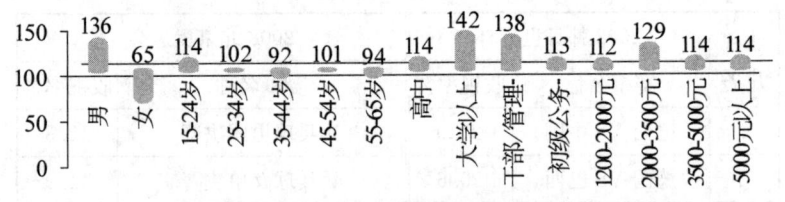

图 11-2:2009 年 1—11 月 CCTV-5 体育频道受众集中度情况(%)
数据来源:CSM,45 城市,4+,09 年 1—11 月

在具体体育电视栏目上,受众群体也表现出与消费更为紧密的生活方式和行为趋势特征。如 CCTV-5《城市之间》系列节目的

特定观众就非常集中,据CTR市场研究公司数据:这一栏目受众中"有91.4%十分关注身体健康,71.6%的观众能够将工作和娱乐区分开,71.3%的观众喜欢充满激情和挑战的人生,76.2%的观众认为自己会花费许多时间用于娱乐休闲活动。"

(二) 受众因所"迷"赛事不同而呈分众化区隔

在体育频道常年转播的热点赛事中,对欧洲杯、世乒赛、NBA进行观众集中度对比分析,可以看出,频道受众因所喜好赛事类别不同而表现出不同的分化特征:在性别特征上,世乒赛女性受众比例最高,与男观众相差不多;相比之下,NBA篮球赛显示出鲜明的男性特征;而专业化程度更高的欧洲杯足球赛受众中,男球迷集中度达到了165%。从年龄特征看,欧洲杯受众主要集中在15—45岁这一区间;NBA受众最为年轻化;世乒赛受众老龄化严重,集中于45岁以上。从职业特征看,NBA受众中初级公务员/雇员和学生最多;世乒赛观众中干部/管理人员比例最高。从收入特征看,欧洲杯受众收入状况最好;世乒赛观众收入水平偏向中低;NBA则吸纳了各档中高收入人群(图11-3、11-4、11-5)。

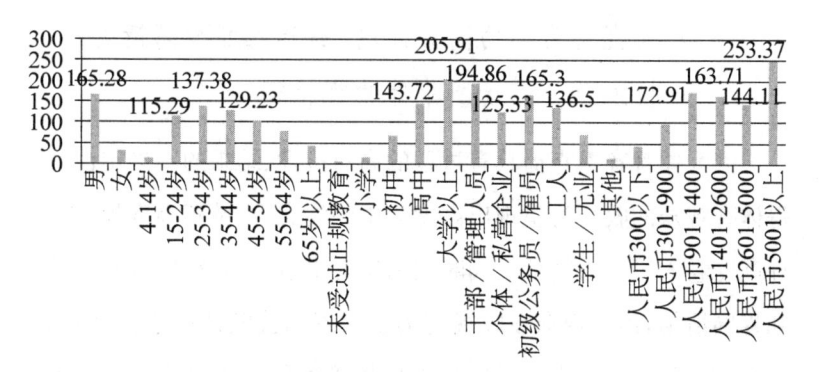

图11-3:2004年欧洲杯观众集中度情况(%)

数据来源:CSM,49个城市,四岁以上所有人,2006年欧洲杯期间

296　发展与动因

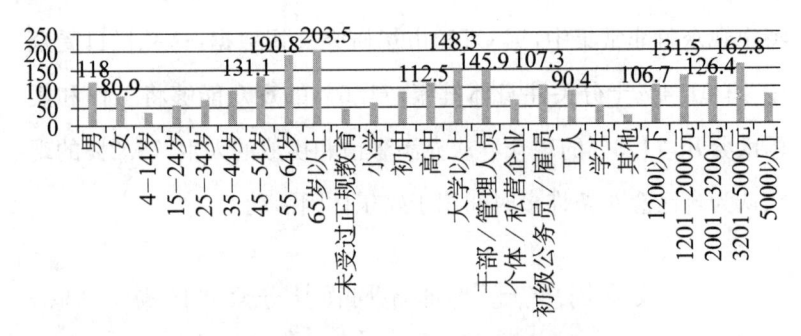

图 11-4：2006 年世乒赛观众集中度情况(%)
数据来源：CSM 媒介研究

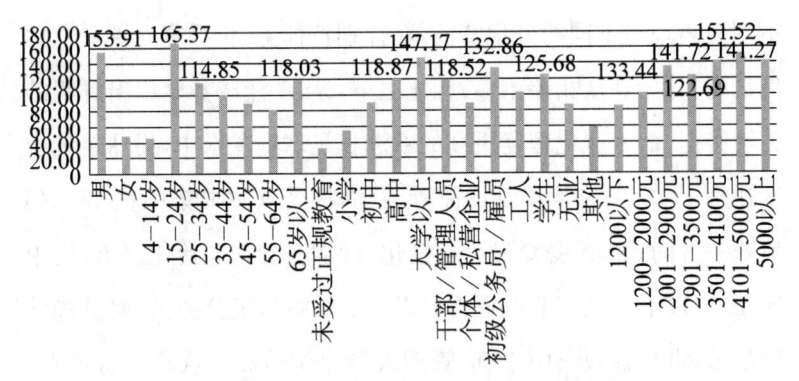

图 11-5：2009—2010 赛季 NBA 观众集中度情况(%)
数据来源：CSM，47 城市，2009.10.28—2010.6.18

（三）收视行为上的高关注度、高卷入度和高情感投入及公共场所集体收视特征

因为体育赛事直播具有过程的高对抗性、结果的不确定性，使得体育观众的收视行为呈现出高度集中的注意力、情感高度投入、心理高度卷入等强力特征。同时因为体育赛事所涉及到的民族认同和爱国情结，体育观众在收视行为上表现出公共性或集体性收看特征，在餐厅、办公室、机场、户外广场等各种非家庭收视环境下，现场频道锁定在 CCTV-5 体育频道的概率最高，特别是在奥运

会、世界杯、亚运会等大赛期间更是如此。加上比赛中的明星效应和娱乐性,体育受众也乐意与大家一起收看和分享话题。这种公共收视性进一步放大了体育电视节目的影响力。虽然体育观众的这些收视行为特征很难用收视数据量化,却是非常有价值的质化特征,表现出与影视剧、综艺等其他节目类型收视行为颇为不同的特质(表 11-5)。

表 11-5:体育频道 2005 年上半年观众满意度与期待度排名情况

排名	观众满意度		观众期待度	
	频道	得分	频道	得分
1	CCTV-1	89.62	CCTV-1	55.75
2	CCTV-新闻	89.57	CCTV-3	33.40
3	CCTV-3	89.30	CCTV-8	27.47
4	CCTV-12	88.99	CCTV-5	20.59
5	CCTV-5	88.30	CCTV-2	16.77
6	CCTV-10	88.21	CCTV-新闻	16.71
7	CCTV-4	88.05	CCTV-4	15.08
8	CCTV-11	87.92	CCTV-12	12.81
9	CCTV-2	87.78	CCTV-10	8.22
10	CCTV-8	87.42	CCTV-11	6.04

数据来源:CTR 专项研究

(四) 男性精英人群在消费特征上更注重享受高品质生活,更有时间和能力消费

数据显示,体育频道受众在汽车、高档家电、通讯、装修建材、IT 产品、金融保险、服装、娱乐、个人用品等方面的消费明显高于全国平均水平,从而特别适合于男性消费品、耐用消费性、高端奢侈品等品牌面向目标受众的传播沟通(表 11-6)。

表11-6:体育频道《顶级赛事》栏目2003年4—6月受众消费特征

生活方式		消费行为	
类项	特征	类项	特征
家庭月收入3000元以上	高出总体水平10%	消费热点	住房、电视机和手机
家庭月支出3000元以上	高出总体水平44%	喜好日常消费品	香烟、白兰地/威士忌白酒和啤酒
住房拥有率	100%	半年内打算购买首饰	高出总体水平36%
轿车拥有率	高出总体水平31%	购买轿车	高出总体水平45%
手机拥有率	达到56%	倾向经常参加娱乐活动	打斯诺克、保龄球去咖啡厅/酒吧
两部以上手机拥有率	达到13.5%	服装花销	超过20%认为穿着重要
每三个月国内外旅行一次	高出总体水平41%	最近一次购买服装	西服和衬衣占比35%
剃须刀使用率	高出总体水平61%	每天洗发及使用定型产品	高出总体水平25%

数据来源:北京未来广告公司,据CTR消费者调查数据整理

三 从趣味社会学角度对体育收视的考察

回顾体育的起源,游戏的性质十分明显。随着人类文明的发展,这些偶尔的娱乐活动才过渡到专业化的运动体制,出现了标准化的竞技体育和大众化的业余体育之间的分野,运动竞赛由此失去了真正的游戏精神,变得严肃起来。

约翰·赫伊津哈《游戏的人:文化中游戏成分的研究》中批判了现代体育和大型运动会、国际比赛在文化创新上的贫乏,因为"古老

的游戏因素已经完全枯萎了"。在这里,赫伊津哈从批判现代社会和现代文化的总体角度,过于悲观地评论了现代体育与游戏因素的断裂。从他对游戏的主要特征定义("自愿性,不同于日常生活,特定的时空局限,创造秩序与审美,表演与狂欢,仪式化,神秘性")来看,即使高度商业化、世俗化的现代竞技体育,仍在相当程度上保留了这些特性的残余。相比专业运动员,体育运动的观众在观看赛事时,在更大程度上与游戏的上述特征相吻合。观看体育是短暂脱离出日常生活限制的一种娱乐或游戏行为,在体验运动崇高等美感时,运动迷有时也参与到体育表演与狂欢之中,在大型体育赛事的仪式中也会召唤起体育的神秘性甚至神圣性感觉。

当体育受众全身心投入到观看激烈、紧张的赛事时,他们体验到了体育令人愉悦的特别魅力。古姆布莱希特对体育观众的类别进行了分析:从尼采的观点,观众可以分为重理智分析的"日神型"和重情感投入的"酒神型",基本对应于"分析型"和"参与型"。但他也认为:"事实上,对体育比赛感知的形式多种多样,因而无法用一种标准来进行衡量和比较。以分析的眼光观看网球比赛时所产生的紧张情绪根本无法与在本方球队即将获得冠军前几分钟球迷内心的那种'战栗感'相提并论。"[1]

电视观众不仅仅是"分析型"的,也会是"情感参与型"的;电视观众也不仅仅自我定位于教练角色,他同时还会是欣赏者、支持者和狂热粉丝。电视观看在某种特别的激情时刻(如本国运动员夺冠),也会激发出情感的融入和共同的参与体验。

对体育迷所表现出来的不同赛事趣味,为许多研究者所关注。法国社会学家皮埃尔·布尔迪厄依照文化资本和区隔理论,认为

---

[1] 汉斯·乌尔里希·古姆布莱希特:《体育之美》,上海人民出版社,2008年,第129页。

不同的体育趣味为社会划清了阶层界限,比如说打网球或者高尔夫的阶层,可能是社会经济发展的精英推动力量。

下面一段话也最能概括布尔迪厄这一理论的精彩之处:

> 在任何"阶级社会"都会形成类似的一整套生活方式和阶级品味,一个形成差别的类似的机制也会开始运行,提出这样的论证是完全可能的。在这样的一个社会里不同的阶级都根据他们各自的经济和文化资本而形成不同的地位,区分阶级的界限虽相对开放但是是根据等级制度来划分的。①

保罗·福塞尔在《格调》一书中认为:"参加体育运动,甚至只对此感兴趣,也会提高等级。但不是所有的运动,而是某些经过精心选择的项目。"②成为高级别运动项目的真正原因,最终还在于它们花费不菲的昂贵代价,在于从事者的消费能力。福塞尔还认为,观众选择什么电视节目,也会立刻暴露出自己的身份。中产阶级最喜欢的是体育节目。"越是身体剧烈运动的体育项目,越降低你的层次。网球、高尔夫球甚至保龄球要比拳击、冰球和职业足球赛更高雅。"③

由此我们可以追溯到凡勃伦于1899年出版的名著《有闲阶级论》。凡勃伦提出,人类社会的有闲阶级制度,是建立在分工、金钱竞争的基础上,有闲阶级借超过物质生活所必需的炫耀性消费来赢得荣誉和尊敬。"有闲阶级的一个相当突出的特点是酷好运动

---

① 尤卡·格罗瑙:《趣味社会学》,南京大学出版社,2002年,第27页。
② 保罗·福塞尔:《格调》,中国社会科学出版社,1998年,第155页。
③ 同上书,第126页。

比赛，这不但表现在阶级成员的直接参加上，而且表现在对这类活动在感情上和精神上的支持上。"①借助于尤卡·格罗瑙在《趣味社会学》一书中提出的理论，我们可以对体育运动迷的不同赛事趣味作出进一步的解释：

> 相互性游戏总是游戏、社会交往和其他交往游戏形式中固有的原则：我的乐趣和满足感取决于相关社会集体中所有其他成员的乐趣和满足。在游戏、娱乐活动和社交聚会中，完全是主观的和个人性的快乐感并不一定是可以传达给其他人的。但是，每一位"游戏者"或参加者仍然可以有把握地假定所有其他'游戏者'或参加者正分享着一种类似的快感。②

趣味分析在这里已经克服了"我"和"我们"之间的对立，克服了"个人和社会的双重性"。在这一意义上，体育是一种建立在趣味和时尚基础上的社会交往形式，其中既包括了个人趣味形成中的差异性身份，也包括了所谓"趣味共同体"的集体性体验。

四 受众趣味变化与体育电视节目的互动

每天发生的全球性、地区性和地方性赛事众多，体育电视频道在安排节目播出时，对不同赛事是有所选择的。这种选择首要的是依据收视率预期及其背后的商业逻辑，折射出不同体育受众群体的趣味差异及其变迁。由此我们会发现体育电视节目与观众体

---

① 凡勃伦：《有闲阶级论》，商务印书馆，2007年，第211页。
② 尤卡·格罗瑙：《趣味社会学》，南京大学出版社，2002年，第205—206页。

育趣味之间的互动关系,这一互动关系将为我们理解体育电视节目的发展提供文化洞察。

(一) 公众对不同运动项目的趣味态度和行为选择差异明显

各国居民因为国情、消费能力、体育传统不同,体育趣味的国别差异特征明显。英国人最喜台球、德国人最好游泳、法国人喜欢滑雪、意大利人偏爱排球、比利时人喜好乒乓球(表11-7)。而按2008年参与总人数计,美国人最感兴趣的集体类体育项目前五位是:篮球、棒球、美式足球、橄榄球、垒球[1]。我国居民在不同时期所偏好的体育运动也不尽相同,羽毛球、慢跑、游泳、乒乓球、保龄球、篮球、登山、足球常列在前8位(表11-8)。同时,这种项目偏好在不同性别、年龄等分类人群中也有不同选择。如18—40岁的男性居民参加体育活动的项目选择排序通常是篮球、足球、游泳、保龄球,同年龄段的女性的选择顺序则是羽毛球、乒乓球、游泳、韵律操;而55岁以上男性居民参加体育活动的首选是门球和太极拳,同年龄段女性的首选则常是健身操和秧歌(表11-9)。[2]

表11-7:欧洲各国居民喜爱的体育运动项目排序

国家	体育运动项目(由高到低排列)
德国	游泳、足球、慢跑、健身有氧运动、户外运动、网球、旱冰
法国	足球、滑雪、健身、户外运动、游泳、水上运动、慢跑、网球、技击
英国	台球、飞镖、高尔夫、射箭、户外运动、羽毛球、游泳、足球、健身、慢跑

---

[1] 课题组编:《体育强国战略研究》,人民体育出版社,2010年,第203页。
[2] 曹可强:《体育产业概论》,复旦大学出版社,2005年,第108页。

(续表)

国家	体育运动项目(由高到低排列)
意大利	排球、篮球、户外运动、钓鱼、足球、游泳、滑雪、网球、健身
西班牙	足球、游泳、篮球、慢跑、健身、网球、户外运动、水上运动
荷兰	足球、游泳、健身、网球、慢跑、旱冰、户外运动、水上运动
比利时	乒乓球、足球、游泳、健身、慢跑、网球、户外运动、滑雪、篮球
丹麦	手球、游泳、足球、健身、户外运动、水上运动、钓鱼

资料来源：Anere. R. Gorgemans, Europe and the Sport Industry-Threats and Opportunities, 2001

表11-8：我国居民体育健身活动各项目选择比例排序(样本数:5528人)

项目	羽毛球	慢跑	游泳	乒乓球	保龄球	篮球	登山
比例(%)	34	30	27	24	19	15	14
项目	足球	郊游	健身操	轮滑、门球	太极拳、秧歌	网球	滑冰
比例(%)	12	11	10	9	7	6	5

资料来源：根据北京广播学院《消费行为与生活形态年鉴(2002)》整理

表11-9：我国不同性别、年龄居民参加体育活动的
项目选择排序(1990年代)[①]

	男性	女性
18—40岁	篮球、足球、游泳、保龄球	羽毛球、乒乓球、游泳、韵律操
41—55岁	慢跑、登山、羽毛球、乒乓球	慢跑、羽毛球、健身操
55岁以上	门球、健身操、太极拳	健身操(老年迪斯科)、秧歌、太极拳

随着经济发展和消费水平的提高,居民参加体育活动的项目选择也会出现一定变化。据TNS/CSM Sport 2007年5月在北京、上海、广州等11个国内主要城市进行了一次"公众体育消费习

---

① 曹可强：《体育产业概论》,复旦大学出版社,2005年,第108页。

惯调查",与1990年代和2007年相比,散步和慢跑比例增加,自行车运动也进入了前5位,而保龄球却退到了前十以外,不如新兴运动台球(图11-6)。

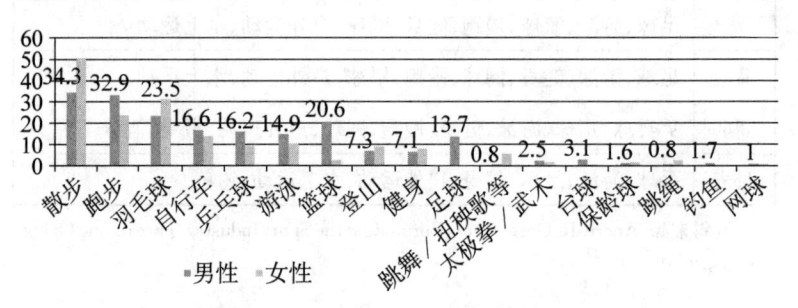

```
散步    男 34.3  女 50+
跑步    男 32.9
羽毛球  23.5
自行车  16.6
乒乓球  16.2
游泳    14.9
篮球    20.6
登山    7.3
健身    7.1
足球    13.7
跳舞/扭秧歌等 0.8
太极拳/武术 2.5
台球    3.1
保龄球  1.6
跳绳    0.8
钓鱼    1.7
网球    1
```

图11-6:11城市受访居民经常参加的体育活动(%)
数据来源:TNS/CSM Sport 11城市体育研究调查(2007年5月)

有意思的是,公众对不同运动项目的兴趣程度,并不同于经常参加的体育活动排序,如男性对足球的兴趣程度就远高于足球运动的亲身参与率。这是因为参加体育运动受很多实际因素的限制和影响,而对运动项目的兴趣程度则体现出更多无目的的欣赏性、娱乐性,更加类同于体育电视观众的收视趣味。公众最感兴趣的运动项目,在电视上往往也成为最受观众欢迎和关注度最高的赛事项目,这为电视赛事直播等节目安排提供了科学依据。

根据TNS/CSM Sport于2007年5月11个城市体育调查数据,大城市中喜欢足球、篮球的受访者比例最高,其次是乒乓球和羽毛球;男性和女性差异程度较大(图11-7)。

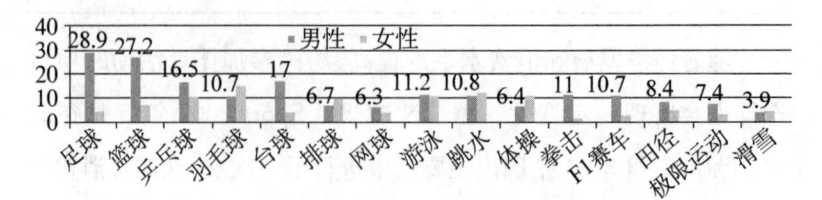

```
足球   28.9
篮球   27.2
乒乓球 16.5
羽毛球 17
台球   10.7
排球   6.7
网球   6.3
游泳   11.2
跳水   10.8
体操   6.4
拳击   11
F1赛车 10.7
田径   8.4
极限运动 7.4
滑雪   3.9
```

图11-7:11城市受访居民对各单项体育运动非常感兴趣的选择比例(%)
数据来源:TNS/CSM Sport 11城市体育研究调查(2007年5月)

从时间变化来看,对比2003年CSM在北京、上海、广州体育研究调查数据(表11-10),我们可以看到观众最感兴趣的项目中,篮球从第4位上升到了第1位,台球、跳水、田径、极限运动从无到有,进入了最感兴趣的项目之列,而花式溜冰、自行车、武术等项目则退出了前15位。这些反映了观众趣味上的明显变化。

表11-10:北京、上海、广州电视观众最感兴趣的运动项目排序(2003年)

1—8位	足球、乒乓球、羽毛球、篮球、游泳、排球、体操、花式溜冰
9—16位	网球、自行车、F1赛车、拳击、武术、滑雪、高尔夫、橄榄球

数据来源:央视-索福瑞媒介研究(CSM)

(二) 受众趣味差异在节目播出比重和收视率上的互动体现

相比公众对不同运动项目的参与选择排序,受众对运动项目的兴趣程度与赛事的电视收视率更为一致,这种一致关系也更加影响到不同赛事的制作、播出安排和收视效果。对比以上TNS/CSM Sport 2007年11城市居民调查和2003年CSM在北京、上海、广州三地的体育电视观众调查数据,观众最感兴趣的项目前4位与居民最感兴趣的运动前4位完全相同,只是篮球从第4位上升到了第1位。到2007年,台球、网球、F1赛车、极限运动从无到有,进入了城市居民最感兴趣的运动项目之列,这一居民运动兴趣的变化,也反映在同期电视观众的趣味变化上,进而影响到同期体育电视节目中台球、网球、赛车类赛事的播出比重与收视比重。以2004和2007年CCTV-5转播各主要转动项目的收视状况对比看,在收视率表现排序上,几年间篮球和台球的收视表现上升最为明显,而乒乓球、排球和羽毛球则呈现出较大程度的下降(表11-11)。

表 11-11:2004 和 2007 年 CCTV-5 转播各主要运动项目收视状况

排名	2004 年			2007 年		
	运动项目	收视率%	市场份额%	运动项目	收视率%	市场份额%
1	乒乓球	1.2	7.1	篮球	0.8	4.6
2	排球	1.0	6.0	台球	0.5	4.3
3	篮球	0.8	4.7	足球	0.5	4.3
4	拳击	0.8	4.5	乒乓球	0.5	3.3
5	足球	0.6	6.9	搏击	0.4	3.8
6	羽毛球	0.5	5.0	冰上/水上运动	0.4	3.3
7	赛车	0.5	2.0	赛车	0.4	2.2
8	网球	0.3	2.9	排球	0.3	2.3
9	台球	0.2	2.5	羽毛球	0.2	2.4

数据来源:央视-索福瑞媒介研究(CSM)

同时,通过对 CCTV-5 频道每年不同项目赛事的人均收视时长、播出比重和收视比重数据分析,还可以观察到频道节目生产、播出与受众趣味之间的深层互动关系。一般而言,收视比重超出播出比重越多,证明该项目更具收视竞争力,受众的兴趣程度更高,播出安排也更为合理,更加符合受众的趣味与需求。从 2008 和 2009 年 CCTV-5 频道总体看,篮球、足球、台球、乒乓球、排球、羽毛球和冰上/水上运动等前 7 类项目颇受观众欢迎。其中,足球的播出时间最长,篮球的收视效益最好(表 11-12)。在 2004—2009 这五年期间,足球项目的播出和收视比重大幅下降,篮球、台球、冰上/水上运动则有明显增加。这反映出频道在赛事转播安排上根据受众趣味进行的相应合理策略调整,获得了良好的播出效益。

表 11-12:2008 和 2009 年 CCTV-5 转播各主要运动项目的
播出比重和收视比重状况

排名	2008 年 运动项目	播出比重%	收视比重%	2009 年 运动项目	播出比重%	收视比重%
1	篮球	7.9	12.5	篮球	7.4	16.3
2	乒乓球	6.6	9.5	足球	11.6	7.3
3	足球	9.9	8.0	台球	6.9	6.1
4	排球	5.6	7.9	乒乓球	3.9	5.8
5	台球	5.1	3.4	冰上/水上运动	6.8	5.8
6	冰上/水上运动	5.7	3.2	排球	4.3	5.3
7	羽毛球	2.0	2.5	羽毛球	2.1	2.8
8	搏击	1.6	2.0	搏击	2.2	2.6

数据来源:央视-索福瑞媒介研究(CSM)

(三)受众趣味差异成为不同城市体育频道定位与编排的重要依据

不同区域或城市受众对体育电视节目的收视趣味有时会表现出较大差异,除城市或区域独特体育传统与受众特征存在不同的原因外,还和如是否本地运动明星、本地运动队、本地举办赛事等影响因素相关。以北京、上海、广州三城市电视观众最感兴趣的运动项目历史排序看,上海因为是 F1 赛车的举办地,所以相比北京和广州观众对 F1 赛车更感兴趣,足球项目上海有申花队,乒乓球有王励勤,篮球有姚明这样本地体育明星的影响,也更受上海观众偏爱。而广州因为是南方城市,所以游泳的偏好度较高(表 11-13)。

表 11-13：2003 年北京、上海、广州三城市电视观众
最感兴趣的运动项目排序

北京	羽毛球、足球、乒乓球、篮球、游泳、排球、体操、自行车、花式溜冰、网球、拳击、F1 赛车、武术、滑雪、高尔夫、橄榄球
上海	足球、乒乓球、篮球、游泳、羽毛球、体操、排球、F1 赛车、网球、花式溜冰、拳击、自行车、滑雪、武术、高尔夫、橄榄球
广州	羽毛球、足球、游泳、乒乓球、篮球、排球、体操、自行车、网球、花式溜冰、武术、F1 赛车、拳击、滑雪、高尔夫、橄榄球

数据来源：央视-索福瑞媒介研究（CSM）

由于 CCTV-5 在热点赛事资源上的强大垄断优势，以北、上、广、深为代表的地方体育频道的生存之道在于确立自己与当地受众独特趣味良好互动的个性定位和贴近性。如广东体育频道的粤语足球独家解说优势，SMG 五星体育频道的众多上海主场赛事优势，BTV-6 体育频道的首都区位和明星云聚优势，都可作为立足地方受众趣味和自我优势资源进行自我定位、优化节目编排的重要策略。

据 CSM 收视数据，2007 年上海市场体育节目收视前 20 名，都为上海电视台体育频道等当地频道节目。其中上海作为举办地之一的女足世界杯节目占 7 场，上海承办的夏季特奥会开幕式占 2 位、上海申花参加的中超联赛等足球赛事有 8 场、亚洲杯中国队小组赛有 2 场，还有 1 位是 2007 年 9 月 10 女足世界杯开幕式当晚的《体育新闻》节目。[1] 由此可见，当地球队和当地赛事对城市受众的体育项目收视兴趣影响极大。

根据以上历史考察可见，跟踪和研究体育电视受众的体育运动和赛事收视的趣味变迁，深入分析观众趣味与节目之间的互动

---

[1] CSM：《中国电视收视年鉴(2008)》，中国传媒大学出版社，第 178 页。

性关系,应成为体育电视频道和节目生产者的常规化策略。从而为体育电视的赛事资源选择、频道定位、节目编播提供基本依据,推动体育电视节目生产和播出的"与时俱进"、与受众共进。

第二节 体育电视节目中的受众认同

传播中的认同,是传播与社会、传播与受众相互影响的过程。一方面,在传播内容中广泛运用了既有的认同,以作为对社会结构和受众心理的一种互动式回应,从而迅速实现受众的共鸣与接受;另一方面,传播过程也运用其在政治、经济、文化结构中的强大影响力,可以在特定受众中建构出新的认同。作为一种意义的生产和消费实践,体育电视节目的传播、接受与受众的种种认同机制之间发生着紧密的互动。

一 体育电视意义生产中受众的主体性与认同

以斯图亚特·霍尔为代表的英国文化研究倡导者们研究了文化、意义与媒介、认同之间的复杂关系,提出了文化生产实践活动作为"文化的循环"这一解释模式。按此方法,将体育电视收视中的意义生产作为一种文化活动,我们需要研究与这一意义相联系的是什么样的受众认同,它又是如何生产与消费的。

意义产生于何处?在霍尔看来,认同是其中极为重要的一环:

> 意义就是赋予我们对我们的自我认同,即对我们是谁以及我们"归属于"谁的这一种认知的东西——所以,这就与文

化如何在诸群体内标出和保持同一性及在诸群体间标出和保持差异的各种问题密切相关。①

媒介也在其中发挥重要作用。正是现代大众传媒的发达,使得"意义以历史上从未有过的规模和速度在不同文化之间循环起来"。霍尔以足球比赛为例,说明了其中的意义生产与表征、认同之间的关系:

> 转而来看足球比赛,旗帜和标语,涂抹刻写在脸面和身体上的各种确定的颜色或符号,这些都使它可被看作"像一种语言"——就它是一种符号实践而言,它赋予隶属于一个民族的文化观念或一个人与当地社会的认同以意义与表现。它是民族认同的语言的一部分,是一种关于民族归属感的话语。在此,表征紧密联系着认同和知识两者。②

尽管霍尔在这里举例的是足球比赛中的现场观众,但我们的经验也将承认,电视机前的足球观众全身心投入到赛事的同步现场直播,延续了这种民族认同和归属感的意义生产。无疑,在体育赛事的观看和体育电视的收视行为中,都存在着明显的认同因素。它包括在奥运会赛事中发挥核心作用的民族-国家认同,也包括体育运动员身上所体现出的英雄与明星认同,还有如在高尔夫、网球、台球等"绅士运动"中所体现出的阶层认同,以及全心投入到所偏好运动中的"运动迷"的种种身份认同,等等。

---

① 斯图尔特·霍尔:《表征:文化表象与意指实践》,商务印书馆,第3页。
② 同上书,第5页。

对体育电视收视过程中的认同进行深入分析，提供了新的分析体育电视节目意义生产与接受的独特视角。考察体育电视中认同的表现与变迁，可以发现推动体育收视趣味变迁背后的文化与心理等深层因素，促进体育电视节目在精神层次与受众需求相契合，从而为节目的改良和变迁竖立文化坐标。

对于电视中的认同问题，约翰·菲斯克将它归溯到观众的主体性："文化研究所关注的，是各种文化对'个体'的理解，是作为个体的我们对自我的理解。这个在社会关系网络中构建的个体的意义，就是我们所说的'主体'。"[①]在这里，主体性体现为社会关系的产物，也是"我们必须服从的各种社会力量的产物"。菲斯克引述了哈特利关于七种主体性（即自我、性别、年龄、家庭、阶级、民族、种族）也就是七种重要的认同分类的观点[②]。认同在这里被等同于主体性的建构方式，是受众主体与七种社会力量之间的互动影响。

我们应该承认，认同的分类极为复杂，也没有完全统一的列表。实际上认同的类别或主体性建构的社会力量远不止这七项，还可加上教育、宗教、政治忠诚、地区、城市或乡村等。典型的集体的社会认同如民族-国家认同、种族-阶级认同、疆域-地域认同，个体的自我认同则包括如性别、性取向、年龄、消费等认同。集体的社会认同强调共同体内的相同性特征，而个体的自我认同则更为强调差异性的自我定位。考察体育电视节目与受众认同之间的互动，它的意义在于考察这些抽象的社会力量或价值观在体育电视节目中的具体表现，以及这一过程所产生的受众的统一的主体地

---

① 约翰·菲斯克：《电视文化》，商务印书馆，2005年，第68页。
② 同上书，第71页。

位,从而更好地理解体育电视文本的意义。

二 民族-国家认同的基础性地位

毫无疑问,民族-国家认同是体育中最基础性的认同类型,在奥运会等国际性赛事中处处显露无遗。民族自豪感和爱国主义,是推动各国运动员去赢得竞争的主要力量,也是无数观众如醉如痴、狂呼狂欢的精神动能所在。

布尔迪厄曾以区分奥运会"表面的所指"和"隐含的所指"为方法,分析了这种民族-国家认同与电视选择性录制和编播节目之间的关系:

> 当我们说奥林匹克运动会时,它的确切含义到底是什么?表面的所指,是一个真正的盛会,也就是说是一个纯体育的盛大场面,是来自世界各地的运动员在普遍主义理想的旗帜下进行的较量;也是一个带着浓重的民族色彩,甚至民族主义色彩的仪式,包括各国运动队的进场仪式和升国旗奏国歌的发奖仪式。隐含的所指,是电视录制并演播的整个盛会的情景,是展现在运动场上表面看去没有任何民族区别的(因为比赛是国际性的)材料经过各国选择处理后的情景。这是经过双重遮蔽的客体,一是谁也看不到它的全貌,二是谁也看不见它没有被人看见,因为每一个电视观众都可能错认为看到了真正的奥林匹克盛会。[①]

---

① 布尔迪厄:《关于电视》,南京大学出版社,2011年,第127—128页。

布尔迪厄对电视的这种遮蔽功能给予了批判，认为电视"屈从于民族的或民族主义的期待心理"，特意选择能给本国观众带来胜利喜悦或民族主义满足感的比赛项目，从而将运动员之间的比赛变成了"各个民族冠军（取正式派遣的斗士之意）之间的较量"。

中国体育电视自诞生以来，强化国家-民族认同一直都是其话语形式的主要特点。这与中国近代对体育运动的价值观一脉相承。19世纪中叶以来，积贫积弱、饱受外侮的中国急于借体育比赛的胜利抛下"东亚病夫"的阴影。严复在《原强》中特重"强民力"和体育，国民政府的国家主义教育之中的体育思想明确了"体育之目的在强兵强国"。1949年新中国成立后体育的总体宗旨是"增强人民体质"，实行体育的"举国体制"；1978年改革开放后"团结起来，振兴中华"、"冲出亚洲，走向世界"的体育口号具有极强的民族-国家意识；1983年国家体委明确提出建设"世界体育强国"的目标，同年邓小平给体育战线题词"提高水平，为国争光"。

中国体育一路走来，自始至终都不仅仅是体育，而是体育与政治、体育与外交、体育与国家形象、体育与民族振兴的复杂结合。中国体育电视对80年代初女排"五连冠"、洛杉矶和汉城奥运会，北京两次申办奥运会，以及北京奥运会举办的报道，在电视节目中都贯注了无法避免的浓重的民族-国家认同，国人在观看这些体育电视节目中深刻体验到民族情结和爱国情感，这些节目的消费，也生产了受众强烈的民族认同、国家凝聚力和民众动员力。

体育电视中民族-国家认同的突出，极大影响到体育电视的节目风格和编播安排。一个明显的例子是在对奥运会、亚运会等国际大赛的报道中，极为突出中国运动员夺得冠军的赛事，同时以"金牌榜"、"夺冠时刻"、"升旗时刻"、"中国荣耀"等节目板块，强化赛事收视中民族-国家认同的高峰体验。

与此相关,体育电视在报道上明显突出中国运动明星参加的赛事,既展现了民族-国家认同的主体地位,也体现出了与受众英雄认同心理的一致,奥运冠军在电视节目中往往被赋予民族英雄的地位。在 20 世纪第一个十年,中国观众心目中英雄般的体育明星当属姚明和刘翔。在此影响下,体育电视强化了对姚明所在火箭队 NBA 赛事的转播和报道,CCTV-5 体育频道甚至派出摄制组前往美国 NBA 赛场专门跟踪报道姚明,凡是姚明参加的 NBA 比赛在首播、重播上都进行了突出安排。当刘翔以 12 秒 88 平世界纪录当晚,CCTV-5 也进行了长达数小时的跟踪报道。在十运会期间,刘翔参赛的 110 米栏田径比赛得到了重点报道,其中数场赛事占据了十运会收视榜前列。

随着北京奥运会中国夺得金牌榜第一位置,特别是在亚运会等赛事一路绝尘的强大优势,2008 年北京奥运之后,体育电视中民族-国家认同的基础价值观也有所弱化和动摇,2010 年广州亚运会期间更爆发了围绕"金牌至上主义"的争议。顺应这一认同的变迁,CCTV-5 体育频道开始更加强化赛事报道的人文性和趣味性,强化对竞争对手的报道,对失败运动员也能进行深入报道。

三 日益突出的阶层认同和亚文化认同

在民族、国家之下,最为常见的共同体就是阶级或者阶层了。有社会共同体的地方就会有集体认同,又因政治、经济、文化的维度而不同,政治性集体认同为阶级认同,经济性集体认同为阶层认同,而文化性集体认同则表现为种种文化或亚文化的群体认同。随着现代社会的进程,原有的阶级界线已经越来越模糊,从中崛起的是林立的各式阶层。相比政治性的阶级认同,阶层认同更多体现为经济性的社会身份和地位。在媒介表征系统中，意识形态性的阶级认同相对较为隐蔽，阶层认同则运行明显。

对于当代中国的阶层结构，陆学艺将之分为10个阶层。研究表明，"在社会分层认同上，中国正在从一个两头小、中间大的'橄榄型社会'向一个底层逐渐增大，越往上越小的'圆锥型社会'转变。"①但从世界各工业化国家社会发展的历史经验看，现代化的合理阶层结构是中产阶级构成社会人口结构的主体。"中产阶级是社会稳定的坚实力量，他们收入稳定而且比较高，社会地位比较高。这使得他们成为一个社会的消费主力，也是现代消费文化的创造者和身体力行者。"②由于中产阶级的这一主流价值，媒体"在很大程度上都从中产阶级视角表现现实"。美国文化社会学家戴安娜·克兰在研究社会分层与媒体关系时认为：

> 电视的利润源于广告，这一事实意味着，同广告活动一样，电视节目制作人开始根据生活方式而不是根据社会阶级来界定他们的观众。相应地，在迎合社会各阶级内部的以及各阶级之间共同的各种趣味过程中，产生了节目编排的多样性。③

克兰在这里明确强调了电视对各阶层生活方式与文化趣味的迎合，以及这种迎合背后的商业化的广告动力机制。这也能够解

---

① 冯仕政：《中国社会转型期的阶级和分层认同》，见《中国社会发展研究报告2009》，中国人民大学出版社，2009年，第171页。
② 赵卫华：《地位与消费：当代中国社会各阶层消费状况研究》，社会科学文献出版社，2007年，第272页。
③ 戴安娜·克兰：《文化生产：媒体与都市艺术》，译林出版社，2001年，第35页。

释中国体育电视所表征出的受众认同变化,特别是从注重于普通大众认同逐步走向对中产甚至富裕阶层喜好赛事的报道。

我们可以看到,中国的体育电视节目一方面是最大众化的,如奥运化、世界杯等几乎吸引了各阶层的受众;另一方面,它也开始了自己的受众分化之路,既有中产阶级趣味的网球、台球、F1赛车,也有中低阶层偏好的乒乓球、排球等赛事。分析各赛事的受众结构大致可以看出其受众阶层特征,分析体育频道的赛事播出安排,则可以发现电视媒体对各阶层兴趣赛事的处理次序,多样性和平衡性节目编排的策略与技巧。

一个观众都能意识到的明显事实是,曾经拥有最大受众群体的排球和乒乓球赛事的报道优先性和播出比重在持续弱化,各电视台体育频道都在有意识强化中产或白领阶层认同的时尚赛事播出比重,迎合受到广告主和市场追捧的中产阶层趣味。随着更多体育受众对中产阶层生活方式的认同,以CCTV-5为代表的电视体育频道,都强化了篮球(特别是NBA)、网球、斯诺克台球、F1赛车、水上运动和冬季运动等中产和白领阶层最为欢迎的新兴赛事的制作和播出,同时在制作和包装风格上也日益时尚化,以迎合和突出中产阶层的趣味和品味。

此外突出的还有各种亚文化群体的认同。戴安娜·克兰认为,"在社会各阶层内部,存在以族群、宗教、地域和年龄差异为基础的亚群体,这些差异是造成各种文化偏好的原因。"[1]在体育电视中突出的是地域和年龄差异的亚群体认同,如中超联赛、CBA联赛以全运会等赛事,各参加运动队往往代表着一个省、一个城市,由此形成了地域特征上的家乡或主场受众群体。体育中的街

---

[1] 戴安娜·克兰:《文化生产:媒体与都市艺术》,译林出版社,2001年,第36页。

舞、花样篮球、极限运动等青少年运动以及门球、太极拳等老年运动则提供了各种年龄亚群体认同的生成空间。

四 特征鲜明的身体-性别认同

体育及体育电视中有一类认同较为独特,体现出了体育鲜明的特性,它就是与主体的身体、性别、男性气质等紧密相关的自我认同。

今天,身体社会学在西方学术界得到了很大的发展,人们试图从身体与外界的关系发展中去发现权力和意识形态控制,探寻身体与自我认同、消费以及各种社会力量之间的关系图式。加拿大社会学家约翰·奥尼尔将身体划分为五种形态:"世界态身体、社会态身体、政治态身体、消费态身体、医疗态身体"。[1] 作为个人存在的载体,"身体是一个人身份认同的本源",是"与世界联系的桥梁",是"意义与价值"、"经历与体验"的发生与分享场所,是"社会及文化的建构对象"。

现代社会对外表的关注和自我苛求已经不仅限于女性,越来越多的男性流连于小区的健身房,刻意塑造自己的外在魅力,保持青春和阳刚之气。大卫·勒布雷东认为,这些身体塑造者是"在一个不确定的世界里,他一步一步为自己建造一处避难所。"[2] 这一男性避难所,就是对身体的自我认同。欧文·戈夫曼也在《日常生活的自我呈现》中研究"自我身份与身体表现的关系"时认为,作为社会表现者,自我的身份是在社会互动情境中与身体表现紧密相

---

[1] 约翰·奥尼尔:《身体五态:重塑关系形貌》,北京大学出版社,2010年,第4—11页。
[2] 大卫·勒布雷东:《人类身体史与现代性》,上海文艺出版社,2010年,第235—236页。

关的,社会自我至少有相当部分是通过社会身体被体现出来的。

不同的社会阶层养成了不同的身体形象,如中产阶级的身体偏向良好控制性的苗条,工人阶级养成的身体则有意展示男性的力量,而肥胖的身体则可能意味着底层民众对自我的放任。"每一个阶级和每一个阶级分支都有一个极具特色的活动,特别是体育活动,这个活动可以展示他们的文化和经济状况。"[1]在布尔迪厄看来,表现为趣味差异的身体禀赋和身体表现是"文化资本"的重要特征,在身体上刻写着不同场域、不同社会阶层的文化实践和权力的记号。

体育中的身体主要是男性身体,因此体育成为建构男性认同的最活跃领域。男孩子和男人们观赏对抗性强烈的赛事,与自身喜爱的体育英雄一起经历斗争与胜利,在很大程度上是激发男性气概的一种活动。美国政治哲学家哈维·C.曼斯菲尔德就曾以罗斯福练习拳击和尼采式"超人"为例,为"男性气概的德性"辩护,宣称具有男性气概的人更具吸引力。[2] 男性主体对自我的性别认同在很大程度上依赖于观看和参与体育赛事,在此,男性气概的尚武精神、英雄主义、团队意识、集体荣誉等积极因素得到了突出的表征和强烈的认同。

今天在全球范围内,传统的瓦解、文化的全球化和性别认同的新方式,都对男性的自我建构形成了不良冲击,现代性的自我身份认同处于模糊和不确定之中。此时,一些体育电视节目和新兴的男性杂志为男性提供了一个公开的交流空间,并试图以鼓励参与和体验体育运动的方式,稳固男性更为确定的自我肯定与认同。尽管在后现代消费社会中性别关系和身份也在流变之中,但体育

---

[1] 布莱恩·特纳:《身体问题:社会理论的新近发展》,见汪民安、陈永国编《后身体:文化、权力和生命政治学》,吉林人民出版社,2003年,第27页。
[2] 哈维·C.曼斯菲尔德:《男性气概》,译林出版社,2009年,第27—33页。

电视、男性杂志等大众媒体对当代男性认同、男性气质的确立仍发挥着重要的作用，传统的男性气质也借此得到了重新"写入"。

体育电视将体育变成了表演和观赏的对象，成为大众娱乐和消费的商业领域，视觉快感和商业利润是其背后运行的逻辑。无论是对传统男性气概的迎合，还是对新的男性气质的重塑，这一男性自我认同建构的背后都体现出了消费与市场的需要。比如，围绕男性身体-性别认同、男性气质认同，近年来以 CCTV-5 为代表的电视体育频道，纷纷加大了搏击类赛事播出分量以及健身、健美类节目的播出。CCTV-5 体育频道长期播出备受中年男性欢迎的《世界拳王争霸赛》，这一赛事中男性观众的性别和身体认同就特别鲜明、强烈。同时，CCTV-5 下属公司"中视体育"创办、运营的《武林大会》栏目，也更加突出了作为中国男人的特定身体与男性气质特征。而 CCTV-5 的频道整体形象宣传，突出建构的也是一个活力、权威的中年男性形象，从而与受众的男性认同、男性气概产生更多互动。

五　休闲与消费认同日益显著的发展趋势

在后工业化社会，休闲与消费不仅构成了个人日常生活的主体，而且也成为建构自我认同的重要领域。观看和体验体育运动的魅力，日益成为人们休闲和消费的一种方式，并从中建构出一个充满活力的自我形象。

社会学家意识到了休闲与自我的新关系："在人们界定自我身份，以及彰显其个人价值方面，休闲正在变成一个越来越重要的关键要素。"[①] 今天人们从休闲和消费中得到的自我认同可能超过从

---

① 克里斯多夫·爱丁顿：《休闲：一种转变的力量》，浙江大学出版社，2009 年，第 4—5 页。

工作中得到的。因为工作是流动的,而自我生活方式却可以延续。而这一新的消费和自我认同趋势"其核心正是关注身体的外表"。因为随着个人可支配收入的增长、工时的缩短和假期的增加,旅游、健身、运动、娱乐等休闲产业繁荣,激励着个体投入更多的时间与金钱去致力于消费。在这一消费文化中,身体的照看和展示越来越居于核心地位。

安东尼·吉登斯在其名著《现代性与自我认同》中,也强化了生活方式在建构自我认同中的核心地位:"由于今天社会生活的'开放性',由于行动场景的多元化和'权威'的多样性,在建构自我认同和日常生活时,生活方式的选择就愈加显得重要。"[1]正是在吉登斯所说"传统控制丧失"的背景下,休闲、消费、运动、时尚这些承载着个人个性特征与认同选择的生活方式走上了前台,而其核心就是身体的控制与呈现。这一观点与戴安娜·克兰相一致:"在后工业社会中,随着休闲和休闲活动的大量增加,经济与政治机构的价值与文化机构的价值有了脱节。结果,身份越来越建立在生活方式和消费模式的基础上。"[2]

以电视为代表的大众媒体助长和推动了这一趋势。电视也将身体变成了"身体资本"和"身体商品",体育电视频道更是将在屏幕上得以展现的一切运动和赛事变成了商业演出和消费产品。观看体育直播成了一种重要的生活体验,也是周末男性在家休闲的主要方式。在投入观看和欣赏体育赛事时,疲劳的男性才能从本职工作及其情感约束中下的"枯燥"、"单调"、"乏味"、"厌倦"中解脱出来,得到哪怕是短时间的激情宣泄、情感抒发、快乐与兴趣。

---

[1] 安东尼·吉登斯:《现代性与自我认同》,三联书店,1998年,第5—6页。
[2] 戴安娜·克兰:《文化生产:媒体与都市艺术》,译林出版社,2001年,第38页。

体育运动已经成为人们能够体验到兴奋的主要方式之一。观看篮球、橄榄球或足球之类的体育赛事,让个体有机会体验到"受控的情感解控",……它们给文明化的身体提供了释放的渠道,提供了"充电"的机会,有助于身体回归支配社会的那些高度受控的行为准则。①

因此,在对体育赛事观赏、注重运动的休闲生活方式、运动明星代言产品的消费中,男性受众建立了新的个人化自我。在这一消费主义文化之中,男性被鼓动去消费,着迷于健身房的锻炼成果,而真正的男性气质和社会价值却可能已经失去。今天,体育、电视、商业、娱乐已经完美结合。美国传播学者凯尔纳就认为,媒体文化已经"将体育运动转化为出售产品、名人价值、价值观和媒体消费社会机制的一个奇观"②,诸如"乔丹/耐克现象"是消费社会的重要组成部分。

我们在实践中也看到,随着受众休闲娱乐与消费认同迅速突出的影响,体育电视频道开始新增了高尔夫、户外运动以及"城市之间"等体育娱乐活动的播出。同时,由于体育受众消费认同的积极影响,受众对一些体育用品广告以及体育营销品牌并不排斥。为此,一些体育频道强化了与赛事赞助商和广告主的深度互动,在体育节目中以及前后时段增加播出合作类宣传片,在体育精神层面实现赛事特质与品牌内涵的文化共通,实现体育电视与商业消费的最佳联姻。

我们看到,体育电视节目中不但表现和建构出受众的社会认

---

① 克里斯·希林:《身体与社会理论》,北京大学出版社,2010年,第158页。
② 凯尔纳:《媒体奇观——当代美国社会文化透视》,清华大学出版社,2003年,第74页。

同和自我认同,同时在节目生产和受众认同之间还存在着复杂的互动关系。正是在衡量和承认主流受众认同的推动下,体育电视节目的意义生产才有了选择的标准,并在评估受众认同变化的前提下,引发了体育电视节目生产的相应变化。

第四编
产业分析:竞争,路径,趋势

结构,行为与绩效

历史,路径与变迁

未来,问题与趋势

第十二章　SCP视角下的产业竞争分析

在产业经济学的SCP(结构-行为-绩效)分析范式中,产业结构占据了核心地位,正是产业的市场结构决定了产业竞争、企业行为策略以及行为结果和市场绩效。但这不是一个单方向的简化的从结构到行为再到绩效,而是双方向的互动,企业的行为选择和绩效也是决定产业结构的基本因素。媒介产业结构、媒介行为和绩效的关系,是分析我国媒介产业化发展的一个有效工具。我国体育电视产业形成时间晚、发展时间短,但受体育的全球化、商业化趋势影响,市场化程度相对较高。在这一发展过程中,因为中国电视媒体的商业运营高度依赖于广告,广告经营在产业发展、产业结构成型的过程中影响甚大。

第一节　收视和广告份额决定了体育电视的产业结构

研究供应商即市场主体的多少和市场集中度可以判别市场结构的类型,是SCP分析的出发点。"在其他条件相同的情况下,一个市场上的供应商越多,市场绩效就越好。"[1]供应商的多少决定的是市场结构,市场结构的类型进而在很大程度上决定了市场的绩效程度。

一 我国体育电视产业的竞争主体与市场份额占有

我国的体育电视节目主要播出渠道包括:以 CCTV-5 为核心的中央级频道,省级卫星频道的体育节目,省级地面频道中的体育频道,市级频道体育节目,其他境外频道在国内落地的体育节目。因此,竞争主体也来自于这几个层级。2012 年以 CCTV-5 为主体的中央级频道以 72.5% 的收视份额占据了绝对优势,省级地面频道占了 23.9% 的收视份额(图 12-1)。若参考 2008 年中央级频道所占 79% 收视份额,中央级频道的垄断地位更为突出。

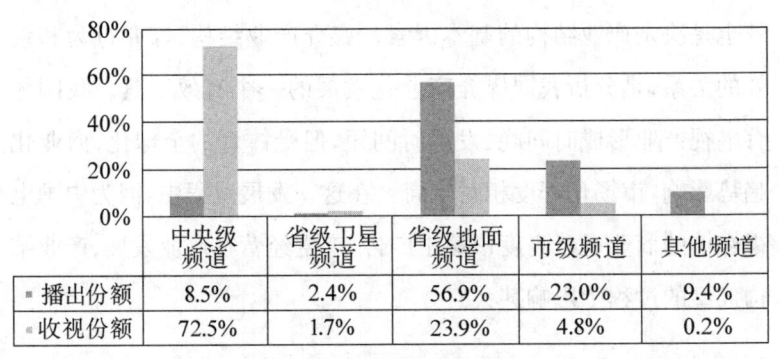

	中央级频道	省级卫星频道	省级地面频道	市级频道	其他频道
播出份额	8.5%	2.4%	56.9%	23.0%	9.4%
收视份额	72.5%	1.7%	23.9%	4.8%	0.2%

图 12-1:2012 年体育电视节目市场不同级别频道市场份额情况
数据来源:CSM 媒介研究

以北、上、广为代表的省级地面频道(包括 CSPN"电视体育联播平台")是除中央电视台外,参与体育电视产业市场竞争的重要主体。省级地面频道包括专门的体育频道或体育休闲、健康等体

---

[1] 斯蒂芬·马丁:《高级产业经济学》,上海财经大学出版社,2003 年,第 7 页。

育相关类频道，加上深圳和大连两个副省级城市地面体育频道，2009年后经过多轮市场淘洗，基本稳定在全国20家左右，相比2000年前后的40多家减少了一半。[1]

产业组织理论认为，竞争与垄断的不同程度形成了市场结构的不同类型，通常可按竞争性的强弱，划分出4种主要的市场结构：完全竞争、垄断竞争、寡头垄断以及垄断。传媒经济学家吉莉安·道尔将寡头垄断视作传媒公司所处市场最普遍的结构类型，"如果一个市场内只有少数几个供给者，而它们的产品无论是同质的还是异质的都还存在着一定的竞争的话，那么这种市场结构就是寡头垄断。"[2]传媒市场寡头垄断的程度可以"集中率"来衡量，也就是传媒主体所拥有的观众份额。通常认为当一家公司的市场份额达到40%—50%时，其市场力量就很强大，具有市场支配地位。

以2012年北京、上海、广州和江苏四地市场收视数据为例[3]：在北京市场，中央台体育节目占了56.2%的收视份额，超出北京台的43.1%；在上海市场情形被倒转，本地频道占了61.6%，超出了中央台的37.4%不少；而广州市场则为中央台、南方传媒集团、广州市台所瓜分，份额分别为29.8%、47.4%、21.2%；到江苏这一省级市场，由于地方体育节目的弱势，中央台一支独大呈垄断态势，占了82.6%市场份额，省台只占了16.5%。由此可见，各地方市场具体情况不一。北京和上海呈中央台和本地频道双寡头竞争态势；在广州市场则呈中央台、南方传媒集团和广州市台三家竞争态势；其他省市体育收视市场则大多如江苏市场，基本是中央台一

---

[1] 数据来源：据CSM媒体研究《中国电视收视年鉴2010》频道列表整理。
[2] 吉莉安·道尔：《理解传媒经济学》，清华大学出版社，2004年，第7页。
[3] 数据来源：据CSM媒介研究《中国电视收视年鉴2013》整理。

家垄断。

这一状况已经是多年常态。从全国来看,我国体育电视产业呈现出高度垄断的市场结构:CCTV-5频道作为唯一上星的全国性体育专业频道,占据了全国市场三分之二以上的收视份额;仅在上海、广州、北京等少数大城市遇到了当地体育频道的竞争,形成与全国市场有别的寡头垄断结构。

二 从广告收入的集中度角度衡量体育电视产业的结构特征

通过计算媒介市场集中度,也可以衡量市场结构及寡占程度。媒介市场集中度通常指特定媒介行业中最大的几家媒介所占的市场份额。"影响媒介集中度的因素主要有企业规模和市场容量。当从外部研究媒介市场时,主要考察广告收入的集中度;当从内部研究媒介市场时,主要考察发行量、视听率的集中度。"[1]媒介集中度率一般以行业中最大的4个或8个媒介的市场份额(通常按照收入)与该行业市场总规模的比率计算,如果CR4≥50% 或 CR8≥75%,产业就是高度集中的。

目前我国电视媒体尚没有集中度率数据的科学公开统计。我们先以2008北京奥运年体育电视行业广告收入高峰情况进行估算:中央电视台广告部当年奥运收入在20亿元人民币左右,北京未来广告公司代理的CCTV-5频道广告收入也约20亿元,如果这算两家,再加上上海台体育频道4亿、北京或广东台体育频道2亿收入,则CR4为48亿元,占行业总体56亿元的85%;若再往后

---

[1] 喻国明等:《传媒经济学教程》,中国人民大学出版社,2009年,第178页。

加上4家,则CR8为50.5亿元,占全行业总体上升到了90%(表12-1)。毫无疑问,这一产业结构是严格的寡头市场状态。

再以2013年估算:没有奥运、世界杯等大赛收入,中央电视台总体只有CCTV-5频道的约16亿元;其他地方频道虽相比2008年有广告价格增长,但没有北京奥运年的赛事优势,广告收入总体仅有小幅增长。则行业总体收入约为35亿元,CR4为25亿元,占行业总体的71.4%;CR8为29.2亿元,占全行业总体的83.4%。虽集中程度比奥运大赛年有所降低,但CR4和CR8远超50%、75%界线,仍呈现为高度集中的寡头市场结构。

表12-1:2008和2013年我国体育电视产业各主要竞争者广告实际收入情况(估算)

	频道	2008年	合计	2013年	合计
中央台/未来广告	中央台奥运收入	20亿	40亿	—	16亿
	CCTV-5频道收入	20亿		16亿	
北上广深/元太广告	上海台体育频道	4亿	10亿	4亿	12亿
	北京台体育频道	2亿		2.5亿	
	广东省台体育频道	2亿		2.5亿	
	广州市台竞赛频道	1亿		1.5亿	
	深圳台体育频道	1亿		1.5亿	
省台体育频道	辽宁、天津、山东、江苏、福建台等省台体育频道(含CSPN)	约5000万/家以10家计	5亿	约6000万/家以10家计	6亿
其他	武汉、大连等城市台体育频道	—	1亿	—	1亿
	全行业总计		56亿		35亿

数据来源:根据北京未来广告及元太广告、CSPN经营方等实际收入整理(部分数据为估计)

进入壁垒和产品差异化也是衡量市场结构的重要指标。进入壁垒就越高、产品差异化程度也越低，市场结构的垄断性特征就越强。中国媒体由于国有产权制度的约束与政府管制，普遍进入壁垒很高。进入体育电视市场还存在其他壁垒，如：国内外赛事版权资源排他性占有形成的较高壁垒；全国性受众覆盖的高壁垒；广告市场壁垒，新进入者在短期内无法赢得广告主的合理投放，投资回报率短期内会极差；报道技术和专业人才壁垒等。

但从产品差异化来看，我国体育电视媒体之间又表现出了较好的个性差异。如CCTV-5与地方台体育频道之间，存在着明显的全国性与地方性差异，上海、广州等地体育频道立足本地特色，满足地方受众的区域化收视趣味。同时，在奥运会、世界杯等大赛报道上，地方体育频道因为版权资源的限制，被迫制作不同于央视赛事转播为主的娱乐性、互动性节目，在节目主持人、解说风格上也极大地展现了与CCTV-5之间的节目差异性。这说明，在部分区域市场，CCTV-5与地方体育频道之间存在着激烈的竞争。近年来，特别是北京奥运之后，地方台的体育电视节目播出份额不断上升，证明地方台制作和播出了更多的体育节目，市场竞争更为活跃，为观众提供了多元化产品选择。

第二节　广告经营目标与赛事版权竞争的依存关系

产业中不同竞争主体由于所处产业结构和自身位置的不同，根据竞争和获取最大化利益的需要，会采取不同的策略性行为。从媒介产业来看，这种策略行为包括：内容产品定价、广告定价、产业投资、串谋、合作博弈、并购、媒介推广、合法性选择等。具体到体育电视产业，最具意义的是围绕赛事版权资源、广告定价的策略性竞争行为。

由于体育电视节目最受观众和广告主欢迎的是重大赛事现场直播,加上赛事版权销售机制上的市场排他性和独占性,因此体育电视媒体对赛事版权极为依赖。拥有赛事版权,就意味着拥有独一无二的差异化甚至是垄断性产品,从而占有巨大的市场优势,吸引到大量的受众规模和广告投放,进而形成良性循环(图12-2)。

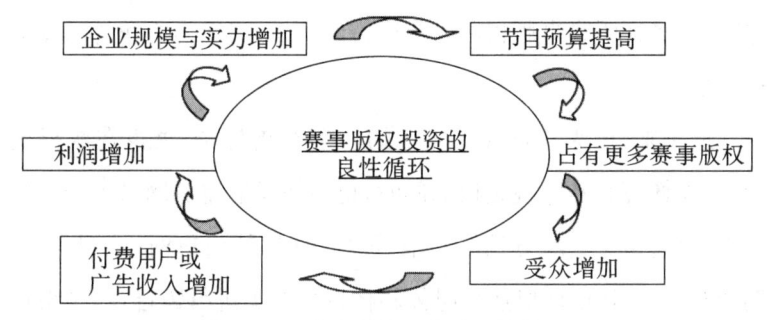

图12-2:赛事版权投资的良性循环

重大的国际体育比赛,包括奥运会、亚运会和世界杯足球赛(含预选赛),由于国家广电总局明确规定统一由中央电视台负责谈判与购买,其他电视台失去了版权竞争机会。此外,如NBA等一些赛事组织方一方面以较低费用甚至免费给CCTV-5播出,以扩大在全国电视受众中的影响力,同时采取多次销售、分割销售策略,也与北、上、广等区域市场电视媒体合作提供区域转播权,在一定程度上实现了多层次版权覆盖,推动了版权竞争。

回顾国内体育赛事的电视转播权发展史,从一开始以补偿广告资源的方式合作的甲A联赛电视转播权合同,到此后的上海全运会等补偿转播节目广告时段方式,以及持续数年的中国足协与央视之间围绕中超联赛的电视转播权纷争。这些都说明,围绕赛事版权存在着媒体与赛事方的博弈以及媒体间的竞争,背后的商业逻辑都是赛事广告运营的巨大利益。在赛事版权博弈中另一个最为典型的案例是"英超"。2007年天盛传媒以不低于5000万美元的报价,获得了2007—2010赛季英超全部380场比赛的全媒体转播权。① 天盛传媒不再如 ESPN 将转播权分销给各地方电视台,而是统一在其经营的"欧洲足球频道"播出。由于版权费用不菲、付费用户少,天盛传媒押注"数字付费频道"的"无广告付费收看"这一尝试最终失败,对广告经营模式的放弃是其失败的战略性主因,再次证明赛事版权博弈与广告经营模式、能力之间的深度依存关系。

近年来,在赛事版权博弈上的一个新趋势是,央视在取得奥运、世界杯等大赛电视版权的同时,也一揽子取得其网络等新媒体版权,然后再进一步分销给新浪、搜狐、网易等门户网站。典型案例如 CNTV 将伦敦奥运新媒体转播权分3类进行销售:一是报价为5500万元的直播、点播、央视节目包,二是3500万元的直播、点播包,三是2800万元的点播内容。而在2008年分销北京奥运新媒体版权时,央视国际曾以每家3000—5000万元的价格卖给国内10多家商业网站。但对于伦敦奥运的高价格,各门户网站和视频网站接受度大不如2008年北京奥运。② 由于担心高投资得不到回报,伦敦奥运期间,中国网络媒体大多采取了强化自制节目、发挥社会媒体功能的竞争方式。

近年来,我国体育赛事版权竞争出现的一些新动向可以概括为:一是市场产生了新的竞争主体,经营新媒体的混合所有制传媒公司成为赛事版权竞价的闯入者;二是付费电视成为版权竞争的

---

① 苏昌茂:《天盛天价夺英超转播权 试水数字付费电视模式》,http://it.sohu.com/20070213/n248206366.shtml。
② 姜旭、王康:《视频网站自制节目出征伦敦奥运会》,中国知识产权报,2012—7—13,http://www.sipo.gov.cn/mtjj/2012/201207/t20120717_725835.html。

运营市场；三是在版权拥有上实行了包揽电视、网络、手机在内的全媒体版权。由此，在赛事版权运营上，具备了全媒体产业链的巨大扩张空间，这将在未来成为必然的产业发展趋势。

在体育赛事版权的竞争中，央视由于制度、实力、受众规模、先发优势等因素，明显处于有利地位，并且形成了一定的垄断。央视的行为策略是：一、在奥运会、世界杯、亚运会赛事版权上，利用国内独家谈判资格及受众规模优势，在与版权方谈判中取得有利地位，尽量减小国际赛事版权费迅速攀升带来的冲击；二、在NBA、欧冠、英超、欧洲四大足球联赛等国际热点赛事的谈判中，不再寻求独家垄断赛事版权，并与NBA采取合作开发市场、广告置换版权等方式，大幅降低了版权费用；三、在国内如全运会、上赛场F1、中网、CBA等赛事上，以不可或缺的媒体报道者身份，与组委会之间全面合作，采取共同组织、开发招商、广告推广、利润分成等方式，将转播权费用压到最低；四、在中超等与地方台、赛事方的博弈中，一旦处于互不相让的劣势地位，则威胁退出转播，从而造成赛事受众规模减小、影响力下降，在下一轮谈判中占据有利地位。从实际效果来看，央视由于赛事资源过于丰富，又有奥运会、世界杯、亚运会三大赛事独家转播地位，任何其他单一赛事转播权的旁落，都无关大局。因而，在谈判和竞争中，央视常处于优势地位。在转播权行为的绩效上，央视获得了最丰厚利润。以2010年南非世界杯和2012年伦敦奥运会为例，央视一届奥运会或世界杯的广告收入常常在10亿元人民币以上，而一届版权费用最多2亿元，加上约1亿元制作成本，央视每届奥运会或世界杯的净利润应在7亿元以上，是投入成本的2—3倍，可谓垄断性暴利。

地方台在赛事版权竞争上，采取的策略行为是：一、奥运会、世界杯、亚运会三大赛事无法获取版权，只能向央视要求或购买部分场次报道权,达成与央视合作报道目的,获取部分收视和广告效益;二、取得 NBA、英超、欧洲足球联赛等收视热点国际赛事地方区域市场版权,费用不高,广告效益和收视效益却十分可观;三、联合行动,在中超等国内赛事上与央视抗衡;四、强化与本地足球、篮球、乒乓球等赛事俱乐部的版权合作,加大本地举办赛事的报道力度,形成拥有赛事资源的本地特色。从地方台行为的绩效看,在财力和实力有限、覆盖和观众规模有限、投入产出预期有限的情况下,难于开展大规模的赛事版权竞争。加之,上海、北京、广州等地体育频道长期交由民营广告公司承包经营,电视台投入的预期产出很低,由此在版权投入上也动力不足,与央视之间几乎不可能形成竞争。目前产业情形,只有上海台体育频道和 CSPN 联合体,在少量赛事版权上还有可能与央视竞争,但这种竞争对央视还不能形成实质性威胁。

第三节 广告竞争的差异策略引发不同后果

定价,是任何产业中企业竞争的重要策略性行为。与竞争者不同的定价,将决定市场竞争力的强弱以及利润空间的大小。一些市场寡头因为垄断地位优势,常常进行掠夺性定价,以谋求自身利益的最大化。对电视媒体而言,定价的策略行为包括两方面,一是围绕节目产品的定价,一是围绕广告产品的定价。前者主要是付费电视频道的策略行为,后者则是大众电视频道的市场策略行为。对体育电视产业而言,除少量如欧洲足球频道、风云足球频道、网球-高尔夫频道外,大多是大众免费收看频道下的广告盈利模式,广告常常占频道收入的 90% 以上,广告的定价与经营策略极为重要,直接决定了市场效益的好坏。

由于体育赛事资源的垄断性占有、全国性卫星体育频道的独家地位,央视在体育节目资源的广告定价上拥有更多主动定价权,以谋求更多利润。在奥运会、世界杯这两大赛事上,因为赛事的独家性、稀缺性和高影响力,央视采取了类似于"掠夺性定价"的方式。一条为期15天或30天的赛事套15秒广告价格,往往高达2000多万元,而且常常以招标的方式竞售赞助等特殊广告形式和最佳位置广告,在激烈竞争中最后的实际中标价总会大幅超出招标底价。配合奥运会和世界杯的广告销售,央视每到大赛年都会加大奥运会和世界杯的市场推广力度,在北京、上海、广州、福建、成都、杭州等区域客户集中的城市进行资源推介和广告招商说明会,以吸纳更多广告主投放,从而在广告主的竞争中进一步推高广告价格。

以2012年伦敦奥运会和2008年北京奥运会为例,央视的奥运广告可谓天价。如2012年伦敦奥运中国冲金赛事套装广告前三个指定位置,分别为中国移动、加多宝和耐克以8668万、8600万、7999万的价格中标。再如2008年赛事套第一位置15秒广告刊例价高达8008万元;开闭幕式套装指定第一位置15秒广告价格为2008万元(表12-2),只在CCTV-1、2、3、4、5、新闻等6个频道开闭幕式直播节目前后共播出24次,平均单次广告播出实付额超过70万元。

在CCTV-5体育频道的广告定价上,经营者也掌握了市场主动权和定价权。由于进行全国性体育广告投放的客户基本没有其他可替代性选择,因此CCTV-5的定价在参考央视招标价格涨幅、CCTV-2等央视其他专业频道千人成本,在频道自身历史价格基础上,采取逐年上涨甚至一年数涨策略,到2008北京奥运年达到价格顶峰,频道多数栏目价格已是 2003 年的 2—5 倍。如此大的涨幅,说明 CCTV-5 拥有极强的广告定价权,广告主议价能力非常小,频道在市场结构中处于绝对的垄断地位。CCTV-5 在常规联赛和重点赛事的广告定价上,采取了"一赛一价,热点赛事高价"的溢价策略,均大幅高于同时段栏目的广告价格,一般提价幅度为 50%—200%,接近 CCTV-1 晚间黄金时间的高价格水平。

表 12-2:中央电视台 2012 伦敦奥运和 2008 北京奥运赛事套装广告价格

2012 伦敦奥运中国冲金赛事套装指定位置广告		2008 北京奥运赛事套装指定位置广告		2008 北京奥运开闭幕式套装指定位置广告	
位置	15 秒价格(万元)	位置	15 秒价格(万元)	位置	15 秒价格(万元)
指定第一位置	8668	指定第一位置	8008	第一位置	2008
指定第二位置	8600	指定第二位置	7010	第二位置	1630
指定第三位置	7999	指定第三位置	6540	第三位置	1350
—		指定第四位置	6160	第四位置	1160

资料来源:中央电视台广告中心

与 CCTV-5 不同,地方台则往往成为价格的被动接受者。以元太广告公司承包经营的北京、上海、广州体育频道为例,尽管在国内处于仅次于 CCTV-5 的地位,且地处一线大都市,但在广告价格上却没有多少定价权,难有涨价空间。我们比较同为北京奥运前价格上升周期的北、上、广三体育频道 2005 年和 2007 年的价格[1],三年间无论是新闻、栏目还是赛事,广告价格的上涨幅度仅在 0—40% 之间。其中仅"英超"广告价格上涨较多,如上海体育频道从 2005 年的 1.5 万/15 秒次上升到了 2007 年的 2.1 万/15

---
[1] 数据来源:据上海元太广告公司 2005、2007 年年初广告刊例整理。

秒次；一些栏目和赛事维持在原有价格，"中超"在上海体育频道的价格甚至出现了下降。平均来看，三年间涨幅大多在20%—30%间，仅保持了与名义GDP同步的涨幅，与CCTV-5动辄翻倍的涨幅相差甚远。

此外，地方体育频道的定价策略受4A广告公司、国际品牌客户影响甚大。由于北、上、广体育频道客户绝大部分为国际客户，与CCTV-5以本土品牌投放为主形成较大差异。国际品牌广告投放较为理性、谨慎，严格遵守预算和流程，往往不能接受较高的广告涨幅；而代理国际品牌投放的4A广告公司在媒体投放评估上注重收视点成本、千人成本等价值数据，加之4A公司控制了国际品牌投放的"大盘"，因而在价格谈判中处于优势地位。承包三频道广告经营的元太广告公司往往被迫接受4A公司和国际品牌的广告出价，甚至要承诺客户投放的收视点效果，如果不能达到还要进行投放后的"补点"补偿。可见，由于市场结构上的相对弱势以及单一客户结构，使地方体育频道基本失去了广告定价权。这也让上海体育频道转变了承包经营策略，从元太公司收回了广告经营权。

第四节 产业结构的突破在于规模经济与范围经济的实现

任何行业企业的扩张和发展，都离不开规模经济和范围经济的推动。哈佛商学院钱德勒教授甚至认为，规模和范围经济是工业资本主义的原动力。吉莉安·道尔也认为范围经济和规模经济是传媒经济学的重要特征。"因为传媒产品的性质就是这样，为某个市场而创造的产品可以重新改变其形式,然后通过另一市场销售。……把针对某类观众的产品改变形式,使其成为适合另一类观众的新产品,这就产生了范围经济。"①正是因为规模经济和范围经济在传媒业的天然存在,所以传媒公司的发展和扩张也呈现出横向合并、纵向一体化、地区扩张和产品多元化等方式,在当前全球媒体市场形成了急剧的兼并、扩张趋势。

但由于国有产权限制、高进入壁垒以及行政区划上的限定,我国电视行业的规模经济和范围经济效益难以实现。体育电视媒体在扩张的可能性上也同样受到了严重制约。比如:第一,在横向合并上,受传媒国有产权和各级政府管理权属限制,中央电视台不可能去购并和兼并地方电视台体育频道,地方台之间属于各个省市,相互之间也不存在产权兼并可能;第二,从产业链的垂直一体化看,体育电视存在着"赛事-生产-包装-发行"的产业链,体育电视媒体难以控制上游赛事环节和下游发行入户环节;第三,在产品与服务的地区扩张上,CCTV-5既无力面向国际市场也无法深入区域提供地方性体育电视节目,各地方台体育频道只能在自己的行政区域内提供服务。第四,在产品多元化上,相对来说受到限制较小,各级各类体育电视媒体都有较大的发挥空间。

规模和范围经济的追求,曾在世纪初一度推动了我国电视媒体的集团化发展。上海文广集团(SMG)成立后,对集团内电视、广播、平面体育资源也进行了全面整合,统一在"五星体育频道"旗下,进行公司化运作,以实现规模经济和范围经济的良好效益。在广告经营目标推动下,广东体育频道也一度整合了重庆体育频道,为其提供节目制作和代理广告经营。CSPN地方体育频道联合体

---

① 吉莉安·道尔:《理解传媒经济学》,清华大学出版社,2004年,第11页。

的推出，也是各地方台尝试新的产业化广告经营战略目标下一次有益尝试。遗憾的是，目前国内最有条件成立体育传媒集团的中央电视台未有动作，只是壮大了 CCTV-5 频道旗下的中视体育推广公司，并于 2013 年 8 月 18 日开播了"CCTV-5＋体育赛事"高清频道，尝试全产业链体育传播整合模式。虽然不失为进步，但尚远未发挥出 CCTV-5 在规模经济、范围经济上的巨大产业经营潜能。

总之，由于央视在广告经营上的良好效益，强化了其在赛事版权资源、收视份额上的垄断，形成了体育电视节目的高度集中。目前，真正对 CCTV-5 形成挑战的体育频道尚未诞生，产权等制度又限制了其自身与竞争者的扩张行为。所以我国体育电视传媒的有效竞争程度不高，竞争性博弈还停留在较低层次，行业整体绩效和活力表现不佳。这一高度垄断型产业结构的突破，有待于产业竞争主体在规模和范围经济上的进一步探索与创新。但从另一角度看，以乐视体育、腾讯体育、阿里体育为代表的网络体育视频媒体将成为新的竞争者，成为未来冲击甚至体育媒介产业的重要力量，为产业结构变化和进化提供新的可能。

第十三章　结论:我国体育电视产业发展的动力体系

体育产业因为其国际性和商业性的巨大潜能,一直是世界各发达经济体文化产业的重要组成部分。而体育与传媒的结合特别是与电视的商业化合作,更是包括奥林匹克运动会、足球世界杯、NBA等重大赛事在全球攻城略地的主要原因。众多涉足体育的体育电视媒体的经济活动总和,也就构成了已具规模的体育电视产业。我国体育电视产业的发展有着特殊的历史轨迹,因制度与历史的原因,也形成了自身独特的发展动力体系,对之进行详细考察,才能在当前的产业发展困境中找到未来的突破可能。

第一节　体育电视产业发展的动力体系概述

我国较早提出传媒产业化并进行持续研究的黄升民、丁俊杰教授,认同对传媒产业的研究应借重于制度经济学和产业经济学理论,认为大众传播媒介作为"信息组织、利益组织、控制对象"的三重属性是其生存和发展的动因,提出了"大众传播媒介产业平衡器模型"。① 在这一模型之下,他们认为,"利益和控制"是决定大众传播媒介生存、变革的两种最为重要的力量。

我国体育电视在产业化的发展过程中,同样存在着利益和控制的博弈这一条主线,但因为其体育节目、体育赛事、体育商业的多重特性,还存在着其他一些推动产业发展和变迁的重要力量和动因。我们有必要将这些动力看成一个动力体系。在特定历史时期,这一体系的各种力量之间呈现出不同的互动关系,从而具有了不同的阶段性特征。在进一步的具体分析中,我们可以尝试归纳出中国体育电视产业发展的动力体系图(图13-1):

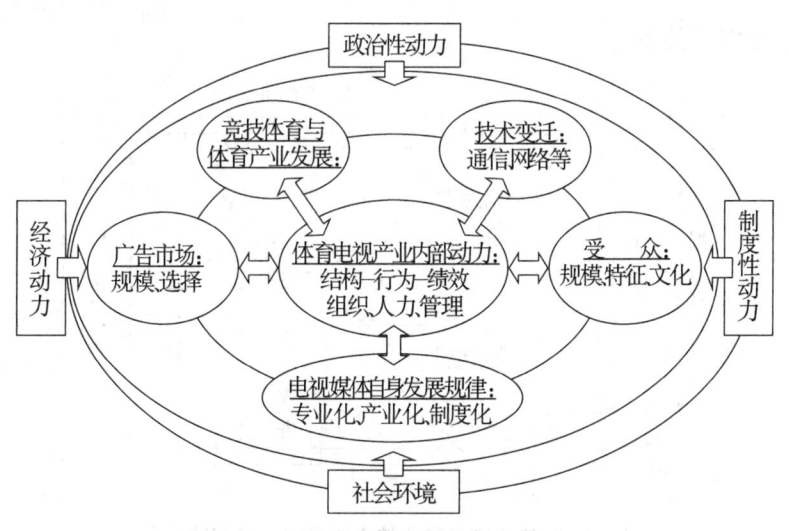

图13-1:体育电视产业发展动力体系

可以看到,这一动力体系呈现出明显的层级性:最外层是产业发展特定历史阶段的政治、经济、社会、制度等宏观环境动力;这些因素再作用于体育电视产业直接的外部动力,既包括竞技体育与体育产业的发展、相关技术的变迁,也包括电视媒体在专业化、产

---

① 黄升民、丁俊杰:《媒介经营与产业化研究》,北京广播学院出版社,1997年,第18页。

业化和制度变迁上的自身发展规律,以及来自于广告和受众这两个市场的商业动力;这些直接的外部动力与体育电视产业内部动力相互影响,通过组织、人力、管理等手段,决定产业的结构-行为-绩效,实现产业的持续增长与发展。

这一动力体系揭示了体育电视产业发展的内、外部及宏观环境的层级式动力体系,但我们还应补充一个产业核心因素的互动关系图,也是围绕产业运营链条及利润创造的商业模式(图13-2)。在这里,体育赛事与明星、体育电视、受众、广告主,构成了体育电视产业最核心的要素主体,在它们之间形成了明显的利益相互依赖关系。

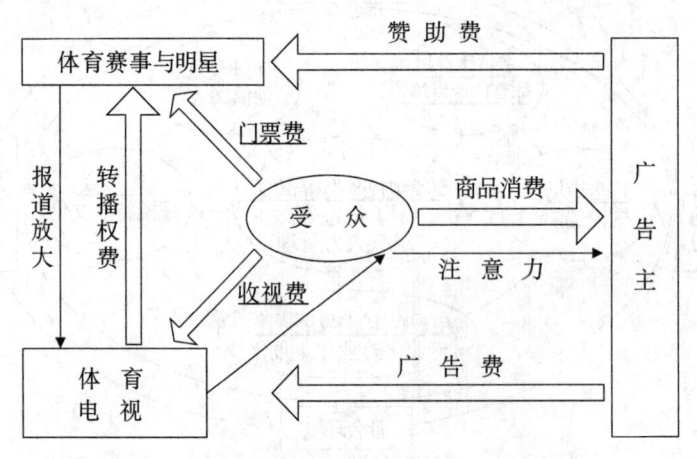

图13-2:体育电视产业核心要素间利益互动关系

体育电视媒体通过支持赛事转播权费用获得赛事报道资源,对赛事进行报道放大,从而实现受众最大化,再将受众作为注意力商品销售给广告主获取广告费;同时,体育电视媒体还可以采取付费电视模式,直接向受众收取收视费。广告主在支付广告费给媒体以购买受众注意力的同时,还可能以支付赞助商方式与体育赛事和体育明显达成商业赞助关系,从而获取目标消费者(同时也是受众)的商品消费支付。此外,体育赛事组织方与体育明星在获取媒体转播权费和广告主赞助费外,还可以获取体育迷(同时也是受众)支付的商业赛事现场门票费。

这一关系图基本描述了体育电视产业各参与方之间的交叉利益互动关系。这里可以注意到两个要点:第一,如果没有体育电视的参与,赛事不能得以有效放大报道,它的受众价值和注意力经济就会大打折扣,影响到广告主的广告投放和商业赞助相应减少,最终赛事和电视的利益都会受损;第二,受众既作为顾客,同时又作为商品,极大地影响到体育赛事、电视报道价值的转化和实现。一方面受众作为消费者,他直接向赛事、电视、广告主支付门票费、收视费和商品消费金额;同时,受众又作为体育电视媒体的注意力商品被销售给广告主,从而作为中介,使赛事和电视报道的价值得到了转化和兑现。

在这里,我们可以发现体育赛事与体育电视已经在利益链条上实现了一体化,仅只在报道权费用上存在讨价还价关系,其他环节两者可谓相互紧密依存。澳大利亚体育文化专家大卫·罗维就曾提出无处不在的"传媒体育文化复合体"这一概念,并强调了电视在体育的传播与商业化中的重要地位:"电视则以其无与伦比的将'远距离观看'转变为'身临其境'的能力,主宰了大众传媒和体育比赛。这是因为,电视的综合能力比其他任何传媒都要强,因此它得以将体育转变成为其组织基础和文本产品的重要组成部分,并且成功地将一些重要的体育赛事(以及它们所吸引的遥远的观众)转变为重要的商品,而这些商品的价值可以通过各种途径得以实现和利用。"[①]与此同时,传媒与体育还呈现出相互渗透的趋势:

---

① 大卫·罗维:《没有收入,就没有比赛?》,见《大众媒介与社会》,华夏出版社,2006年,第334页。

一方面传媒收购运动队、俱乐部和自办赛事的意愿强烈；另一方面，像 NBA 等赛事方也向传媒领域渗透，自制电视节目，引领赛事的娱乐化、整合式传播。

第二节 多重动力的历史交织

对我国体育电视发展的过程进行历史考察，可以发现，我国体育电视产业发展的多层级动力体系始终处于动态变迁之中，随发展的不同历史时期而呈现出不同的阶段性特征；同时，这些动力之间也是不均衡的。

一 1958—1978：政治化动力支配时期

这一期间，是我国社会经济生活各领域的"政治挂帅"和"计划经济"时期，电视和所有大众媒体一样，都是意识形态的宣传工具，这一状况一直要持续到 70 年代末。这一时期的电视媒介，完全在国家政策与资金扶持下得以发展，电视媒介还没有商业广告等经营行为。体育电视的受众意识也较为淡薄，但具有一定的群众服务性，赛事直播一开始就赢得了极大的社会反响，在竞技体育不发达的情况下，对群众体育的报道分量相应较大。此外，20 年间技术的进步也推动了体育电视事业的发展，特别是远距离直播和卫星通信技术，使得全国直播和卫星直播体育赛事成为可能。总之，这一时期的体育电视发展几乎完全由政治、外交需要和体育作为意识形态宣传工具等所推动，完全偏重于控制对象属性，信息属性也只得到了少量发挥。这一时期，还处于体育电视产业发展的前夜。

二 1978—1994：泛政治化及市场化初期

1978年以来，中国社会迎来了深刻的政治、社会、经济和文化转型，由此带来了作为大众传播媒介的体育电视的迅速发展。这一时期推动体育电视发展的动力也开始变得丰富起来。首要的变化是经济和市场动力开始显现，相关企业和产品的广告开始出现在体育赛事和体育节目中，一些初具品牌意识的企业也开始在奥运会、亚运会和世界杯赛事中投放广告。但这一时期对体育电视节目推动最大的还是竞技体育的蓬勃发展，以及走上国际赛场争金夺冠所激发出的民族-国家情感，"女排五连冠"、洛杉矶奥运会列金牌榜第四、北京亚运会成功召开，这些体育事件中放大的泛政治化动力仍起着相当突出的作用。同时，媒介领域的思想解放也让新闻的客观规律得到了重新认同，体育电视节目的信息属性得到了强化，体育电视人的专业化追求热情高涨，围绕受众的收视竞争也开始走上前台。随着1993年前后"体育产业化"开始在市场化、商业化的基础上得以萌芽，由此推动了体育电视走向产业化的初步尝试。

三 1994—2001：产业化力量主导时期

这一阶段是中国体育电视产业发展的一次高潮期，在市场化、产业化力量的推动下，中国体育电视产业加速发展，CCTV-5及上海电视台体育频道、广东电视台体育频道等数十家专业体育频道在全国各地成立，体育新闻、专题栏目和赛事报道都得到了明显发展。特别是以足球甲A职业化联赛为先声的中国体育产业改革的启动,推动了体育电视节目的创新,围绕赛事版权、节目收视与广告市场等形式的竞争日趋激烈。

体育电视媒介作为信息组织和利益组织的属性得到强化,特别是利益属性的突出成为这一阶段的主导性动力。电视传媒的产业化发展也推动了体育电视围绕受众需求的调查,受众需求在一定程度上推动了体育电视节目的专业化发展。同时,在国际大赛的报道与转播上,与国际水准接轨的专业化追求也达到了新的高度,在2000年的悉尼奥运会上,中国体育电视的专业报道技术和能力已经成熟。事实上,产业化作为主导力量的体育电视发展这一高潮期,还在向前延续,至少到2003年,都是我国体育电视产业化的一个繁荣、活跃阶段,在广告经营、数字体育频道、网络新媒体开发、多元化产业扩张方面都有了较大进展。

四 2001—2008:各种力量共同交织的多元化时期

2001年对我国体育电视来说,是一个新的开端。北京申奥成功,拉开了我国体育电视产业发展的一个特殊时期。北京奥运会的筹备与举办,推动体育电视报道事业和产业发展逐步走向了巅峰时刻。在产业与市场继续发挥主导作用的同时,这一时期的动力体系更为多元化。

在前述"产业动力体系图"中的各个动力要素,都充分显现了自己的力量。1. 这一时期,在北京奥运推动下,竞技体育和体育产业加大了发展步伐;2. 同时吸引了更多广告主的体育赞助和广告投放,体育营销市场十分活跃;3. 呈现细分化趋势的体育受众群体,也以其不同的体育趣味、社会与自我认同的变迁,引导了体育电视节目的变迁方向;4. 传媒新技术的迅速发展,也给体育电视既带来了在不同渠道扩大影响和覆盖的机遇,同时也面临了互联网、数字传播技术的挑战;5.电视媒体这一时期在频道专业化和品牌化的新战略,也引发了体育电视产业在节目和运营上的诸多创新。此外,在确保北京奥运成功的大环境下,政治性动力也得以回归。在奥运火炬传递、奥运开闭幕式转播、奥运新闻报道中,都能看到政治控制因素的显现。

总体来看,贯穿我国体育电视产业50余年发展历程,我们看到了市场化和产业化力量的逐步发展和强大。特别是在1994年以后,在深化与体育产业相互依存关系中,在不断满足受众需求和与国际接轨的专业化要求下,中国体育电视产业得到了迅速的繁荣与发展。

第三节　产业变迁的"路径依赖"

经济学意义上的所谓"路径依赖",是指"人们过去的选择决定了他们现在可能的选择"[1],它类似于一种历史"惯性"。路径依赖有可能无效率,也有可能产生"报酬递增"效应。制度经济学大师诺斯认为,路径依赖存在两种极端形式。诺斯路径依赖Ⅰ:沿着既定的路径,经济和政治制度的变迁进入良性循环的轨道并迅速优化;诺斯路径依赖Ⅱ:顺着原来的错误路径往下滑,甚至被"锁定"在某种无效率的状态下而导致停滞、陷入"低收入陷阱"。[2]

从我国体育电视产业的发展历史看,演进的结果形成了现实的

---

[1] 道格拉斯·诺斯:《经济史中的结构与变迁》,上海三联书店,1991年,第1—2页。
[2] 卢现祥、朱巧玲:《新制度经济学》,北京大学出版社,2007年,第474页。

局面。这一结果谈不上最优,只有"局部最优"甚至是很少比例的"局部最优"。一方面,中央电视台体育报道凭制度支持,在奥运会、世界杯等大赛报道上形成了集中优势,并且在版权谈判与效益上最大化,让中国体育受众免费欣赏到绝大部分国际精彩赛事;另一方面,也正是这一集中化和垄断化,在央视体育频道许多拥有版权的赛事得不到报道,节目多样性受到制约,观众多元化选择利益受损。

最为重要的是,这样的发展和演化结果形成的产业结构,让行业竞争难以有效展开。在全国收视层面,由于播出平台制约和实力限制,地方台无法向央视发起竞争和挑战;而在北、上、广等城市,央视也未针对性发起面向地方台的进攻。体育电视产业的竞争,基本仅停留在北、上、广等少量地方台在区域市场以CCTV-5为对手的市场遏阻行为。

在产业市场是否形成有效竞争的判断上,产业组织经济学理论认为有效的竞争应该包含三个核心要素,它们是:"1.至少五个竞争者。这足以避免提价行为和对市场的控制。2.没有市场支配者。真正的竞争均衡中,没有任何一家公司可以拥有40%以上的市场份额,所有五家公司中,每一家的市场份额不得低于10%。3.不存在进入壁垒。这保证了竞争的压力。否则,竞争可能是无效率的。"[①]按照这一标准,我们来看中国体育电视产业的结构,有效竞争的三个核心要素没有一个具备。我国体育电视产业无疑是高度垄断式的,虽然存在一定的竞争,但由于力量悬殊和竞争壁垒,很难形成真正的竞争压力,因此产业竞争的效率是可疑的。

但考察CCTV-5的发展,我们也看到"垄断者"自身在节目制作、播出和广告经营等方面的高效率和高专业水平,不一定是地方

---

① 威廉·G.谢泼德等:《产业组织经济学》,中国人民大学出版社,2007年,第6页。

台所能比拟的。从 CCTV-5 在前 10 年(1995—2005)的发展来看,主要还是利用好了环境与制度的优势,通过自身有效的专业、创新和竞争策略,不断强化赛事资源和节目质量,从而实现了其在受众规模和市场份额上的强势地位。

一方面,我们不能否认 CCTV-5 所拥有的环境与制度优势,如全国唯一卫视体育频道的地位,以及在奥运会、世界杯、亚运会赛事上的独家转播权,带有一定的"自然垄断"属性;另一方面,我们也要看到,CCTV-5 进入市场也经历了由小到大、由弱到强的自身成长过程,在这一成长过程中,它采取了有效的市场竞争策略和专业发展策略,吸引了非常优秀的领导者和人才团队,进行了一系列以"频道专业化"为整体战略的制度创新和激励机制的改革,最终成为了体育电视产业的绝对垄断者。

在学习历史性经验和利用制度性优势的基础上,CCTV-5 也因此走上了一条"路径依赖"式的发展道路,在制度保护、技术领先、资源垄断、产业经营上都存在着严重的"惯性"行为。这一"路径依赖"式的发展实现了"报酬递增效应",应当归入"诺斯路径依赖Ⅰ"。在进入 21 世纪后电视频道"马太效应"式的竞争中,CCTV-5 良性"路径依赖"的优势越发突出。

但倘若从整个产业结构和绩效、观众多元化收视选择和利益角度,这一演化路径并非良性循环,到一定阶段后,反而可能形成一种全行业"发展停滞"和阻碍有效竞争的局面。

第四节　后奥运问题与产业未来趋势

北京奥运之后,我国体育电视产业再次面临重大挑战和转型。

"后奥运效应"在 2008 国际金融危机之下表现更加突出,制度瓶颈造成创新和发展动力不足,出现暂时性衰退和停滞。

一 后奥运效应:收视与广告全面下滑

(一) 收视下滑趋势明显,观众奥运热情不再

以全国观众体育节目人均收视时长为例,2009 年人均每天体育节目时间只有 5.4 分钟,与 2008 年的 11 分钟相比已是"腰斩"。据 CSM《收视中国》,在全国体育电视中占据最大收视份额的中央级频道,2009 年观众人均收视总时长较 2007 年下降了 426 分钟,降幅近 1/4;而在中央级频道中占据 90% 体育收视份额的是 CCTV-5,其收视下滑是主要原因。对比 2009、2007 年频道全天收视走势(图 13 - 3),2009 年频道全天收视特别是晚间时段出现了大幅下滑。以播出时间颇具可比性的世乒赛为例,2009 年最高收视率 1.9%,只有 2005 年 6.31% 最高收视率的 30%;2009 年赛事前五位平均收视率为 1.58%,也只有 2005 年这一数据的 30%。

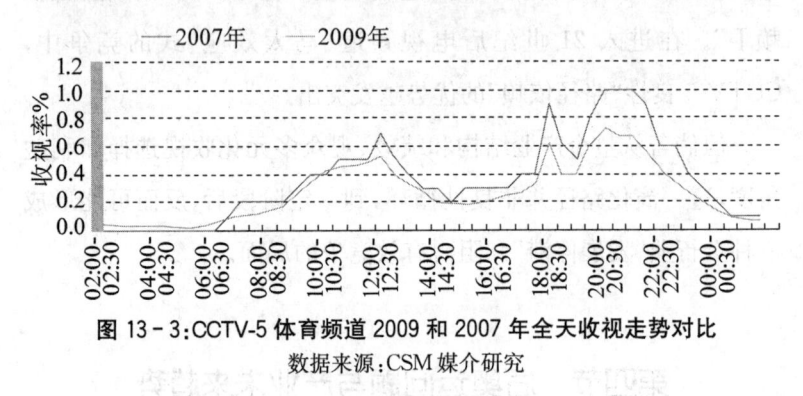

图 13 - 3:CCTV-5 体育频道 2009 和 2007 年全天收视走势对比
数据来源:CSM 媒介研究

(二) 北京奥运后,全国体育频道广告下滑严重

据 CTR 广告监测数据,2009 年与 2008 年相比较,CCTV-5

的广告同比投放量减少了20%，而上海电视台体育频道则减少了64%。（上海台同时受频道广告经营权从元太广告公司收回影响。）2009年CCTV-5和北京台体育频道、上海台体育频道的投放品牌数都下降了1/3左右。2009年，CCTV-5全频道广告收入为14.03亿元，相当于2008年的57%；2010年，频道广告收入（不含世界杯和亚运会）为10.5亿元，仅为2008年的43%；到2013年，频道广告收入预估也仅在2009年的15亿水平。体育频道在央视整体收入中的比重，也从2008年的15%下降到2009年9%、2010年6%的低点（图13-4）。地方体育频道北京奥运后也陷入困境，以长期经营北、上、广、深等地方体育频道的元太广告（2008年改名太动体育）为例，因广告经营不景气一再收缩战线，继放弃上海体育频道之后，又于2011年放弃北京体育频道广告承包，并最终完全退出市场。北京奥运前成立的CNPN地方台体育联盟也名存实亡，产业化创新的大胆尝试最终成空。

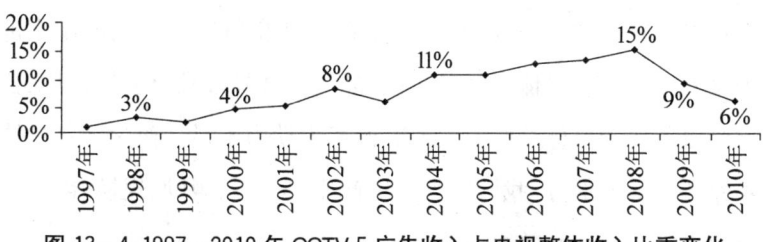

图13-4：1997—2010年CCTV-5广告收入占央视整体收入比重变化

二 当前体育电视产业发展的问题与约束

从体育电视产业的整体来看，这一产业仍处于产业形成的初级发展阶段，产业竞争不够活跃，产业基础较为薄弱，并严重依赖于体育赛事的职业化以及体育产业的整体发展。这进一步加强了体育电视产业发展的当前困难。

（一）体育体制与体育产业问题

尽管政府包办体育的"举国体制"已经明显不适应体育产业的发展，体育的产权体制也严重制约了社会体育的主体多元化和投资多元化，但在举办北京奥运和"金牌战略"的现实推动下，21世纪来的头10年这一体制仍得到了延续和强化。北京奥运的举办，并没有激发体育消费市场和产业化的增长潜能，体育产业占GDP的比重与发达国家相比仍严重偏低，体育这一朝阳产业在现有政府主导型管理体制下发展缓慢。同时，如中超等职业联赛也面临了诸多问题，职业体育的发展缺乏市场和社会力量推动。

（二）电视体制与电视产业化问题

我国的电视体制也是国有产权，有着严格的政府部门特性和进入壁垒。在2004的广电集团化改革告一段落之后，电视媒体基本只停留在围绕泛娱乐化的收视率"零和竞争"上，电视产业化进程缓慢。各电视媒体之间的行政界限、区域界限难以逾越，以社会化节目制作为目标的"制播分离"改革也动力不足。作为这一整体媒介环境的一部分，我国体育电视产业在产权、激励、规模、创新上目前也难以得到有效突破。

（三）对体育文化及受众文化变迁的适应

与此同时，体育文化和受众文化、收视趣味却处在迅速的变迁之中。2010年广州亚运会引发了对"金牌至上"价值观的广泛讨论和强烈质疑，中国代表团所获金牌数的一路领先再也无法激起受众强烈的"民族-国家认同"，女子网球运动员李娜等"不为国家打球"言说拓展了新的个人化、商业化竞技体育参与模式。这些对传统的以金牌、夺冠、国家荣誉为导向的体育电视报道文化提出了新的适应性要求。

(四) 对有效竞争与主体创新的要求

从体育电视产业内部看,CCTV-5 的独家垄断式产业结构需要有所改变和突破,从而促进行业创新和有效竞争的开展。虽然近年北、上、广地方台体育频道在区域市场的份额有上升态势,且有 CSPN 的地方台体育频道联盟模式推出,但这些仍不能改变现在的 CCTV-5 的强势垄断格局。视频网络和数字电视对 CCTV-5 也不足以形成挑战,须在全国性频道收视平台层面有新的竞争者出现,目前来看这一可能性极小。借以时日,以乐视体育、腾讯体育、阿里体育为代表的互联网视频体育媒介将成为新的行业创新者和整合者。

三 趋势与期待

当今,世界体育的全球化、职业化、商业化和产业化发展加速。在注重休闲、健身、绿色消费的新生活方式下,"美国传统四大职业联赛(NFL、NBA、MLB、NHL)的总收入在金融危机严重的 2009 年反而增长了 8.1%,体育赛事的观众数目增长了 14.8%。"[1]资本不断进入,体育与电视的产业一体化势头迅猛,全球体育电视的产权日益集中,收购、兼并频繁。

北京奥运后,我国确立了"体育强国"的战略目标。当前我国

---

[1] 杨越:《"后奥运时代"中国体育产业发展战略研究》,经济管理出版社,2011 年,第 125 页。

体育产业规模尚小、结构不合理,社会化投资和群众投入、消费都明显偏低。未来能否迅速调整体育管理体制和产业结构?体育产业产权改革能否进一步深化?以塑造更多市场主体,确保产业的有效竞争和活跃程度?这一切的关键还在于政府主导型的体育管理体制的进一步放松和市场化转型。

在体育电视产业当前的低潮和转型之中,政府大力倡导的文化产业发展战略能否产生真实的市场化动力?比如:在制度上适度宽松,降低门槛,以产权激励机制的改革吸引更多资金和主体进入;开放所有赛事转播权领域的谈判管制,促进体育电视产业的公平、有效竞争;在媒介产权制度上放松,允许媒体之间市场化主导的兼并等横向扩张,以促进在全国性和区域性体育收视市场的竞争。我们也期待CCTV-5作为领导者,能加大产业化、国际化和媒介融合步伐,从而引领行业创新的扩散。其他新的行业竞争者能加大投入,以鲜明特色形成竞争力,以产业创新形成规模化,借助科技、新媒体与文化产业机会,与CCTV-5有效展开更为高效的全面竞争。

体育电视最具产业化发展潜能,它面向全球体育和媒介市场,也面向庞大受众的日常生活。未来10—20年其产业化程度能否提升,摆脱目前的稚嫩、脆弱困境,形成文化产业的一大支柱?答案还在于相关制度的进一步演化,期待于产权、管理等核心制度上的真正市场化的改革深化。

参考文献

[1]《大辞海/体育卷》,上海辞书出版社,2008年
[2]《中华人民共和国体育运动文件选编》,人民体育出版社,1957年
[3] 课题组编:《体育强国战略研究》,人民体育出版社,2010年
[4] 国家体育总局编:《改革开放30年的中国体育》,人民体育出版社,2008年
[5] 国家体育总局编:《拼搏历程 辉煌成就——新中国体育60年/综合卷》,人民出版社,2009年
[6] 熊晓正、钟秉枢:《新中国体育60年》,北京体育大学出版社,2010年,第345页
[7] 崔乐泉、杨向东主编:《中国体育思想史/现代卷》,2008年
[8]《中国体育及相关产业统计》,人民体育出版社,2011年
[9]《中国体育产业发展报告(2008—2010)》,社会科学文献出版社,2010年
[10] 中国体育科学学会体育产业分会编:《中国体育及相关产业统计》,人民体育出版社,2011年
[11] 杨越:《"后奥运时代"中国体育产业发展战略研究》,经济管理出版社,2011年
[12] 魏农建:《中国城市体育消费构成实证》,上海财经大学出版社,2010年
[13] 曹可强:《体育产业概论》,复旦大学出版社,2005年
[14] 杨文轩、陈琦:《体育原理》,高等教育出版社,2004年
[15]《新闻简报中国·体育1950—1977》,上海科学技术文献出版社,2009年
[16]《文化与体育》,中国时代经济出版社,2009年
[17]《见证奥林匹克》,新华出版社2007年

[18] 杨澜:《奥运高端访谈》,新星出版社,2008年

[19] 曾业英编:《蔡松坡集》,上海人民出版社,1984年

[20] 魏纪中:《我的体育生涯》,新华出版社,2008年

[21] 水一方:《球迷时代》,中央编译出版社,2004年

[22] 李承鹏等:《中国足球内幕》,凤凰出版传播集团,2010年

[23] 历年来《中国广播电视年鉴》

[24] 历年来《中央电视台年鉴》

[25] 历年来《中国电视收视年鉴》

[26] 徐光春主编:《中华人民共和国广播电视简史》,中国广播电视出版社,2003年

[27] 于广华主编:《中央电视台简史:1958—1993》,人民出版社,1993年

[28] 于广华主编:《中央电视台大事记》,人民出版社,1993年

[29] 杨伟光主编:《中央电视台发展史》,北京出版社,1998年

[30] 赵化勇主编:《中央电视台发展史(1998—2008)》,中国广播电视出版社,2008年

[31] 赵化勇主编:《中央电视台品牌战略》,中国广播电视出版社,2008年

[32] 《传承文明　开拓创新——与时俱进的中央电视台》,东方出版社,2003年

[33] 《中央电视台的第一与变迁》,东方出版社,2003年

[34] 郭镇之:《中国电视史》,中国人民大学出版社,1991年

[35] 郭镇之:《电视传播史》,北京师范大学出版社,2000年

[36] 赵月枝、郭镇之:《第一媒介:全球化背景下的中国电视》,清华大学出版社,2009

[37] 赵玉明主编:《中国广播电视通史》,中国传媒大学出版社,2006年

[38] 刘习良主编:《中国电视史》,中国广播电视出版社,2007年

[39] 北京电视台编资料:《北京电视台大事记(2004)》,2005年

[40] 上海广播电视志编辑委员会主编:《上海广播电视志》,上海社会科学出版社,1999

[41] 王克曼等主编:《广东电视50年》,广东人民出版社,2009年

[42] 刘长允主编:《山东广播电视发展史(卷二)》,齐鲁书社,2009年

[43] 国家广电总局研究中心:《2010年中国广播电影电视发展报告》,新华出版社,2010

[44] 崔保国主编:《中国传媒产业发展报告(2009年)》,社会科学文献出版社,2009年

[45] 何佳讯、卢泰宏：《中国营销25年(1979—2003)》，华夏出版社，2004年
[46] 黄升民、丁俊杰主编：《国际化背景下的中国媒介产业化透视》，企业管理出版社，1999年
[47] 黄升民、丁俊杰：《媒介经营与产业化研究》，北京广播学院出版社，1997年
[48] 邵培仁等：《媒介理论前沿》，浙江大学出版社，2009年
[49] 邵培仁等：《媒介生态学：媒介作为绿色生态的研究》，中国传媒大学出版社，2008
[50] 易前良：《美国"电视研究"的学术源流》，中国传媒大学出版社，2010年
[51] 满方、杨海燕编著：《中国经典电视节目评析》，上海外语教育出版社，2007年
[52] 刘斌：《体育新闻学》，中国传媒大学出版社，2010年
[53] 李辉：《中国体育的电视化生存》，学林出版社，2007年
[54] 苗炜：《五魁首——CCTV-5十年纪实》，上海文艺出版社，2005年
[55] 黄健翔：《像男人那样去战斗——我就是那个"说球的"》，朝华出版社，2006年
[56] 《体育记者谈体育新闻》，人民体育出版社，2006年
[57] 张江南主编：《体育传媒案例分析》，华中师范大学出版社，2009年
[58] 汪民安、陈永国编《后身体：文化、权力和生命政治学》，吉林人民出版社，2003年
[59] 卢现祥、朱巧玲：《新制度经济学》，北京大学出版社，2007年
[60] 苏东水：《产业经济学》，高等教育出版社，2000年
[61] 赵曙光：《媒介经济学》，清华大学出版社，2007年
[62] 喻国明等：《传媒经济学教程》，中国人民大学出版社，2009年
[63] 李明、苏珊·霍华斯、丹·马宏尼：《体育经济学》，辽宁科学技术出版社，2005年
[64] 理查德·W.庞德：《奥林匹克内幕》，湖南文艺出版社，2006年
[65] 杰·科克利：《体育社会学——议题与争议》，清华大学出版社，2003年
[66] 汉斯·乌尔里希·古姆布莱希特：《体育之美》，上海人民出版社，2008年
[67] 彼得·杰克逊：《追求男性杂志的意义》，天津人民出版社，2007年
[68] 文森特·莫斯可：《传播政治经济学》，华夏出版社，2000年
[69] 安德鲁·古德温、加里·惠内尔：《电视的真相》，中央编译出版社，2001年

[70] 丹尼斯·麦奎尔:《大众传播理论》,清华大学出版社,2010年
[71] 詹姆斯·库兰等主编:《大众媒介与社会》,华夏出版社,2006年
[72] 凯尔纳:《媒体奇观——当代美国社会文化透视》,清华大学出版社,2003年
[73] 迈克·费瑟斯通:《消费文化与后现代主义》,译林出版社,2000年
[74] 凡勃伦:《有闲阶级论》,商务印书馆,2007年
[75] 尤卡·格罗瑙:《趣味社会学》,南京大学出版社,2002年
[76] 保罗·福塞尔:《格调》,中国社会科学出版社,1998年
[77] 斯图尔特·霍尔:《表征:文化表象与意指实践》,商务印书馆
[78] 戴安娜·克兰:《文化生产:媒体与都市艺术》,译林出版社,2001年
[79] 约翰·奥尼尔:《身体五态:重塑关系形貌》,北京大学出版社,2010年
[80] 大卫·勒布雷东:《人类身体史与现代性》,上海文艺出版社2010年
[81] 克里斯·希林:《身体与社会理论》,北京大学出版社,2010年
[82] 克里斯多夫·爱丁顿:《休闲:一种转变的力量》,浙江大学出版社,2009年
[83] 吉莉安·道尔:《理解传媒经济学》,清华大学出版社,2004年
[84] 斯蒂芬·马丁:《高级产业经济学》,上海财经大学出版社,2003年
[85] 道格拉斯·诺斯:《经济史中的结构与变迁》,上海三联书店,1991年
[86] 威廉·G.谢泼德等:《产业组织经济学》,中国人民大学出版社,2007年
[87] 道格拉斯·诺斯:《制度、制度变迁与经济绩效》,上海三联书店,2008年
[88] 阿维纳什·K.迪克西特:《策略思维——商界、政界及日常生活中的策略竞争》,中国人民大学出版社,2002年
[89] David Rowe: *Sport, Culture and the media: The unruly Trinity.* (1999)
[90] Roche, M: *Mega-Events and modernity: Olympics and Expos in the Growth of Global culture.* (2000)
[91] Chandler, J. M: *Television and National sport: The united states and Britain.* (1988)
[92] Baker, A. and Boyd. T. (eds): *Sport, media, and the politics of Identity.* (1997)
[93] Altheide. D. L: *Media power: Sports versus the mass media.* (1985)

后　记

　　回想当初选定"中国体育电视产业发展研究"这一博士论文论题时，还是2011年的夏天。那时北京2008奥运过去已近3年，后奥运效应明显，体育和电视这两个产业都没有延续2008及之前的世纪初大好发展势头，在发端于华尔街的全球金融危机影响下，正经历着迷惘和阵痛，以及高峰体验过后让人无所适从的迷失感。

　　其时我还另备有一个选题，也写好了大纲，做了大量的前期资料准备工作，计划研究"中国体育电视广告文本中的文化认同变迁"问题。在向我最为尊敬的两位导师丁俊杰教授、黄升民教授多次讨教后，最终选择了媒介产业化的研究方向，而放弃了媒介文化认同的研究方向。于我私心而言，文化研究更感兴趣，产业研究更有把握，因此，关于体育媒介和电视广告的文化研究这一设想只能留待他日再续了。

　　众所周知，黄升民、丁俊杰两位导师开创的国内媒介产业化研究成熟且颇为体系化，我所做的，只是就体育电视媒介这一具体领域添砖加瓦即可。相较而言，我在体育电视媒体产业经营领域亲身参与、了解和思考较多。2001年7·13北京申奥成功之夜举国狂欢时，我还在江西九江的街头人群中，当时即下定了8月初北上北京发展的决心,开启了此后十年的北漂生涯。机缘巧合,自 2002 年初进入 CCTV 广告部从事品牌宣传工作,即参与到央视 2002 韩日世界杯、2004 雅典奥运会赛事广告营销的整体工作中,亲身观察和感受到中国最大体育电视媒介在大型国际化赛事报道与市场运营中的重要地位,以及竞争与发展的专业性、策略性操作方法。2005—2010 年间,我又处在独家全频道经营 CCTV-5 的北京未来广告公司管理岗位上,更进一步参与并现场观察到 CCTV-5 体育频道围绕北京 2008 奥运这一历史机遇所进行的系列改版、变革,在这 6 年之中的种种发展和衍化、激情与困惑。

当然,这样的亲身参与和现场观察,与人类学家的民族志式的田野考察仍有巨大差异,整体的文化视角虽有涉及但毕竟不是重点。我的"现场优势"更多体现在对现象背后本质的洞察和判断上,以及支持这种洞察与判断的数据与事实的收集和遴选上。在体育电视媒体产业化发展这一如此具体的选题层面,我所做的就是将史实和事实尽可能整理清晰,将产业发展的动力机制和竞争要素尽可能分析透彻。也许原创性思想并不太多,但我颇有把握的大概是相关资料的丰富、齐全和独家吧,可以为专业读者和研究同行提供许多有价值的研究素材,为中国体育电视媒介的产业化研究从操作前沿、实践反思角度提供一个整体性的纲要。

发展与动因,发展重在历史过程与变迁研究,动因则重在影响要素与内外环境研究,将两者熔为一炉,对一篇博士论文而言,总体上是不合适的,也是吃力不讨好的。这也是我自觉矛盾与不满之处,也许,它应该只保留动因研究部分即可,而将发展研究扩展为另一部《中国体育电视发展史》去承载。但"体育电视产业发展史"毕竟不同于"体育电视发展史",不是情有独钟、致力于体育电视产业化发展这一狭窄细分领域,谁又会去专门研究和发表《中国体育电视产业发展史》？而且，动力动因与发展过程本即不可分割，动因是发展中的动因，发展也是动因下的发展，历史分析和系统分析、结构分析，对于理解整体中国体育电视产业而言，并非对立，而可以是一种方法论的合理统一。

2012年6月论文答辩完，我并没有马上联络出版事宜，到今天已经过去了漫长的五年。也许在潜意识里，我是将其看作历史研究，而不是前沿的应用研究，并不因为怕过时而急于出版。五年中，陆续将部分自认为较有价值和原创性的章节内容修改完善，发表于《现代传播》、《新闻大学》、《当代电视》、《新闻爱好者》、《福州大学学报》等学术期刊。感激以上刊物编辑们的帮助与支持，在修改以供论文发表过程中，相关研究思想和思路也得到了进一步的清晰和深化。同时，也要感谢我2012年9月以来所任职的天津师范大学新闻与传播学院的领导和同事们，共同的探讨和磋商也激励着我逐步去完善体育媒介研究这一个小小的"自己的园地"。

三联书店是中国读书人颇为尊敬和喜爱的出版社，我的第一本学术著作《对话的妙悟——巴赫金语言哲学思想研究》于2004年由三联出版，这次博士论文又落在三联，真诚感谢为此而付出的编辑朋友们，他们的认真、求实、务求新知的精神仍如三联前辈令人敬仰。

我的学术之路，算是半路出家，也常是半心半意，未曾全身心付出，往往浅尝辄止、辗转无定。从最早的语言文学、文艺理论转到新闻传播，又一转至广告营销、品牌管理，乃至传播心理学、消费行为学、文化人类学，旁枝斜逸，泛滥无依，可谓是犯了学术研究之大忌，处处涉猎也即意味着浅而不深。知易行难，造成这一缺憾的自知既有个性原因，也有为生活、工作、形势所迫之处。我的学术之路差不多算是自学，随兴所至，好书而已，在大家觉得无趣之处常看见意味，大家努力去做的又常觉了无兴趣。于是，严谨的学术之途于我也终是无缘全心投入。加之自1997年进入媒介和广告实务业以来，一直未曾完全停下实践工作，一半行业人，一半学术人，边干边思，边思边学，始终是一个对新的知识领域怀抱热忱的学子，而自觉终难成就某一领域的资深研究身份。

虽未挖出一口深井，却也饮了不少甘泉。甘苦寂寞的读书路，要感谢的师长良多。最为感念至深的除硕士导师、俄苏文学专家黎皓智先生外，当然是中国传媒大学的丁俊杰师和黄升民师了，他们的人格魅力、学术精神煜煜生辉，常常激励我自我反省，是否不求上进、不思进取日多？如何承担自己的那一点点思想上的纯粹追求、一点点对于教育和实业的责任？想来实在是惭愧至深，自2008年感受到的危机与迷失以来，我常处于所思甚多、所行甚少的困境，一无成就，自觉深负恩师期许，思之汗颜。

我自2008年以来的个人目标迷失，大概也有着宏大的社会转型与迷失背景，也不是我一个人的经历。当代中国一切传统价值与道德观念似乎都已立基不稳，在种种约束与放纵之下，新的建构社会健康未来的、活泼的伦理和价值观念远未成型，意识形态和文化立场混乱不堪，出自良知追求一番真诚作为甚难。王阳明倡导的"知行合一"在今天的日常生活中已经尤其难以实施。我自己也是一退再退，自新闻报道退至媒介经营，再自媒介经营退至学术教育，在事业理想与职业现实之间常有价值撕裂之感。也许是不懂妥协、不屑屈从的个性使然，不能以道德、人格为代价去追求利益，不能以自由、独立为代价去容忍依附性生存，不能以假话、逢迎为代价去攀爬社会的等级阶梯。最终只能退守书斋，行动和介入机会渐少。

自我选择，甘之若饴。我所走过的路复杂、多样，自应是一笔笔难得资产，可我从中发掘出的成果却还很少。也许这是一个长期的磨砺、圆融过程。对于生活的复杂性、多样性我总怀抱自始至终的由衷感激，生活即是体验，生活也是投入。在这体验与投入之中，不忘初衷，念兹在兹即好。生活的真善与美好，终是我们在这纷繁尘世所能收到的上帝的最好礼物，而我愿以之与家人共享、与朋友共享、与青年共享。

正如意大利作家伊塔洛·卡尔维诺所言，"以内心的秩序对抗世界的复杂性"。我相信，这一条个人追求学术与思想的路、张扬文化与精神的路，即是自性完满之路、自我实现之路，也是格物致知之路、知行合一之路。愿以此共勉，也以此为我四十不惑后中年之路的再生格言。

一切过往，皆为序曲。我的下一个转身，又将在何处？将往何处？但我已不再迷惑，且相当坚定。这种力量的获取，常常来自所深记铭深的儒者三达德：智者不惑，仁者不忧，勇者不惧。这也是丁师常对我们所说的。一个价值完满的人生，不在于一切外部标准，而在于好学、力行、知耻而已。

2017 年 8 月 18 日天津

图书在版编目(CIP)数据

发展与动因:中国体育电视产业研究/沈华柱著.
—上海:上海三联书店,2017.
ISBN 978-7-5426-6107-4
Ⅰ.①发… Ⅱ.①沈… Ⅲ.①体育—电视事业—研究—中国 Ⅳ.①G229.2
中国版本图书馆 CIP 数据核字(2017)第 253113 号

发展与动因
——中国体育电视产业研究

著　　者　沈华柱

责任编辑　钱震华
装帧设计　汪要军

出版发行　上海三联书店
　　　　　(201199)中国上海市都市路4855号
印　　刷　上海昌鑫龙印务有限公司

版　　次　2017年11月第1版
印　　次　2017年11月第1次印刷
开　　本　640×960　1/16
字　　数　290千字
印　　张　24.5
书　　号　ISBN 978-7-5426-6107-4/G·1475
定　　价　58.00元